Katharina Gröning

Pädagogische Beratung

Katharina Gröning

Pädagogische Beratung

Konzepte und Positionen

2., aktualisierte und
überarbeitete Auflage

VS VERLAG

Bibliografische Information der Deutschen Nationalbibliothek
Die Deutsche Nationalbibliothek verzeichnet diese Publikation in der
Deutschen Nationalbibliografie; detaillierte bibliografische Daten sind im Internet über
<http://dnb.d-nb.de> abrufbar.

1. Auflage 2006
2., aktualisierte und überarbeitete Auflage 2011

Lektorat: Stefanie Laux

VS Verlag für Sozialwissenschaften ist eine Marke von Springer Fachmedien.
Springer Fachmedien ist Teil der Fachverlagsgruppe Springer Science+Business Media.
www.vs-verlag.de

Umschlaggestaltung: KünkelLopka Medienentwicklung, Heidelberg
Gedruckt auf säurefreiem und chlorfrei gebleichtem Papier
Printed in Germany

ISBN 978-3-531-17031-2

Inhalt

Vorwort

2008 fragte mich eine Studentin, die ihre Abschlussarbeit zum Wesen pädagogischer Beratung schreiben wollte, was denn der Kern, das Eigentliche der pädagogischen Beratung sei. Sie wolle dieses Thema in ihrer Abschlussarbeit bearbeiten und hätte große Schwierigkeiten, den roten Faden in Bezug auf die Identität der pädagogischen Beratung zu finden, diese Beratungsform von der Therapie, der psychosozialen Beratung und der psychologischen Beratung abzugrenzen. Diese Schwierigkeiten bei der Definition der pädagogischen Beratung teilen viele Studierende und auch Lehrende in diesem Arbeitsfeld. Im Rahmen einer Disputation sagte mir ein am Verfahren beteiligter Kollege etwas hitzig, „dass das mit der pädagogischen Beratung ein Holzweg sei" und dass weder Persönlichkeiten wie Hans Thiersch noch andere das Problem der pädagogischen Beratung hätten je angemessen lösen können. Diese beiden Äußerungen und viele Anfragen zum Eigentlichen der pädagogischen Beratung lassen es angemessen erscheinen, ihren Gegenstand aus der Perspektive der Fachdisziplin Erziehungswissenschaft noch einmal konzeptionell aufzurollen. In der beraterischen Praxis stellt sich das Problem noch einmal anders dar. Hier geht es zumeist um Beratung im Kontext anderer pädagogischer Berufsrollen wie zum Beispiel die Rolle des Sozialarbeiters und der Sozialarbeiterin oder des Lehrers/ der Lehrerin. Beratung wird hier über die Institution definiert und ist zumeist funktional auf institutionelle Ziele hin konzipiert. Werden Jugendliche beraten, sind zudem ihre Familien zu berücksichtigen. Die Gestaltung von so genannten Dreieckskontrakten zwischen Institution/Berater, Ratsuchenden und deren gesetzlichen Vertretern ist zu konzipieren, was zumeist in der Praxis nicht passiert. Die Familie spielt als Netzwerk, Ressource oder System eine Rolle für die Diagnose und ggf. auch für Ansprache der Sozialpädagogik oder der Schule, sie wird aber sehr selten im Sinne eines Kontraktes einbezogen, sondern eher dann, wenn es in der Sozialen Arbeit oder der Schule nicht weiter geht. Überhaupt ist das Thema Kontraktgestaltung in der pädagogischen Beratung ähnlich unterbelichtet wie der Beratungsprozess selbst. Stattdessen findet man in der Literatur viele Ansätze, die therapeutische Verfahren auf das pädagogische Beratungsfeld übertragen. Das war früher die Psychoanalyse (vgl. Junker 1978), später kam der Ansatz von Carl Rogers zur personenzentrierten Gesprächsführung hinzu, und in den 1980er Jahren die systemischen Ansätze, die heute einen sehr großen Einfluss auf die Praxis ausüben. Allen diesen Ansätzen ist jedoch gemeinsam, dass sie das, was Hans Thiersch in seinem Entwurf vom gelingenderen Alltag immer wieder unterstrichen hat, dass nämlich im pädagogischen Feld schon aufgrund der Minderjährigkeit von Ratsuchenden eine Übertragung des therapeutischen Settings in die Pädagogik unzureichend ist. Dieses therapeutische Setting setzt eine Handlungsfähigkeit und Reflexivität der Ratsuchenden voraus, die in der pädagogischen Beratung aufgrund der Schutzbedürftigkeit Minderjähriger und der Hilfebedürftigkeit der Klienten in der Sozialarbeit nicht einfach gegeben ist. Andererseits ist die institutionelle Antwort auf diese Schutz- und Hilfebedürftigkeit – die Fürsorge wegen ihrer autoritären Wurzeln und Geschichte auch kein einfacher Weg, auch wenn heute mit Publikationen wie „Lob der Disziplin" (Bueb 2007) oder ähnlichen Ansätzen statt auf Professionalität auf „durchregieren" gesetzt wird.

Ganz ohne Zweifel sind die Begriffe zur pädagogischen Beratung für Studierende verwirrend und wird mit Beratung vor allem ein psychologisches, in Teilen seelsorgerisches Gespräch verbunden. Tritt eine soziale Hilfe hinzu, also die Vermittlung von Geld- und Sachleistungen, so sprechen viele von psychosozialer Beratung und meinen die Beratung wie sie z. B. in freien Beratungsstellen der Wohlfahrtsverbände angeboten wird. Eine Reihe von Beratungsforschern wollen ganz auf die Adjektive psychosoziale, pädagogische oder psychologische Beratung verzichten und sprechen nur noch von Beratung. Diese Lösung beantwortet aber nicht die Frage nach der Qualifizierung und dem Anspruch als Diplompädagoge bzw. Diplompädagogin, heute auch mit BA- oder MA-Abschluss, in einer Beratungsstelle zu arbeiten. Gerade die an Universitäten ausgebildeten Pädagogen und jetzt auch Bachelor oder Master gelten in vielen Beratungsstellen entweder als überqualifiziert oder fehl qualifiziert und finden über ein Praktikum hinaus seltener Beschäftigungschancen in Beratungsstellen. Um dieses Problem der Arbeitsmarktvermittlung zu verstehen und ggf. zu lösen, d. h. Beratung als Qualifikationsprofil innerhalb universitärer Studiengänge in der Pädagogik zu stärken, ist die Bestimmung dessen, was pädagogische Beratung ist und sein kann, eine Forschungslücke.

Im vorliegenden Lehrbuch wird die pädagogische Beratung aus der Erziehungswissenschaft und in Abgrenzung zu anderen Disziplinen rekonstruiert. Diese Herangehensweise unterscheidet das Buch von vielen anderen in der Pädagogik üblichen und verbreiteten Werken, die die Beratung in der Pädagogik zumeist aus der Pädagogischen Psychologie rekonstruieren und/oder einen therapeutischen Ansatz wie aufgezählt auf das Feld der pädagogischen Beratung übertragen. Entsprechend unterscheidet sich das vorliegende Buch von den meisten benachbarten Büchern dahingehend, dass es nicht das Thema der

Methode der Beratung, sondern das Konzept der Beratung fokussiert. Ethik, theoretische Fundierung und Geschichte spielen hier eine wichtige Rolle. Wie ein Pädagoge oder eine Pädagogin berät, ist nicht nur eine Frage der Anwendung explorativer, verstehender, therapeutischer oder systemischer Techniken, sondern vor allem eine Frage des Menschenbildes, der Institutionskenntnis, ihre Widersprüche eingeschlossen und darauf aufbauend des Kontraktes und der advokatorischen Haltung. Die Methoden werden nur kurz und vor allem auf ihre theoretische Fundierung hin dargestellt. Dies ist ggf. für Leserinnen und Leser unter den Studierenden und ggf. bei den Praktikern und Praktikerinnen verwirrend, vor allem wenn vorwiegend ein Buch über Methoden und Techniken erwartet wird. Insofern ist das vorliegende Buch eher beratungswissenschaftlich als beratungspraktisch zu nennen und eignet sich für höhere Fachsemester, die ihre ersten Schritte in die Praxis hinter sich haben, mit ihren gelernten Konzepten wie Anwendung systemischer, lösungs- und ressourcenorientierter oder auch hermeneutischer Beratung ihre ersten Probleme hatten und nun weiterführende Literatur suchen.

Einleitung

Pädagogische Beratung zwischen pädagogischer Psychologie, sozialpädagogischer Beratung, Schulberatung und Supervision

Im engen Sinne ist unter pädagogischer Beratung seit den 1960er Jahren ein Angebot verstanden worden, welches sich vor allem im Schulbereich etabliert hat und von Erziehungswissenschaftlern wie Walter Hornstein (1977) in den 1970er und 1980er Jahren beschrieben wurde. Neben diese Form der pädagogischen Beratung im Bereich der Schule ist die sozialpädagogische Beratung getreten, die vor allem von Mollenhauer (1964, 1965) von Hans Thiersch und Anne Frommann (1975) komponiert wurde. Diese beiden Felder der pädagogischen Beratung, die Beratung im Schulbereich und die sozialpädagogische Beratung sind seit den 1960er Jahren zumindest teilweise aus der Disziplin der Erziehungswissenschaft bestimmt worden, d. h. die Erziehungswissenschaft hat für sich reklamiert, dass dort, wo Beratung für Kinder und Jugendliche in Bezug auf ihre Entwicklungsaufgaben und ihre Sozialisation institutionalisiert ist, die Beratung notwendig eine pädagogische Beratung sein sollte. Dabei hat die Erziehungswissenschaft zunächst nicht mehr als einen Anspruch vorgetragen, Entwürfe und konzeptionelle Stützpunkte formuliert und ihr Vertrauen auf die gesellschaftlichen Reformen – die Bildungs- und Schulreform, die Reform der Psychiatrie, die Reform des Erziehungswesens, der Jugendhilfe etc. gesetzt. Will man die Identität der pädagogischen Beratung formulieren, so ist dieses ein wichtiger Kern. Pädagogische Beratung ist indessen mehr als Beratung im Kinder- und Jugendbereich, in der Schule oder in der Sozialen Arbeit. Ihre konzeptionelle Formulierung durch die von Reformen inspirierte Erziehungswissenschaft seit den 1960er Jahren hat Beratung vor allem mit der Bildung bzw. mit Aufklärung verbunden und damit die Wurzel der Beratung in der ärztlichen Diagnose und die Verbindung von Beratung und Therapie/Fürsorge und Bewahrung, so wie sie historisch entstanden ist, zurückgewiesen. Dies kommt insbesondere in den Publikationen von Klaus Mollenhauer, aber auch von Thea

Sprey und schließlich Walter Hornstein zum Vorschein. Die Verbindung der erziehungswissenschaftlichen Publikationen zur Beratung mit Reformen und mit der Kritik an den Fürsorgesystemen ist nun gleichzeitig eines ihrer größeren Probleme geworden und mit verantwortlich für ihre gescheiterte Institutionalisierung, denn die Reformen sind an vielen Stellen steckengeblieben und nicht weiter vorangeschritten, sie waren zum einen teuer, zum anderen standen Professionalisierungsinteressen gegen die Umsetzung dieser Reformen. Für die erste Phase der pädagogischen Beratung in den 1960er Jahren kann gesagt werden, dass ihre konzeptionelle Buchstabierung sehr wohl gelungen ist, ihr gleichzeitig aber die gesellschaftliche Resonanz fehlte, um sich zu institutionalisieren.

Probleme der Erziehungswissenschaft

Ein zweiter nicht weniger wichtiger Grund für das Problem der pädagogischen Beratung ist, dass die Erziehungswissenschaft sich später in den 1970er und 1980er Jahren nicht entscheiden wollte, ob sie Beratung als Professionsmodell oder als Handlungsmodell im Sinne eines helfenden Gespräches im Erziehungsprozess institutionalisieren wollte. Schon Mollenhauer (1965) richtete sein Konzept pädagogischer Beratung auf ein Handlungskompetenzmodell aus und verband mit der Utopie der anderen Kommunikation in der Erziehung gewisse Hoffnungen. (vgl. dazu das Kapitel II). Spätestens seit der Veröffentlichung des Funkkollegs „Beratung in der Erziehung" (1977) gehört die Beratung zum festen Bestandteil pädagogischen Handelns bzw. ist darauf zurückgeworfen. Hervorzuheben ist hier Walter Hornsteins Beitrag (1976) mit dem vollständigen Titel „Beratung in der Erziehung – Aufgaben der Erziehungswissenschaft", der den Versuch darstellt – ausgehend von einem Beratungsverständnis, welches Beratung als pädagogisches Handeln bzw. pädagogische Handlungssituation versteht – Fragestellungen und Bezugspunkte zur Reflexion der Beratungsaufgaben in einem pädagogischen Kontext zu entwickeln.

Gleichwohl, die Erziehungswissenschaftler, die sich um die pädagogische Beratung bemüht haben, wollten in der großen Zeit der Bildungs- und Sozialreformen die pädagogische Realität in den Schulen wie im außerschulischen Bereich verändern. Um sich von diesem Reformdruck, der auf der Generation der ersten Theoretiker der pädagogischen Beratung lastete, ein Bild zu machen, ist es vielleicht nötig, sich den Zeitgeist und die Kritik der 1960er Jahre zu vergegenwärtigen, die vor allem die Schule und die Erziehung betrafen. So haben sich zum Beispiel Reinhard und Annemarie Tausch mit ihrem Lehrbuch zur Erziehungspsychologie mit der Kommunikation in der Erziehung seit den 1950er Jahren befasst und hier einen theoretischen Grundstein für Kommunikation in der Erziehung gelegt – mit dem Fokus auf Kommunikation in Schule und Unterricht (vgl. dazu auch Gröning 2010). Die Problemstellung ihres Klassikers, der in 16 Auflagen erschienen ist, bezieht sich dabei auf einen grundsätzlichen *double-bind* in der Kommunikation zwischen Lehrern/innen und Schülern/innen. Diesen *double-bind* beschreiben Tausch/Tausch als quasi Antagonismus schulischer und pädagogischer Kommunikation. Denn zwischen dem, was Lehrer und Erzieher an Werten und pädagogischen Zielen vorgeblich anstrebten, und dem, was sie kommunizierten, liege eine unüberwindliche Spannung. Dazu Tausch und Tausch:

> „Nachdem einer von uns 1954 eine Dozentur an der Pädagogischen Hochschule übernahm, wurden wir persönlich sehr tief in folgende Fragen verwickelt: Ist das Verhalten, das Lehrer überwiegend in Schulen leben, ferner auch Eltern in ihren Familien, nicht im Hinblick auf eine konstruktive Persönlichkeitsentwicklung häufig unangemessen? Ist es nicht ebenfalls unangemessen für ein späteres Leben in einer nicht diktatorischen Gesellschaft? Besonders irritierend war für uns, dass die Art des Verhaltens von Lehrern und Erziehern oft so erheblich unterschiedlich war von dem Verhalten, das sie als wünschenswert angaben und das sie anstrebten. Waren die Auffassung vieler Lehrer und Eltern richtig, dass eine Erziehung in Schule und Familie ohne deutlich Dirigierung und ohne Zwang nicht möglich sei? Oder waren unsere hierzu gegensätzlichen Auffassungen richtig?" (Tausch/Tausch 1978, S. 10).

Autoritäre Kommunikation

Tausch und Tausch nennen den Kommunikationsstil, der in pädagogischen Beziehung vorherrscht, den Stil der Dirigierung und Lenkung: „Erwachsene dirigieren Kinder und Jugendliche häufig durch eine Vielzahl von Befehlen, Anordnungen, Kontrollen, Fragen und häufiges Reden in Schulen, Familien, Kindergärten und Heimen. dies steht oft im Gegensatz dazu, wie Lehrer und Erzieher sich verhalten möchten."

Tausch und Tausch nennen Einwände gegen die Kommunikation der Dirigierung und Lenkung:

- Einengungen der Selbsterfahrung und Selbstverantwortung von Kindern,
- gestörtes Erlernen der sozialen Ordnung,
- Einschränkung geistiger Leistungen,
- Stress bei den Lehrern selbst (Tausch/Tausch 1978, S. 10).

In ihren vielen empirischen Untersuchungen und Unterrichtsbeobachtungen haben Reinhard und Annemarie Tausch eine bedenkliche pädagogische Kommunikation vorgefunden, die sie in ihrem Buch immer wieder reflektieren und anprangern. Zur Lehrerrolle und zur Verantwortung von Pädagogen für die Beziehung zu Kindern sagen Tausch und Tausch Folgendes:

- Lehrer sind häufig die zentrale Instanz der Wertung für fast alle Schüleräußerungen. Sie entscheiden, was richtig und was falsch ist. Sie urteilen, welche Auffassung zutreffend, welche Leistung gut ist. Schüler, die sich nicht nach diesen Wertauffassungen richten können, erfahren ungünstige Folgen,
- Lehrer sind die Instanz, die Bestätigung und Zurückweisung verteilt. Sie belohnen und bestrafen im Sinne des Modelllernens,
- Lehrer bestimmen fast ausschließlich die Themen und jeweiligen Inhalte des Unterrichts. Das Vorgehen im Unterricht wird überwiegend vom Lehrer bestimmt,
- Lehrer sind die zentrale Vermittlerinstanz,
- Lehrer fällen häufig Urteile über die „Intelligenz" der Schüler, obwohl sie fairerweise nur ein sehr begrenztes Urteil über die Leistungsfähigkeit unter den konkreten Unterrichtsbedingungen abgeben können,
- Lehrer beurteilen häufig die Persönlichkeit eines Schülers, obwohl sie diese meist nur aus dem Unterricht kennen. Familiale Konstellationen und Lebensgeschichte sind Lehrern meist nicht bekannt. Sehr häufig wollen sie auch nichts darüber wissen (vgl. Störer und Gestörte).
- Lehrer versuchen vor allem durch Sanktionen das Verhalten von Schülern zu ändern. Strafen, Zusatzarbeiten und Angsterregung sind die gängigsten Erziehungsmittel,
- Lehrer beurteilen Schüler, als ob ihr persönliches Urteil objektiv wäre.

Tausch und Tausch sprechen sich nicht gegen die situative Lenkung von Schülern aus, sie wenden sich aber gegen die fortlaufende Lenkung. Beide betonen, dass die angestrebten Erziehungsziele durch den dirigierenden und lenkenden Kommunikationsstil nicht erreicht werden können. Sie sagen, dass diese Erziehung und die zehn Jahre währende Kommunikation in der Schule und in anderen pädagogischen Feldern der Grund sei, warum Erwachsene später nur in sehr begrenztem Maße jenes Verhalten leben, zu dem sie prinzipiell fähig wären. Der Beitrag von Tausch und Tausch zur pädagogischen Kommunikation wird auch heute noch hoch eingeschätzt. Ihre empirische Forschung und theoretische Arbeit hat das Erziehungshandeln herausgefordert und verändert. Gleichwohl war die Demokratisierung der Schule vor allem ein Projekt der Erziehungswissenschaft. Die Utopie der Erziehungswissenschaft, dass in einer reformierten

Schule demokratisch und wissenschaftliche ausgebildete Lehrer und Erzieher unterrichten und beraten, ist nun nicht in Erfüllung gegangen. Wie viele Reformprojekte ist auch die pädagogische Beratung ein unvollendetes Projekt geworden, zum Ersten weil das gesellschaftliche Interesse an ihr teilweise erloschen ist und viele Stellen zum Beispiel in der Schulberatung aus Kostengründen gar nicht eingerichtet wurden. Stattdessen kehrte die Gesellschaft erst einmal zum drei- bzw. fünfgliedrigen Schulsystem, wenn man die Sonderschulen/Förderschulen mit einrechnet, zurück. Zum Zweiten begann in den 1970er Jahren eine Hochkonjunktur der Psychotherapie durch die Institutionalisierung der humanistischen Psychologie in Deutschland. Zum Dritten produzierte die Erziehungswissenschaft eigene theoretische Konjunkturen.

Der Einfluss von Carl Rogers

In den 1970er und 1980er Jahren schienen sich Rogers' Theorie und Methode der klientenzentrierten Beratung und sein personenzentrierter Ansatz mit den Forderungen von Mollenhauer geradezu ideal zu ergänzen. Mollenhauers Entwurf zum „unpädagogischen Phänomen Beratung" kann verstanden werden als ethisch und anthropologisch begründete Konzeption, allerdings hatte die Konzeption von Anfang an einen wesentlichen Mangel: Wissen, Regeln und Techniken, die konkrete Beratungskommunikation und Hinweise zum Beratungsverhalten fehlten. Pädagogische Beratung war vor allem Ausdruck einer ethischen Haltung und eines professionellen Standpunktes. Rogers' Theorie der nicht direktiven Beratung hat diese Lücke ausgefüllt. Beratung war auch in der Pädagogik von nun an mehr mit seinem Namen als mit dem Namen von Müller oder Mollenhauer verbunden. Mit dieser Entwicklung wurde gleichzeitig ein professionspolitischer Prozess vollzogen. Pädagogische Beratung wurde zur Angelegenheit der Psychologie.

Mit dieser zweiten Phase der pädagogischen Beratung veränderte sich diese jedoch zunehmend und wurde zur „kleinen Therapie". Die humanistische Psychologie befriedigte den Wunsch der Praktikerinnen und Praktiker nach Techniken, nach Verfahrensregeln, Standards und nicht zuletzt Zertifikaten. Beratung wurde nicht nur gleichgesetzt mit der Fähigkeit zur Anwendung von explorativen Gesprächstechniken und erfuhr einen enormen quantitativen Aufschwung. Beratung wurde auch ein eigenes Professions- und Qualifikationsprofil. Pädagoginnen und Pädagogen strebten nach Studien- und Berufsabschlüssen, die es ihnen ermöglichen sollten, in Beratungsberufen Fuß zu fassen. Dies schien nur möglich, in dem das psychologische Professionsmodell kopiert wurde und die Pädagogen sich auch inhaltlich an ihre Nachbarwissenschaft Psychologie anlehnten. Zunehmend wurde die pädagogische Beratung psychologisiert, das heißt die Idee der „Kritischen Aufklärung" verschwand aus den Vorstellungen von pädagogischer Beratung. Psychologische Menschenbilder – Norbert Elias hat dazu einmal gesagt, die Menschen würden als fensterlose Monaden begriffen – und klinische Sichtweisen sozialer Probleme wurden mit den Beratungstechniken und Beratungsverfahren gleich „miteingekauft". Pädagogische Beratung wurde zur Pädagogischen Psychologie und die entsprechenden Professuren zumeist mit Psychologinnen und Psychologen besetzt – eine in der Pädagogik durchaus übliche Interdisziplinarität, die in den Nachbardisziplinen undenkbar ist. Das vorliegende Buch bemüht sich um eine Systematik dieser verschiedener Diskurse in der Pädagogik. Dazu werden zunächst einzelne Pioniere der pädagogischen Beratung diskutiert: Klaus Mollenhauer, Walter Hornstein, Hans Thiersch, als Klassiker und Pioniere der 1960er und 1970er Jahre, später ab den 1980er Jahren Frank Nestmann und Bernd Dewe.

Richtig problematisch wurde die Dominanz der Psychologie besonders in der sozialpädagogischen Beratung durch den Tatbestand, dass diese den institutionellen Rahmen von sozialpädagogischer Beratung nicht kennt oder/und nicht anerkennt. Sozialpädagogische Beratung findet in der Regel im Rahmen sozialstaatlicher Agenturen und bürokratischer Organisationen statt. Psychologische Techniken unterliegen so einem Bedeutungswandel, denn im institutionellen Feld der Sozialarbeit/Sozialpädagogik geht es in der Regel nicht ums Verstehen, sondern um Interesse, um amtliche Definitionsmacht und materielle Hilfen. Beratung und die für sie typischen psychologischen Gesprächstechniken werden in diesen institutionellen Kontexten zu einem Machtmodell im Sinne der von Foucault beschriebenen und analysierten individualisierenden Macht. Im Gegensatz zur Psychologie, die konsequent und letztlich erfolgreich dem ärztlichen Professionsmodell gefolgt ist, hat sich die Pädagogik, als sie sich der Widersprüche ihrer Handlungsmodelle bewusst wurde, in eine radikale Selbstkritik gestürzt. Die erziehungswissenschaftliche Diskussion insbesondere der 1980er Jahre fokussiert, angeregt von der Modernitäts- und Professionskritik, folgende Problemdimensionen bezogen auf die pädagogische Beratung:

- der Berater rekonstruiere nicht die Lebenswelt seiner Klienten, sondern konstruiere quasi ihre Wirklichkeit,
- er trete wie der Oberexperte auf und kolonisiere die Lebenswelt,
- Beratung klientelifiziere und definiere soziale Probleme zu Sozialisationsdefiziten um.

Teilweise übernimmt der pädagogische Diskurs hier die Professionskritik, die vor allem am Berufsstand der Medizin geübt worden ist und überträgt sie auf die pädagogische Beratung, teilweise werden kritikwürdige institutionelle Strukturen, innerhalb derer pädagogische Beratung stattfindet, generalisiert. In diesem Kontext steht auch die an sich aufklärende Polemik von Hans Bude über Beratung als „trivialisierte Therapie".

Wie in kaum einer anderen Disziplin wurde in der Erziehungswissenschaft systematische Beratungskritik geübt. Waren die 1960er Jahre, wie aufgeführt, geprägt von Kommunikationskritik in den pädagogischen Institutionen, so wechselte die Erziehungswissenschaft spätestens seit den 1980er Jahren zu einer deutlichen Beratungskritik über. Die Idee der ersten Generation der Erziehungswissenschaftler, die von Tausch und Tausch angeprangerte Kommunikation durch Beratung zu demokratisieren, hat demnach in „Therapismus" gemündet. Dazu gehört zunächst das Problem der Diagnose in der pädagogischen Beratung, besonders in der Schul- und Erziehungsberatung. Die Kontroverse um die Diagnose und ihre Bedeutung für die pädagogische Beratung ist beeinflusst von Personen wie Kurt Aurin und Wilhelm Mader. Die Debatte war aber eine relativ „kleine Debatte" in den 1970er Jahren. In den 1980er Jahren war die erste Hochkonjunktur der Beratungskritik. Einen zweiten Typus der Kritik bildete die amtliche Beratung, eine dritten Typus die sogenannte interne Beratung vor allem im Kontext von interner Supervision, d.h. der Verbindung von Beratung und Leitung und der Praxis, dass Vorgesetzte die untergebenen Sozialarbeiter supervidieren. Hierzu hat sich Hans Bude (1988) geäußert. Viertens ist schließlich die Kritik von Beratung als sogenannte trivialisierte Therapie zu nennen, wie sie zum Beispiel von Enno Schmitz (1989) formuliert worden ist.

In den 1990er Jahren beginnt dann die Selbstverantwortungsdebatte, die für die pädagogische Beratung eine wichtige Rolle spielt. Schon in den 1980er Jahren hatten Kritik am Sozialstaat wie „Gesellschaft von Betreuten", „Entmündigung durch Experten" eine gewisse Bedeutung erhalten und Einfluss vor allem auf die sozialpädagogische Beratung genommen, die sich zu einer lösungs- und ressourcenorientierten Beratung verändert hat und sich heute zunehmend funktional radikalisiert. Beratung wird auch heute kaum noch mit Bildung oder Aufklärung, sondern mit Individualisierung und Modernisierung verbunden und begründet. Dies ist vor allem bei den neuen pädagogischen Beratungsformen der Bildungsberatung oder der Beratung in Beruf, Bildung und Beschäftigung ein Problem, da hier die Anforderungen der Arbeitsagenturen („fördern und fordern") durchschlagen und diese Beratungsformen sich zum Teil beachtlich psychologisiert haben und von der alten Supervision unterscheiden.. Last but not least: Die Studierenden der Erziehungswissenschaft suchen vor allem im Kontext von Beratung zunehmend die sogenannten suggestiven und manipulativen Beratungsformen, z.B. NLP, systemische Beratung und stimmen diesen zu. Beratung ohne die Mühe des Verstehens scheint verführerisch vor allem im Hinblick auf die Last des Helfens und Erziehens. Kann man oder frau sich auf diese neuen Versprechungen verlassen? Am Schluss der Ausführungen sollen NLP und systemische Beratung einer Prüfung unterzogen werden.

I Die Anfänge der pädagogischen Beratung und ihr ethisches Problem

Um die Entwicklung und den Ort von pädagogischer Beratung in der Bundesrepublik Deutschland zu verstehen und aus der Perspektive der Beratungsethik beurteilen zu können, ist eine Vergegenwärtigung ihrer Geschichte in Deutschland von der Epoche des deutschen Kaiserreiches bis in die 1960er Jahre sinnvoll. Zu berücksichtigen ist dabei, dass innerhalb der pädagogischen Beratung autoritäre und unethische Umgangsweisen mit der Not der Ratsuchenden sich nicht nur auf die NS-Zeit beschränkt haben. Sie finden sich schon früh mit der Einrichtung der ersten Jugendsichtungsstellen, die als Vorläufer der Erziehungsberatung in Deutschland gelten können, aber auch innerhalb der Berufsberatung, die vorwiegend ein volkswirtschaftliches Interesse vertrat. Wichtig ist, dass die Erziehungsberatung und die Berufsberatung zu Beginn Beratungen von Amtswegen waren, mit teilweise deutlich ausgeprägten Zwangs- und Pflichtcharakter auf Seiten der Ratsuchenden. Die Geschichte der pädagogischen Beratung ist keine Geschichte der Durchsetzung des hermeneutischen Verstehens in der Pädagogik und der Überwindung autoritärer Strukturen. Vielmehr hat sie sich äußerst polarisiert entwickelt. Demokratischen Bewegungen und ihren Angeboten standen Beratungsverständnisse mit deutlichem Ordnungscharakter, mit ideologischem Hintergrund und ausgeprägten Professionalisierungsinteressen insbesondere von Ärzten und später von der aufsteigenden Profession Psychologie gegenüber.

Auch das Problem der gescheiterten Institutionalisierung der pädagogischen Beratung vor allem im Schulbereich, in der Berufsberatung, in der Erziehungsberatung, aber auch im Zusammenhang mit der sozialpädagogischen Beratung lässt sich aus ihrer Geschichte rekonstruieren, wenn man bereit ist, die Anfänge der pädagogischen Beratung zu berücksichtigen und nicht an den Mythos von der „Stunde Null" glaubt. Berücksichtigt man die Geschichte vor allem vor 1960, dann erscheint die Randständigkeit der pädagogischen Beratung heute, vor allem die randständige Verankerung der Diplom-Pädagoginnen und -Pädagogen in den Beratungsstellen nicht mehr als Ausdruck ihrer disziplinären Unbestimmtheit, sondern als grundsätzlicherer Konflikt um eine auf den Klienten/die Klientin bezogene und den Klienten/die Klientin schützende Beratungsethik, die historisch immer wieder verletzt worden ist. Es ist schon ein eigentümliches Phänomen, wie die Erziehungswissenschaftlerin Dagmar Hänsel (2008) feststellt, dass die beratenden Professionen, auch wenn sie fest als Erziehungsberatung oder Berufsberatung im pädagogischen Kontext verortet sind, sich von der Fachwissenschaft Erziehungswissenschaft vollständig getrennt haben. Dagmar Hänsels Kritik gilt zwar der Heil- und Sonderpädagogik und der Durchsetzung eines einmaligen sonderpädagogischen Systems. Die Geschichte der pädagogischen Beratung ist mit der Etablierung dieses sonderpädagogischen Systems aber durchaus verbunden.

Pädagogische Beratung und sonderpädagogisches System

Im Kontext der Erziehungsberatung ist es die Psychagogik, der Hänsel (2008b) vorwirft, eigene Professionalisierungsinteressen über die ethischen Ansprüche der Klientinnen und Klienten gestellt und sich deswegen gezielt von der Fachwissenschaft Erziehungswissenschaft zugunsten eines medizinalpädagogischen Ansatzes abgegrenzt zu haben (Hänsel 2008b). Hänsels Kritik der Heilpädagogik und der Sondererziehung trifft deutlich auch auf die Erziehungsberatung und die beratenden Professionen unter dem Dach des Erziehungswesens zu, wie zum Beispiel die Schulpsychologie, die Heilpädagogik und ihre Beratung, auch die Schullaufbahnberatung und die Verbindung von Beratung im Kontext von Jugendhilfe und Förderschule zu (§35a des Kinder- und Jugendhilfegesetzes). Der Konflikt, den Hänsel an der Psychagogik – das ist die ältere Bezeichnung für die Erziehungsberatung und Kindertherapie – formuliert, ist in der Geschichte der Erziehungsberatung als Problem von „sichten und selektieren" wissenschaftlich gut beforscht worden. Diese Forschungserkenntnisse werden aber zu wenig zur Kenntnis genommen. So hat Ende der 1980er Jahre im Rahmen einer Jahrestagung zur Geschichte der Erziehungsberatung in der NS-Zeit diese in einem sehr kritischen Licht erscheinen lassen (vgl. Cogoy, Meckler, Kluge 1989, Gröning 2009). Verblüffenderweise sind diese Erkenntnisse aber wenig weiterentwickelt worden, so dass die Erkenntnisse 15 Jahre später im Rahmen der Feierperiode von 100 Jahren Erziehungsberatung kaum noch eine Rolle spielten. Auch im von der Bundeskonferenz für Erziehungsberatung produzierten Film zu 100 Jahren Erziehungsberatung finden sich hier keine kritischen Positionen auf die Geschichte des „psychagogischen Systems". Schon vor der NS-Zeit hat in Deutschland die Erziehungsberatung als Beratung im Unterschied zum Beispiel zu Österreich so nicht existiert, sondern institutionalisierte sich als Programm von Jugendsichtung, Psychopathenfürsorge und ähnlichen Angeboten seit Beginn des zwanzigsten Jahrhunderts.

Die Geschichte der pädagogischen Beratung, sei es nun die Berufsberatung, die Erziehungsberatung oder auch die sexualpädagogische Beratung, die sich im Grundkonflikt von Fürsorge und Beratung, von Lenkung und Hilfestellung, von Kontrolle und Selektion bewegt (Müller/Mollenhauer 1965), ist auch heute eine beratungswissenschaftliche Herausforderung. Sie trifft zum einen die Art der Vertragsgestaltung zwischen KlientIn und BeraterIn (Kontraktethik), zum anderen aber auch die Art der Gesprächsführung und zum dritten das grundlegende Verständnis von Beratung. Große Teile der pädagogischen Beratung, vor allem die Beratung im Schulbereich, sind eine Funktion des heil- und sonderpädagogischen Systems geworden, in deren Mittelpunkt Maßnahmen stehen. Diese Beratung wird heute mehrheitlich von Psychologen ausgeübt. Vor 1960 war diese Beratung ein Feld der Ärzte, die wiederum kaum über Beratungskompetenzen verfügten und vor allem in einem kriminologischen und erbhygienischen Forschungskontext standen. Sie haben die Erziehungsberatung und die sexualpädagogische Beratung in den Eheberatungsstellen in ihren Anfängen deutlich über erbhygienische Konzepte geprägt und einen deutschen Sonderweg institutionalisiert (von Soden 1988, Czarnowski 1991, Buhlert 1989).

Bleibt man in der ärztlichen und psychologischen Tradition von Beratung, so wird derjenige oder diejenige beraten, die nicht nur einen inneren Leidensdruck, sondern auch ein äußeres Verhaltens- und Anpassungsproblem hat und für seine oder ihre Umwelt eine Belastung darstellt. Der ganze Aufbau eines heil- und sonderpädagogischen Schulsystems ist nur aus dieser Perspektive heraus nachvollziehbar. Die Beratung ist hier eine Funktion der Zuweisung in Maßnahmen, weshalb vor allem die Untersuchung und Diagnose der Konstitution im Vordergrund der Beratungsstellen stand. Die Beratung im Anschluss an die Diagnose bezieht sich nicht auf Hilfe im Alltag, psychohygienische Funktionen und hermeneutische Gespräche, sondern es wird erwartet, dass die Klientinnen und Klienten den Empfehlungen des Beraters Folge leisten. In nicht wenigen Fällen verfügen Berater und Beraterinnen über Sanktionsmöglichkeiten, wenn der Klient/ die Klientin sich ihren Empfehlungen widersetzt. Dies ist der Ausgangspunkt der pädagogischen Beratung, wie z. B. der Erziehungsberatung, der Berufsberatung und auch der Ausgangspunkt dieses Buches, allerdings nicht formuliert als Problem des Klienten, sondern als Problem der Beratung. Wegen dieses ethischen Konfliktes von „lenken oder beraten", „helfen oder sanktionieren" hat die Erziehungswissenschaft seit den 1960er Jahren im Rahmen einer Theorie der Sozialen Arbeit Beratung für sich reklamiert (Mollenhauer 1965, vgl. dazu auch das Kap. II dieses Buches) und später immer wieder pointiert Kritik am ärztlichen Modell von Beratung geübt. Seit den 1970er Jahren hat sich in der Erziehungswissenschaft eine Kritiktradition an der Therapeutisierung der Beratung begründet (vgl. z.B. Thiersch 1979), die vor allem die mangelnde Kontraktethik und die

Funktionalität der Beratung in den Blick genommen hat. Später haben sich dann Enno Schmitz (1989), Hans Bude (1988) u. a. mit der Problematik der institutionellen pädagogischen Beratung befasst und vor allem ihre mangelnde kontraktuelle Transparenz kritisiert. Beratung war nicht Teil einer sozialen Dienstleistung, die der Klient mitkontrollierte, sondern Klienten und Ratsuchende waren Empfänger staatlicher Fürsorgeleistungen und hatten wenig Rechte in Bezug auf den Vertrag, der zwischen ihnen und dem Berater und zumeist noch einer dritten Institution geschlossen wurde. Der Vorwurf der Erziehungswissenschaftler lautete dann auch bald Klientelifizierung der Ratsuchenden und Therapeutisierung sozialer Probleme. Dieses Phänomen ist nun deshalb interessant, weil hier eine Fachwissenschaft – die Erziehungswissenschaft – fundierte Kritik an der Praxis geübt hat, die sich als pädagogische Praxis reklamierte, die aber faktisch in der Hand anderer Berufsgruppen lag und bis heute liegt. Wie ist nun die Geschichte der pädagogischen Beratung im Einzelnen zu verstehen? Am Beispiel der Erziehungsberatung, der Berufsberatung und der sexualpädagogischen Beratung wird das ethische Problem im Folgenden aufgezeigt.

Entwicklungslinien pädagogischer Beratung

Die ersten Beratungsstellen dieses Typus lassen sich zum Ende des 19. Jahrhunderts nachweisen und sind verbunden mit nationalen, erbhygienischen, eugenischen Bestrebungen auf der einen Seite, auf der anderen Seite lassen sich Professionsinteressen ausmachen. Parallel mit der Etablierung dieser quasi staatlichen Formen der Beratung lässt sich die Institutionalisierung von Gesundheitsämtern, Jugendämtern und Arbeitsämtern nachweisen. So errichtete im Jahre 1903 der Kriminalpsychiater W. Cimbal die erste heilpädagogische Beratungsstelle. Diese gilt als der Anfang der Erziehungsberatung. „Die inhaltliche Arbeit dieser Stellen wurzelte in den Bereichen der Jugendfürsorge, Sonder- und Heilpädagogik, Entwicklungsmedizin, der Kinder- und Jugendpsychologie sowie der Psychoanalyse" (Presting 1991, S. 10). Etwa 13 Jahre später wurden sogenannte „Jugendsichtungsstellen" gegründet, in Frankfurt von Dr. Fürstenheim, einem Psychiater und in Heidelberg von August Homburger. Die Heidelberger Beratungsstelle nannte sich „heilpädagogische Beratungsstelle", während die Mehrheit der Beratungsstellen sich „Jugendsichtungsstellen" nannte. Die meisten Erziehungsberatungsstellen entwickelten sich als Funktion der sich formierenden Kinder- und Jugendpsychiatrie, entweder als Ambulatorium der Kinder- und Jugendpsychiatrie wie in Heidelberg oder im Rahmen der neuen Gesundheitsämter. Hier dominierte die Konstitutionsforschung, d. h., erbhygienische und sozialhygienische Konzepte waren maßgeblich für die Diagnosen der zu sichtenden und zu untersuchenden Kinder. Die Beratung mündete zumeist in bewahrende und später auch selektierende Maßnahmen (Blandow 1989). Kadauke-List (1989) nennt Verbindungen der Erziehungsberatung in Deutschland zur Kindereuthanasie im NS.

Neben der in der jungen Erziehungsberatung dominierenden Konstitutionsforschung im Kontext der Jugendsichtungsstellen können die Psychopathenfürsorgestellen als heilpädagogische Beratungsstellen gelten (Kölch 1996), die ebenfalls deutlich den Selektions- und Bewahrcharakter einer sich professionalisierenden Kinder- und Jugendpsychiatrie in Deutschland tragen. Daneben können schließlich adlerianische Beratungsstellen genannt werden, die heute noch für die Erziehungsberatung in Deutschland von Bedeutung sind. So gründete Leonard Seif 1922 die adlerianische Erziehungsberatungsstelle in München (Freudenberger 1928). In Österreich hingegen war die Erziehungsberatung stark von der Psychoanalyse beeinflusst und mit den Namen August Aichhorn und Viktor Frankl verbunden. Aus einem „psychoanalytischem Ambulatorium" in Wien wurde 1922 eine Erziehungsberatungsstelle und Aichhorn nutzte die Psychoanalyse zur pädagogischen Arbeit mit verwahrlosten Jugendlichen (Aichhorn 1959). Viktor Frankl gründete Ende der 1920er Jahre eine Initiative zur Verhinderung von Schülerselbstmorden und bot Beratung vor allem bei schlechten Zeugnissen und Nicht-Versetzung an (Frankl 2002).

Eine ähnliche Problematik in Bezug auf nicht demokratische Fundierung und ein sozial kontrollierendes Selbstverständnis hatte auch die Berufsberatung, die anders als die Erziehungsberatung zunächst durchaus demokratische Traditionen hatte und in der ersten deutschen Frauenbewegung wurzelte. Bei der Berufsberatung handelt es sich um den am stärksten institutionalisierten, geschlossensten und bürokratischsten Beratungstypus, der vor allem von Berufsberatern der Bundesagentur für Arbeit und den Arbeitsmarktforschern beforscht wird. Die Berufsberater sind als eigene Gruppe professionalisiert, organisiert und von anderen Feldern pädagogischer Beratung weitgehend abgegrenzt. Ursache ist hier die Dominanz der Bundesagentur für Arbeit, d. h. des früheren Arbeitsamtes bzw. Reichsarbeitsamtes, welches bis in die 1990er Jahre ein Monopol auf Beratung im Rahmen des Arbeitsförderungsgesetzes innehatte. Mit dem Reichsarbeitsnachweisgesetzes von 1922 wurden „Allgemeine Bestimmungen über Berufsberatung und Lehrstellenvermittlung" erlassen und letztlich wurde 1927 mit dem Gesetz über Arbeitsvermittlung und Arbeitslosenversicherung eine einheitliche quasi staatliche Berufsberatung geschaffen, wobei eine gewerbsmäßige und freie Berufsberatung, auch die Auskunftsstellen der Frauenbewegung ausdrücklich verboten wurden. Die Beratung der Arbeitsnachweise folgte dem Prinzip der Dominanz der Arbeitsvermittlung mit psychotechnischen Diagnoseverfahren der Berufseignung und einem nachweisbaren Bias zu einer klassen- und schichtenorientierten Beratung, eine Tendenz, die sich in der Literatur lange nachweisen lässt, wenn z. B. argumentiert wird, dass ein Kind des Proletariats besser schnell Geld verdient, um die Eltern zu entlasten und deshalb besser in einen Anlernberuf vermittelt werden sollte als in eine Ausbildung (Hartwig 1948). Die Finanzierung der Beratung von Schulabsolventen erfolgte aus den Beiträgen der Arbeitslosenversicherung. Während des Nationalsozialismus wurden die Arbeitgeber- und Arbeitnehmerorganisationen aufgelöst und 1935 wurde die „Lenkung der Arbeitskräfte" zum Staatsprogramm erhoben.

Eine ähnlich sozial kontrollierende Geschichte wie die Erziehungsberatung und die Berufsberatung hatte auch die sexualpädagogische Beratung, die sich zunächst als Beratung für Verlobte an den Gesundheitsämtern institutionalisieren konnte und in deren Mittelpunkt die Ehetauglichkeit stand (von Soden 1988). Diese Art Beratung stand der sexualpädagogischen Beratung der Gesellschaft für Sexualreform gegenüber, die eine freie Sexualaufklärung propagierte und Verhütungsmittel kostenlos verteilte. Für das Thema des Buches ist die Ehefähigkeitsberatung für Verlobte deshalb wichtig, weil sie an den Gesundheitsämtern angesiedelt war und ähnlich repressive Ziele verfolgte wie die Erziehungsberatung in ihren Anfängen und den ersten Jahrzehnten ihrer Institutionalisierung, denn die Erziehungsberatung gehörte unzweifelhaft zunächst zum heil- und sonderpädagogischen System, welches wiederum eng mit der sich etablierenden Kinderpsychiatrie verbunden war. Auch die Eheberatung baute sich auf einem Beratungsverständnis der Erbhygiene auf und kontrollierte über ein System von Repression und ökonomischen Zuwendungen die Heiratsabsichten und die Sexualität junger Personen (Gröning 2010). So erhielten erblich unbedenklich eingestufte Paare eine Wohnberechtigung und wurden bei der Suche nach einer eigenen Wohnung bevorzugt (von Sonden 1988). In der kriegsbedingten Wohnungsnot nach dem Ersten Weltkrieg war dies von gewissem Wert. Die Informationen über die erbliche Unbedenklichkeit, aber auch über erblich bedingte Krankheiten und weitere Krankheiten, die im Rahmen von Genogrammen erhoben wurden (Sippschaftstafeln), wurden in den neu eingerichteten Gesundheitsämtern gespeichert und später in der NS-Zeit zentralisiert.

Eine Tendenz: Beratung und Kontrolle

In allen drei genannten Beratungsfeldern, der Ehe(fähigkeits)beratung, der Erziehungsberatung und der Berufsberatung lässt sich autoritäres und teilweise Menschenrecht verletzendes Vorgehen nachweisen, und es ist eigentlich richtiger, nicht von Erziehungsberatung, sondern von Jugendsichtung, nicht von sexualpädagogischer Beratung oder Eheberatung, sondern erbhygienischer Kontrolle zu sprechen etc. Aber dies sind nun mal die Anfänge der Beratung in Deutschland. Beratung im Sinne eines hermeneutischen Gespräches oder im

Sinne von Information und Aufklärung fand in diesen Stellen lange nicht statt. In der Erziehungs- und Eheberatung stand die medizinische Untersuchung, in der Berufsberatung die psychotechnische Eignung im Vordergrund. Alle Beratungsformen hatten den Anspruch die Ratsuchenden zu verwalten, möglichst viele von ihnen zu erfassen und ihre Daten zu dokumentieren. Alle Beratungsformen waren gesellschaftlichen Ordnungsvorstellungen und Ideologien verpflichtet: die Berufsberatung war beeinflusst von der Idee der Menschenökonomie und verstand sich volkswirtschaftlich, die Erziehungsberatung wollte Kinder und Jugendliche mit Erbkrankheiten und Behinderungen aufspüren und ordnete auch Erziehungsprobleme, die eindeutig dem kriegsbedingten Mangel, der Traumatisierung und der Bindungslosigkeit zuzuordnen waren, der Konstitution und Erbmasse zu und schließlich gilt für die Eheberatung, dass sie verhindern wollte, dass erbgesunde sich mit erbkranken Menschen „mischten", wobei der Begriff der Erbkrankheit auch Suchterkrankungen, psychische Erkrankungen, Suizidneigungen und soziale Probleme umfasste.

Während der Zeit des Nationalsozialismus wurden die Beratungsstellen entweder geschlossen oder der nationalsozialistischen Volkswohlfahrt oder dem Reichsarbeitsamt unterstellt. Die Daten der Ratsuchenden wurden zumeist in Berlin (vgl. Czarnowski 1991) zentralisiert. Einen gewissen Einfluss übten die ärztlichen Standesorganisationen aus, die sich international isoliert und als deutsche Medizin dem NS-Staat verpflichtet hatten. Diese Zentralisierung ist eine wichtige Voraussetzung für die Verstrickung der Ärzte in die Kindereuthanasie. Einige der Pioniere der Kinderpsychiatrie in Deutschland, die vor der NS-Zeit als Erziehungsberater gearbeitet hatten, konnten während der NS-Zeit ihre Forschungen in Lagern weiterführen und nach dem Zweiten Weltkrieg weitgehend unbehelligt weiterarbeiten – zum Beispiel der NS-Arzt Werner Villinger und Robert Ritter (Gröning 2009/2010).

Eine zweite Tendenz: Beratung und Emanzipation

Umgekehrt könnten die demokratischen und emanzipatorischen Ansprüche der pädagogischen Beratung nicht erklärt werden, hätte es nicht in der Weimarer Republik und teilweise auch schon im Kaiserreich breite emanzipatorische Bewegungen gegeben, die sich ebenfalls im Bereich der Beratung profiliert und ausgewiesen haben. Allerdings sind bis auf die psychoanalytischen Erziehungsberater, vor allem August Aichhorn, ihre Beratungsverständnisse in Vergessenheit geraten. Mehr als nur engagierte Einzelpersonen haben auch unter sehr schwierigen gesellschaftlichen Bedingungen Beratungsangebote für notleidende und ratsuchende Personen geschaffen und zumeist ehrenamtlich in ihnen gearbeitet. Hervorzuheben ist die Deutsche Gesellschaft für Sexualreform mit ihren Beratungsstellen, die Beratungsstellen des Bundes für Mutterschutz und Sexualreform und die Beratungsstellen des Bundes Deutscher Frauenverein, zu denen die Auskunftsstellen für Frauenberufe und die Rechtschutzstellen der Frauenstimmrechtsbewegung gehörten (Gröning 2010). Diese Beratungsstellen arbeiteten seit dem ausgehenden 19. Jahrhundert und wurden in der NS-Zeit zerstört und gleichgeschaltet (vgl. Gröning 2009).

Ganz ohne Zweifel hat die erste Frauenbewegung, namentlich die Frauenstimmrechtsbewegung eine herausragende Bedeutung für die Entwicklung einer demokratischen und auf Hilfe und Mündigkeit abzielenden Beratungspraxis. Die ersten Beratungsstellen in Deutschland, die diesen Namen verdienen, sind von der ersten deutschen Frauenbewegung als Berufsberatung, als Rechtsberatung und als Beratung für ledige Mütter in Not gegründet worden. Die bürgerliche Frauenbewegung ist, wie Ostendorf (2001, 2005) es formuliert hat, die Wurzel für die Berufsberatung in Deutschland, sie ist aber auch die entscheidende Wurzel für eine demokratische und klientenorientierte Sachberatung und Sozialberatung in Deutschland überhaupt. Daneben sind die die Auskunftsstellen der Frauenstimmrechtsbewegung zu nennen, die vor allem von Marie Stritt geprägt wurden (Geisel 1996).

Die Beratungsstellen der ersten Frauenbewegung wurden vor allem als so genannte Auskunftstellen vorwiegend unter der Trägerschaft des Bundes deutscher Frauenvereine eingerichtet und überzeugen auch heute noch durch ein demokratisches, integriertes und personennahes Beratungsangebot. Es ist nicht verwunderlich, dass diese Beratungsformen auf breite Akzeptanz bei den Klientinnen stießen und die Stellen hohen Zulauf hatten.

An herausragender Stelle der Beratungstätigkeiten der ersten Frauenbewegung stehen Persönlichkeiten wie Helene Stöcker, die Gründerin des Bundes für Mutterschutz, Josefine Levy-Rathenau, die Begründerin der Berufsberatung und Marie Stritt, die die erste Rechtsschutzstelle für Frauen in Dresden ins Leben gerufen hatte (Schröder 2001, S. 63). Stritt und Levy Rathenau sind Mitverfasserinnen des von Gertrud Bäumer und Helene Lange herausgegebenen Handbuches der Frauenbewegung und haben die Politik des Bundes deutscher Frauenvereine deutlich mit geprägt. Bei Helene Stöcker ist dies schwieriger, da ihre sexualreformerische Position im Vorstand des Bundes deutscher Frauenvereine isoliert war und sie diesen bald verlies. Als Begründerin einer emanzipatorischen Sexualberatung und Mütterberatung ist ihr Beitrag gleichwohl in hohem Maße zu würdigen. Auch muss hervorgehoben werden, dass gegen Ende der 20er Jahre des letzten Jahrhunderts der Bund für Mutterschutz und Sexualreform Jugendberatungsstellen eröffnete, ein Projekt, mit dem der Urheber dieser Idee seit 1916 quasi überall anklopfte. Hugo Sauer war ein einsamer Kämpfer für eine freie Jugendberatung, ohne heilpädagogische Maßnahmen und psychopathologische Deutung. Sein Kampf galt vor allem den vielen Suiziden von Jugendlichen und jungen Erwachsenen, die vor allem in der Nachkriegszeit einem hohen Armutsrisiko und schweren Lebenskonflikten ausgesetzt waren. In Helene Stöcker fand er eine der wenigen Mitstreiterinnen, die die Verzweiflungstaten von jungen Menschen nicht als Ausdruck einer konstitutionellen Minderwertigkeit definierte und durch soziale Beratung Abhilfe schaffen wollte.

Sexualberatung, Rechtsberatung, Berufsberatung – diese drei Beratungsfelder lassen sich historisch eindeutig und konzeptionell abgegrenzt von den sozialen Hilfstätigkeiten der ersten Frauenbewegung zuordnen. So war die Rechtsberatung, wie sie Marie Stritt in Deutschland begründete, hinsichtlich ihrer Konzeption und Intention deutlich zu unterscheiden von der Idee der Fürsorge und geistigen Mütterlichkeit, die von Alice Salomon stammt. Ebenfalls konzeptionell abgegrenzt versteht Levy-Rathenau ihre Beratungstätigkeit für die Berufsberatung und für eine „demokratische Frauenberufspolitik" und schließlich ist Helene Stöcker als Sexualreformerin an der Beseitigung des sexuellen Elends und der Diskriminierung lediger Mütter und freier Lebensformen mehr interessiert als an Fürsorge für die ledigen Mütter und ihre Kinder.

Die Institutionalisierung nach 1945

In der pädagogischen Beratung, insbesondere in der Erziehungsberatung und der Sexualberatung hat es keine „Stunde Null" gegeben. Weder in den neu gegründeten Gesundheitsämtern, noch in der Arbeitsverwaltung oder in den Jugendämtern der jungen Bundesrepublik, weder in der Erziehungsberatung, noch in der Berufsberatung kann eine Aufarbeitung und wirkliche Neugestaltung der Beratungsangebote nachgewiesen werden. Für die Mehrheit gilt bis in die 1960er Jahre eine gewisse Kontinuität in der Wahrnehmung ihrer Klienten und in Bezug auf den Fokus auf Diagnose und Maßnahme in der Beratung – bis auf wenige Ausnahmen. Besonders aufklärend sind die Entdeckungen von Geuter (1984), der über die Professionalisierung der Psychologie im NS umfassend gearbeitet hat oder von Buhlert u. a. (1989), die die Geschichte der Frankfurter Erziehungsberatungsstelle rekonstruiert haben. Im Sinne von netzwerktheoretischen und professionstheoretischen Ansätzen hat auch Lockot (1985) die große Bedeutung des Berliner Instituts für psychologische Forschung und Psychotherapie als Netzwerk von psychologischen Beratern benannt. Die Mehrheit der Berater wurde am so genannten Matthias Heinrich Göring-Institut in Berlin während der Nazizeit im Sinne der neuen deutschen Seelenheilkunde ausgebildet und hat später in den Beratungsstellen der jungen Bundesrepublik eine wichtige Rolle gespielt. Dazu gehören der Gründer des Hannoveraner Institutes für Psychagogik, Carl Tornow, oder die Erziehungsberaterinnen in der Münchener

Erziehungsberatungsstelle von Leonard Seif, der 1949 verstarb. Neben dieser Gruppe der Mitläufer sind Personen wie Werner Villinger und Robert Ritter, die wirklich NS-Größen und an der Euthanasie und Menschenforschung direkt und aktiv beteiligt waren, nach 1945 teilweise bis in die 1960er Jahre aktiv in der Erziehungsberatung und in den Gesundheitsämtern oder Fachgesellschaften tätig gewesen und haben hier ihre Sichtungsvorstellungen und Sozialhygienekonzepte weiter vertreten können. Die Netzwerke zerbrachen in den 1960er Jahren, weil die Berater in den Ruhestand gingen und verstarben.

Ganz ohne Zweifel ist für die Neuformulierung der Beratung in den 1960er Jahren die Arbeit von wichtigen Einzelpersönlichkeiten wie zum Beispiel Reinhard und Annemarie Tausch, Alexander und Margarete Mitscherlich, Horst Eberhard Richter, Berthold und Trude Simonsohn, C. Wolfgang Müller und Klaus Mollenhauer bedeutend. Eine zweite Linie ist die zunehmende Internationalisierung vor allem der Sozialen Arbeit, die neue Konzepte und neues Denken in die Beratungslandschaft der Bundesrepublik brachte und schließlich gehören auch Institutionalisierungsprozesse hierher wie die Einrichtung von Fortbildungsakademien für nichtärztliche Berater und Beraterinnen. Nach der Phase der Restauration in den 1950er Jahren, kann man die 1960er Jahre sicherlich als Phase der großen Beratungshoffnung bezeichnen, wie auch die Publikation von Müller und Mollenhauer (1965) zeigt. Gleichwohl: die Beratungspraxis ist von diesen Beratungshoffnungen nur teilweise erreicht worden. Zwar haben sich neue und eigenständige Beratungsangebote mit ethischem Inhalt, hermeneutischen Methoden und sozialwissenschaftlichen Fundierungen vor allem im Umfeld der Frauenberatung institutionalisieren können. Umgekehrt gilt aber auch, dass es seit den 1960er Jahren eine Kontinuität vor allem der Bedeutung der Diagnose in der Beratung gab. So dominieren in den Erziehungsberatungsstellen z. B. seit den 1960er Jahren psychometrische Tests. Das Vermessen, Objektivieren und damit auch Selektieren ging weiter und auch die Trennung der pädagogischen Beratung von der Fachwissenschaft Erziehungswissenschaft – wie Dagmar Hänsel dies vor allem für die Institutionalisierung des sonderpädagogischen Systems aufzeigen konnte.

Aus beratungswissenschaftlicher Perspektive stellt sich nun das Problem, dass die erziehungswissenschaftliche Beratungsforschung sich einer großen Praxis von Beratung gegenübersieht, die sich nicht als pädagogische Beratung versteht, sondern allenfalls als psychosoziale Beratung, eigentlich aber als psychologische Beratung, obwohl diese Beratungsformen zu einem beachtlichen Teil im Erziehungssystem und Bildungssystem angesiedelt sind. Die Formulierung von Beratungsgrundsätzen für die pädagogische Beratung wird sich zum einen auf die erziehungswissenschaftlichen Wissensbestände und Konsense berufen müssen, auf die Beratungskritik und auf jene Fundierungen, die Verstehen in der Beratung ermöglichen.

II Pädagogische Beratung als Leistung und Entwurf einzelner Personen im Zeitraum von 1965 bis heute

Im Folgenden wird die pädagogische Beratung vor allem hinsichtlich ihrer Konzipierung und Begründung als Leistung einzelner Personen und ihrer erziehungswissenschaftlichen Beiträge gewürdigt. Bei einigen Personen ist die Auswahl ganz einfach. Klaus Mollenhauer, Walter Hornstein, Kurt Aurin, Hans Thiersch und Frank Nestmann haben sich dezidiert zur pädagogischen Beratung geäußert. Mollenhauer, Thiersch und Nestmann haben dabei vor allem die sozialpädagogische Beratung beschrieben, wohingegen Hornstein und Aurin sich für die Beratung im Schulbereich eingesetzt haben. Klaus Mollenhauer und Walter Hornstein haben, der eine mehr, der andere weniger einen Beratungsbegriff für die Pädagogik geprägt, der sowohl von Bildungstheorien und bildungstheoretischen Gedanken als auch von Beratung als kommunikativem Verstehen ausgeht. Allerdings wird dies bei beiden nur angedeutet und ist bis heute ein nicht ausformuliertes Projekt. Konkreter hingegen ist die pädagogische Beratung als Beratung im Schulbereich, in der sozialen Arbeit und mit Kindern und Jugendlichen formuliert, aber auch hier ist eigentlich nur Mollenhauer der Erziehungswissenschaftler, der konsequent aus der Perspektive des Ratsuchenden und nicht aus dem Interesse der Institution heraus argumentiert.

Bei anderen Autorinnen und Autoren ist die Zuordnung zur pädagogischen Beratung schwieriger, sei es, weil sie sich um Beratung unter dem Dach des Erziehungswesens keine Gedanken gemacht haben, sei es, weil sie die Erziehungswissenschaft als Fachwissenschaft für Beratung nicht akzeptiert haben. Dies ist mehrheitlich der Fall, wenn pädagogische Beratung als pädagogische Psychologie definiert oder hier subsumiert wird. Beratung erscheint dann als Anwendungsfeld für Psychologen in der Pädagogik und richtet sich auch an die Berufsgruppe der Psychologen. Hinzu kommt: alle Pioniere, die hier als pädagogische Berater theoriebildend aufgetreten sind, haben sich mit Entwürfen und der Bestimmung der Beratung aus der jeweiligen erziehungswissenschaftlichen Teildisziplin, also sozialpädagogische Beratung und Beratung im Schulbereich begnügt. Der empirischen Bedeutung dieser beiden Praxisfelder steht heute eine große Lücke im Bereich der erziehungswissenschaftlichen Beratungsforschung gegenüber, denn obwohl die pädagogische Beratung unter dem Dach der Sozialen Arbeit, im Schulbereich, als Supervision, teilweise auch als Jugendberatung, als Beratung in der Jugendberufshilfe, als Erziehungsberatung und Familienberatung bedeutsamer geworden ist, wird sie kaum erziehungswissenschaftlich begründet und beforscht.

Eine völlige Forschungslücke ist das Verhältnis von Beratung und Bildung und zwar sowohl bildungs- und beratungstheoretisch als auch individuell-psychodynamisch. Dass Beratung ohne eine Anspruch an Bildung und Aufklärung in die Sackgasse der Klientelifizierung führt, ist ein wichtiges Ergebnis der Psychotherapie- und Beratungskritik seit den 1970er Jahren (vgl. Nagel Seifert 1979, Bude 1988, Schmitz 1989, Gaertner 2004). Dass Bildung, die sich ausschließlich auf die Vernunft und die Mündigkeit bezieht, emotionale Widerstände, Scham, die Psychodynamik des Habitus übersieht und damit „in der Luft" bleibt, ist eine andere Erkenntnis. Keine Veränderung ohne personenzentriertes und biografisches Verstehen und keine nachhaltige Emanzipation vom Ballast alter Emotionen und Affekte, ohne Erweb von Bildungskapital, Selbstbildung und Habitustransformation. Das Projekt, um welches es bei der pädagogischen Beratung geht, ist mehr als ein Anwendungsfeld der Psychologie im pädagogischen Bereich. Es geht um eine Bestimmung des Verhältnisses von Bildung und verstehender Gesprächsführung. Die Pioniere der pädagogischen Beratung, die im Folgenden vorgestellt werden, haben unterschiedliche Fäden und Anfänge formuliert. Wo sie steckengeblieben sind und stehen geblieben sind, ist der abgerissene Faden der konzeptionellen Arbeit wieder aufzunehmen, umso mehr als gerade im Schulbereich, aber auch im außerschulischen Kontext die Ergebnisse von Pisa und ähnlichen Untersuchungen aufzeigen, dass in der Integration von Beratung und Bildung wesentliche Perspektiven der pädagogischen Arbeit mit Kindern, Jugendlichen, Familie, aber auch mit den Ratsuchenden im sozialpädagogischen Bereich liegen.

Klaus Mollenhauer

Ganz ohne Zweifel sind die 1960er Jahre für die pädagogische Beratung eine wichtige Epoche, denn faktisch änderten sich in dieser Zeit die institutionellen und historischen Voraussetzungen für ihre Neubestimmung. Die Generation der Berater und Therapeuten, die noch am Mathias Hermann Göring-Institut während der NS-Zeit ihre Ausbildung zum beratenden Psychologen bekommen hatte, verschwand langsam aus dem aktiven Berufsleben, jene, die selbst als nationalsozialistische Ärzte, Pädagogen und Therapeuten tätig waren, gingen ebenfalls in den Ruhestand oder verstarben. Gleichzeitig eröffnete eine zunehmende Internationalisierung der Bundesrepublik Zugang zu den Diskursen moderner Sozialarbeit und Pädagogik in den angelsächsischen Ländern. Die Epoche der sozialen Reformen vor allem in Bezug auf die Behandlung der Menschen mit psychischen Einschränkungen brach an und eröffnete auch der Pädagogik ganz neue Perspektiven. In die 1960er Jahre fällt die Neubestimmung der pädagogischen Beratung durch die Erziehungswissenschaft, vor allem durch die universitäre Sozialarbeitswissenschaft.

In der erziehungswissenschaftlichen Literatur wird für dieses Projekt vor allem der Aufsatz von Klaus Mollenhauer (1965) zum pädagogischen Phänomen Beratung hervorgehoben. Zuvor hatte Mollenhauer schon in seinem Buch zur Sozialpädagogik 1964 einiges zur Bedeutung der Beratung gesagt. Im Vorwort zu ihrem kleinen Büchlein „Führung und Beratung in pädagogischer Sicht" nennen Müller/Mollenhauer (1965, S. 4) Beratung ein „am Rande des Erziehungsfeldes gelegenes, aufklärendes Verfahren" und reklamieren diese für die Pädagogik. Beratung wird vor allem im Beitrag von Mollenhauer deshalb als neue Form der pädagogischen Interaktion angesehen, weil sie versuche, all jene Faktoren auszuschalten, die in den alltäglichen sozialen Erziehungsverhältnissen die pädagogischen Möglichkeiten begrenzten" (Mollenhauer 1965 S. 25). Mollenhauer kritisiert vor allem das Gefälle und die Komplementarität der institutionsgebundenen Rollen im pädagogischen Feld (als Lehrling, als Schüler, als Zögling, als Sohn oder Tochter). Pädagogische Beratung soll und kann seiner Ansicht nach das Grunddilemma der Asymmetrie lösen. So verstehen Müller und Mollenhauer ihre Abhandlung als Plädoyer für eine bestimmte pädagogische Haltung. Sowohl Beratung als auch ein demokratischer Stil in der Erziehung enthalte ein bestimmtes anthropologisches und gesellschaftliches Konzept. Wer eine pessimistische Anthropologie vertrete, werde nicht beraten können, sondern nur Anweisungen geben (vgl. Müller/Mollenhauer 1965, S. 5).

Der Ansatz Mollenhauers

In seinem Aufsatz zum pädagogischen Phänomen Beratung unterscheidet Mollenhauer die Beratung zunächst vom guten Rat im Alltag und von der schulischen Interaktion und nennt diese einen Fremdkörper in den pädagogischen Institutionen vor allem in der Schule, in der Dominanzen, hierarchische Verhältnisse und Autoritätsstrukturen eine unübersehbare Rolle spielten (Mollenhauer 1965, S. 25). Das Phänomen Beratung als hermeneutische und demokratische Kommunikation sei wohl in erster Linie in Institutionen gleichen Namens zu finden, also in Beratungsstellen wie der Erziehungsberatung. Neben den Beratungsstellen nennt Mollenhauer noch Medien als Ratgeber, die hier aber keine weitere Erwähnung finden sollen. Beratung sei jedoch kein auf Institutionen beschränktes Phänomen, sondern ein pädagogischer Vorgang, der auch außerhalb der Beratungsstellen Bedeutung gewinne. Mollenhauer geht insgesamt von einer Zunahme von Beratungsbedürfnissen in der Gesellschaft aus und einer Zunahme eines Typus von pädagogischem Verhalten, den er eben Beratung nennt. Das gestiegene Beratungsbedürfnis verortet er eher allgemein in der Zeit, bezieht sich jedoch nicht auf funktionale Modernisierungstheorien, sondern auf eine Zunahme eines Bedürfnisses nach demokratischer Kommunikation. Die institutionalisierte Beratungstätigkeit sei ein Sonderfall eines allgemeineren pädagogischen Phänomens. Für Mollenhauer geht es ähnlich wie für Reinhard und Annemarie Tausch (1954) darum, den autoritären, entwertenden und dirigierenden Erziehungsstil und die auf Einwirkung und Kontrolle ausgerichtete pädagogische Kommunikation zu überwinden und durch eine andere Kommunikation zu ersetzen. Hier trifft sich sein Anliegen mit dem seines Kollegen C.W. Müller, der sich in seiner Abhandlung über Führung vor allem mit Kurt Lewin auseinandersetzt und diesen für die Erziehung zu reklamieren sucht. Es geht beiden Autoren um Erziehung als eine demokratische und anerkennende Kommunikation, weniger um die Erschließung eines neuen Professionsfeldes. Im Mittelpunkt der pädagogischen Beratung stehen Reformen des Erziehungswesens, nicht die Schaffung neuer Räume für Professionelle und ihre Interessen.

Kritik an der Beratungspraxis

Den Erziehungsberatungsstellen, denen Mollenhauer durchaus Respekt zollt, über die er aber sagt, dass das, was dort angeboten werde, nur zum Teil Beratung zu nennen sei, hätten sich in beachtlichem Umfang zu therapeutischen Institutionen entwickelt (Mollenhauer 1965, S. 37). Ebenso finde sich hier nichts bzw. sehr wenig über Beratung als pädagogischem Vorgang. Die aus den Beratungsstellen der Erziehungs- und Berufsberatung hervorgegangene Literatur enthalte zwar sehr viel psychologische Grundlegung, psychologische-psychoanalytische Fallanalysen, diagnostische Erörterung, aber kaum pädagogische Reflexion. Mollenhauer vermutet, dass dem Berater in der Erziehungsberatung und Berufsberatung die Beratungsvorgänge unterordnet erscheinen und es sich vorwiegend um Berater mit diagnostischer Ausrichtung handele. Es bedürfe einer erziehungswissenschaftlichen Fragestellung, um dieses verborgene Problem ans Licht zu heben. Diese Aussagen von Klaus Mollenhauer stellen nun sehr deutlich einen Versuch dar, die Beratung an die Erziehungswissenschaft anzukoppeln – auch weil Mollenhauer das Dilemma der Beratung zwischen der autoritären Kommunikation in der Schule auf der einen Seite und therapeutischen Ausrichtung auf der anderen Seite aufspannt.

In Bezug auf die randständige Bedeutung der pädagogischen Beratung übt Mollenhauer zuerst Kritik an einem zu engen Erziehungsbegriff, der viel zu sehr auf Einwirkung und Korrektur ausgerichtet sei und Handeln am Unmündigen fokussiere. Dieser eingeschränkte Erziehungsbegriff werde zwar durch neue Erziehungstheorien relativiert, habe in der Erziehungswissenschaft aber eine erstaunliche Beharrlichkeit entfaltet. Gerade der Fokus auf die Unmündigen in der Pädagogik lasse Beratung, die eher zwei autonome Personen voraussetzt, als unpädagogisches Phänomen erscheinen. Mollenhauer sagt, dass es falsch sei, die pädagogische Beratung nur auf die Erziehungsberatung zu beschränken und quasi die Eltern zu beraten. Beratung müsse sich an den Entwicklungsaufgaben auch des Jugendalters orientieren, von denen er die Berufswahl und damit die Berufsberatung hervorhebt (S. 32).

Mollenhauer konkretisiert den Beratungsvorgang in der Pädagogik und weist ihn als deutlich reflexives und verstehendes Gespräch aus. Beratung beginnt bei Mollenhauer mit einer Frage und habe ausschließlich die Erwartungen und Fragen des Klienten zum Inhalt, nicht die Bedürfnisse und Wünsche des Pädagogen. Nur was der Ratsuchende formuliere, sei ein vertretbarer Gegenstand der Beratung. Das Beratungsgespräch in der Pädagogik solle immer auch Informationen enthalten und könne, wenn nichts anderes gefragt werde, damit enden. Pädagogische Beratung ende üblicherweise mit einem Rat des Beraters. Dieser Rat sei verbindlich für den Berater und unverbindlich für den Ratsuchenden, der seine Autonomie wahren müsse.

Die Ideen von Klaus Mollenhauer und C.W. Müller zur pädagogischen Beratung haben bis heute die Grundeinstellungen der Pädagogik zur ihrer Beratung mitgeprägt. Die theoretische Stärke ihres kurzen Essays zum Phänomen Beratung liegt zweifellos in der eindeutigen Beantwortung der berufsethischen Frage in der Pädagogik und in der Konzipierung von Beratung als selbstreflexivem Prozess. Müller und Mollenhauer plädieren für die Freiheit des Klienten und formulieren damit ein spezifisches Mandat des pädagogischen Beraters, in dessen Mittelpunkt die Idee der Mündigkeit steht. Pädagogik wäre damit Hilfe zur Mündigkeit, eine spezielle Sicht auf den anderen als anzuerkennendes Subjekt und schließlich und immer wieder Anregung zur Selbstreflexion.

Der Beratungsbegriff Mollenhauers bricht deutlich mit den lenkenden und undemokratischen Vorstellungen in der Pädagogik und kehrt an vielen Stellen zu einem Konzept der Lebensführung und einem Beziehungsangebot hin zum Klienten zurück, welches sowohl an zivilgesellschaftliche Verhältnisse wie auch an Konzepte des sozialen Verkehrs im Sinne der der antiken Polis anknüpft. Zu erwähnen ist die „Wohlberatenheit" bei Aristoteles. Beratung ist hier wie auch bei Sokrates ein notwendiger Bestandteil der persönlichen Lebensführung, weil Ego immer auch ein Alter braucht, welches ihm Rat erteilt. In der Nikomachischen Ethik formuliert Aristoteles als zehnte Tugend die Wohlberatenheit, die er als Richtigkeit des Rates bezeichnet. Wohlberatenheit ist „ein Merkmal des klugen Mannes", eine Haltung zu raten und sich beraten lassen, mit dem Ziel Richtigkeit, Klugheit und Wahrheit zu erfahren. Die Wohlberatenheit benötigt, Zeit und Besonnenheit, wobei in der Nikomachischen Ethik nicht zwischen Ratsuchendem und Berater hierarchisch unterschieden wird. Die Rollen scheinen reziprok, die Kunst zu beraten und die Kunst einen Rat anzunehmen gehören beide zu der Tugend der Wohlberatenheit (Rolfes 1921, www.textlog.de33501. html). Beraten zu werden, einen Rat zu empfangen ist also nicht schamauslösend und abhängigkeitserzeugend, wie in den sozialpädagogischen Kontexten heute verbreitet, sondern eine Tugend.

Weitere Stützpunkte für ein Konzept pädagogischer Beratung

Neben diesen konzeptionellen Überlegungen zur pädagogischen Beratung befasst sich Mollenhauer mit der Funktion von Beratung im Zusammenhang mit pädagogischen Institutionen. Hier nennt er eine Reihe von Stützpunkten für die Beratung in pädagogischen Beratungsstellen bzw. durch pädagogische Professionelle im Rahmen der so genannten beratungsreichen Handlungsfelder vor allem im Kontext der sozialen Arbeit (Jugendgerichtshilfe, Erziehungsbeistandschaft). Für den Ratsuchenden bedeute der Rat die Vorbereitung einer Entscheidung (Mollenhauer 1965, S. 32).

- Vom Berater erwarte der Ratsuchende keine Anweisungen, sondern, dass er zuhört und aus vielleicht besserer Übersicht eine Antwort gibt bzw. Möglichkeit aufzeigt. Der Ratsuchende erwarte keinen Zwang, keine Vorschriften, keine unumstößlichen Wahrheiten, kein Urteil, das nicht revidiert werden könnte.
- Der pädagogische Sinn der Beratung liege darin, dass sie die Selbstfähigkeiten, die Produktivität, die Rationalität und die Phantasie des Ratsuchenden anspricht.
- Die entscheidende Funktion der Beratung sei, dass kritische Aufklärung stattfinden könne, im Sinne der Möglichkeit zur Distanz, zur objektivierenden Betrachtung und eines rationalen Verhaltens zu sich selbst.
- Im Akt der Selbstaufklärung werde die Information in ein kritisches Selbst- und Weltverhältnis umgesetzt. Beratung in diesem Sinne führe nicht in die Anpassung, sondern solle von Konformitätszwängen befreien.

Da die Pädagogik sich zentral mit den Fragen der Mündigkeit, Freiheit und Fähigkeit zur Selbstsorge befassen muss, müssen auch alle Einflüsse in der Pädagogik benannt werden, die zur Unfreiheit und Unmündigkeit führen. Pädagogische Beratung muss sich wie jedes pädagogische Handeln mit der Macht, insbesondere mit der psychologischen Macht auseinandersetzen und den Unterschied zwischen Sorge für die Anvertrauten und Entmündigung bestimmen. Dies gilt umso mehr, als durch jeden guten Beratungsprozess automatisch eine Anhänglichkeit des Klienten entsteht, mit der jeder Berater umgehen muss. Umgekehrt baut das Modell der Beratung, insbesondere der psychologischen Beratung und Therapie auf dem Modell des Arztes auf, von dem Foucault (1982) bekanntermaßen sagt, dass er die Krankheit durch den Patienten hindurch sieht, also expertokratisch handelt und die Personalität des Klienten durch Versachlichung und Instrumentalität transzendiert.

Thea Sprey: Beraten und Ratgeben in der Erziehung

In den 1960er Jahren gibt es verschiedene Bemühungen, die autoritären Traditionen der Beratungsstellen in der Weimarer Republik, in der NS-Zeit und in der unmittelbaren Nachkriegszeit zu überwinden und das Beraten und das Ratgeben in der Erziehung neu zu bestimmen und zwar u. a. aus der Perspektive einer geisteswissenschaftlichen Pädagogik, mit der Intention Beraten als pädagogisches Handeln zu verstehen und einen Kern der pädagogischen Beratung zur formulieren. Besonders für das letzte Anliegen ist eine Studie von Thea Sprey (1968) hervorzuheben, die vor allem im Kontext der sich neu begründenden Erziehungswissenschaft in der Bundesrepublik Deutschland eine aus der Zeitperspektive der 1960er Jahre lesenswerte Systematik zum Thema Beraten und Ratgeben in der Erziehung darstellt. Die Verfasserin entwickelt in ihrer Studie eine genuin erziehungswissenschaftliche Begründung von Beratung in der Pädagogik. Warum die Arbeit von Thea Sprey im Gegensatz zum Entwurf von Mollenhauer so wenig rezipiert wurde, ist in Bezug auf den Umfang und die Güte der Studie nicht nachzuvollziehen. Mollenhauer 1965 stellt, wie Sprey richtig rezipiert, die Frage nach der pädagogischen Beratung und fordert, diese erziehungswissenschaftlich zu präzisieren. Worauf Sprey mit den von ihr zu untersuchenden Kategorien der Situationsmerkmale von Beratung und der Funktion von Beratung antwortet. Bemerkenswert ist, dass Sprey in Bezug auf das gesellschaftliche Beratungsbedürfnis, das auch sie, wie andere Erziehungswissenschaftler und Theoretiker als großes Bedürfnis von Kindern, Jugendlichen und Eltern wahrnimmt, damit beantwortet, dass Kinder und Jugendliche sich häufig in einem Zustand der Ratlosigkeit befänden. Das Bedürfnis nach Beratung, über welches Mollenhauer 1965 sagt, dass es der Zeit besonders liege, wird von Sprey vor allem entwicklungstheoretisch verstanden. Zwar spielen auch Modernisierung und kultureller Wandel eine Rolle, an erster Stelle steht bei Sprey aber die Ratbedürftigkeit der Jugend, auf die Eltern und Erzieher häufig mit Ratlosigkeit reagierten. Dem heutigen Forschungstand entsprechend würde dieser Zustand der Ratbedürftigkeit Jugendlicher heute eher mit Entwicklungsaufgaben übersetzt werden. Heranwachsen lässt sich als eine Abfolge von körperlichen, seelischen und sozialen Entwicklungsaufgaben verstehen, wobei jede Entwicklungsstufe das Potenzial von Wachstum oder umgekehrt das Potenzial der Krise und der Stagnation enthält und für sich einen biografischen Wendepunkt darstellt. Aus der Perspektive der Person des Kindes/Jugendlichen entsteht so Ratlosigkeit, ggf. Hilflosigkeit und Überforderung. Der Jugendliche und das Kind bedürfen des Rates eines kompetenten und zugewandten Erwachsenen.

Kindliche Ratbedürftigkeit und Erziehung zur Autonomie

Vor allem Erik Erikson hat ein Modell der psychosozialen Entwicklungsaufgaben beschrieben, die in der Erziehungswissenschaft und im pädagogischen Feld große Beachtung gefunden haben. Die psychoanalytische Theorie der Bindung hat zudem für die frühen Lebensalter gezeigt, welche Verhaltensweisen und -modi den Kindern zur Verfügung stehen, um mit Stress und Angst umzugehen und ihre Bedürfnisse zu befriedigen. Das kleine Kind sucht im Zustand von Hilflosigkeit die Rückkehr zur Bindungsperson, die Sicherheit, Trost, Zustimmung und Hoffnung gibt, Affekte stabilisiert und das Kind davor schützt, in zu große Ängste zu geraten. Auf diese Weise wird Kontinuität im Affekterleben hergestellt und die Ausbildung von positiver Hoffnung begünstigt. Stressreiche Erfahrungen werden mit Sinn versehen, wodurch das Kind lernen und sein Verhalten modifizieren kann. In der Phase der mittleren Kindheit treten neben die guten Bindungen Ich-Funktionen und vor allem die Fähigkeit des Kindes hinzu, durch das Spiel Stress und Ängste zu verarbeiten. Beratung findet sinnvollerweise erst im Leben eines Kindes Eingang, wenn es guten Rat verstehen und sein Verhalten danach ausrichten kann. Insofern unterscheiden sich Kinder von Jugendlichen dahingehend, dass Kinder eher hilfsbedürftig sind und der Pflege bedürfen, während Jugendliche handlungsfähig sind und sich durch Ratbedürftigkeit auszeichnen. Im Sinne von G. H. Mead hilft Beratung des älteren Kindes und Jugendlichen dann Handlung und Reflexion der Handlung zu synthetisieren und dabei erfolgreicher zu handeln, Bedürfnisse zu befriedigen und sich nach ethischen Normen auszurichten.

Die Ausrichtung der Beratung auch auf ethische Normen, also der Tugendaspekt in der Beratung ergibt sich durch ihre Verbindung zur Bildung. 2002 hat Brumlik mit seiner Publikation zum Verhältnis von Bildung und Glück eine Theorie entworfen, die Erziehung auch als Förderung der Fähigkeit zum guten Leben versteht und dafür auf die Vermittlung von Tugenden vertraut. Mit der Verbindung von jugendlicher Ratbedürftigkeit, kommunikativer Reflexion und Bildung wäre die pädagogische Beratung demnach skizziert. Der Zustand der Ratbedürftigkeit ist ein allgemein menschlicher Zustand, der nicht auf das Jugendalter beschränkt ist. Schon bei Aristoteles sind Menschen ratbedürftig und die Fähigkeit eine guten Rat anzunehmen, nennt er Wohlberatenheit (vgl. Aristoteles in der Nikomachischen Ethik, 11. Tugend Wohlberatenheit). Im Gegensatz dazu haben es die sozialpädagogische und die psychologische Beratung sowie die Therapie mit mehr zu tun als mit Ratbedürftigkeit. Sie sind mit Klienten konfrontiert, denen mit einem guten Rat und einer Beratung meist nicht zu helfen ist, weil diese Klienten sich aus sozialen und persönlichen Gründen in einem Zustand der Hilflosigkeit und Hilfebedürftigkeit befinden. Bei Kindern und Jugendlichen bedeutet dies, dass ihre Ängste altersunangemessen groß, ihre Entwicklung deutlich verzögert und ihre seelische Not überdurchschnittlich ist. Beim Erwachsenen erstreckt sich diese Hilflosigkeit verschuldet oder unverschuldet auf seine Lebenssituation. Er ist entweder in seinen Alltagsbezügen stark eingeschränkt, hat einen starken inneren Leidensdruck und seine Handlungsfähigkeit ist auch dann eingeschränkt, wenn er potenziell weiß, was er tun müsste. Notwendig ist dabei die sozialpädagogische Beratung advokatorisch und richtet sich Beseitigung von Mängeln in der Lebensführung, die durch soziale Benachteiligung, Krankheit, Armut, Sucht, Alter und weitere soziale Risiken entstanden sind. Auch die psychologische Beratung nimmt Bezug auf die Hilfebedürftigkeit ihrer Klienten, die nicht mehr nur ratbedürftig sind. Der Fokus der psychologischen Beratung liegt mehr auf dem Aspekt des Seelischen: Widerstand, Abwehr, Selbstschädigungen, Wiederholungszwang, gestörte Interaktionen und Kommunikation in Partnerschaft und Familie sind verbunden mit psychologischer Diagnose, dem Kompetenzfeld der psychologischen Beratung. In der Psychotherapie beginnt nun jene Stufe der Hilflosigkeit, die anzeigt, dass der Patient einen so großen seelischen Leidensdruck hat, dass seine Alltagskompetenz deutlich eingeschränkt ist und er jenen Status erreicht, den Thomas Olk (1994) mit der Formel beschrieben hat, dass der Patient nicht nur ein Problem habe, sondern auch ein Problem für seine Umwelt darstelle.

Der Unterschied zwischen pädagogischer Beratung und Therapie

Pädagogische Beratung setzt demnach im Unterschied zur psychologischen Beratung, Therapie und auch sozialpädagogischen Beratung nicht an der Hilfebedürftigkeit, sondern an der Ratbedürftigkeit an, die zum einen für die Lebensphase der Jugend typisch, gleichzeitig aber nicht auf diese beschränkt ist. Die Erziehung des Jugendlichen besteht zunehmend aus reflektierenden, ermutigenden und unterstützenden Gesprächen, in welchen dem Jugendlichen Rat zuteil wird. Kind und Jugendlicher können denken, handeln und reflektieren, verfügen aber über wenig Erfahrung und entwicklungsbedingte Illusionsbildung und Größenphantasien. Spreys Überlegungen zur Ratbedürftigkeit sind anschlussfähig an das Modell des sozialen Handelns bei G. H. Mead. Interaktionstheoretisch stärkt der Rat des Erziehers das „Me" (Mich) des Jugendlichen, wenn der Erzieher in der Lage ist, mit der Jugendlichen Ratbedürftigkeit angemessen umzugehen.

Thea Sprey bemüht für ihre Studie die geisteswissenschaftliche Pädagogik, in deren Mittelpunkt Personen wie Flitner, Nohl, Spranger etc. stehen. Bedeutsam ist, dass sie das pädagogische Verhältnis nicht mehr als Verhältnis von Macht, Autorität und als ein Gefälle der Generationen beschreibt, sondern die erzieherischen Tugenden Achtung, Takt, Ermutigung, Zustimmung, Sorge, Rückenstärkung als für das pädagogische Verhältnis konstitutiv formuliert und von den pädagogischen Beratern fordert, in diesem Sinne zu handeln. Diese Eigenschaften des Pädagogen als Berater brechen mit der alten institutionellen Funktion der Beratung als Instrument erb- und sozialhygienischer Selektion und bestimmen die Rolle und die Aufgabe des pädagogischen Beraters sowie das beraterische Handeln in der Pädagogik neu.

Sprey definiert pädagogische Beratung zunächst als Beratung im pädagogischen Feld: Für den Raum der Erziehung nennt sie folgende Beratungsanlässe: Schulwahl, Schulwechsel, Berufswahl und Erziehungsschwierigkeiten. Die dazu gehörigen Beratungsinstitutionen sind die Erziehungsberatung, die Schuljugendberatung, die Berufsberatung und die Beratung im Kontext von Jugendsozialarbeit und Jugendarbeit (Sprey 1967, S. 6). Voraussetzung für pädagogische Beratung ist „Ratlosigkeit", wodurch Sprey der Beratung weder eine Ordnungsfunktion, noch eine Hilfefunktion, sondern explizit eine Ratfunktion zuspricht – und dies ist bemerkenswert. Pädagogische Beratung soll einer Ratlosigkeit der Erziehenden und Jugendlichen abhelfen. Im Sinne von Mollenhauer widmet sich Sprey dann dem Phänomen des Beratens. Und wie Mollenhauer, Hornstein und andere argumentiert auch Sprey, dass pädagogische Beratung sich nicht nur auf die eigens dafür geschaffenen Institutionen beschränkt, sondern Beraten und Ratgeben bezöge sich auf das Verhältnis Jugendlicher zu Erwachsenen, Rat zu geben sei eine genuin pädagogische Tätigkeit.

Was heißt Beraten in der Pädagogik?

Bei Sprey ist die Beratung in der Pädagogik vor allem eine gemeinsame Reflexion mit einem Kind und einem Jugendlichen, der sich aufgrund von Entwicklungskrisen in einer Situation von gleichzeitiger Ratlosigkeit und Ratbedürftigkeit befindet. Hierbei spielt die Erfahrung des Kindes und des Jugendlichen für den Berater/die Beraterin eine zentrale Rolle. Sprey nennt die Erfahrung das zentrale Medium von subjektiver Erkenntnis. Die Erkenntnis aus Erfahrung ist dabei gleichzeitig begrenzt.

Wie schon erwähnt teilt Sprey mit ihrem Fokus auf Ratlosigkeit und Ratbedürftigkeit die Haltung vieler geisteswissenschaftlicher Pädagogen, die das Beraten und das Ratsuchen als Phänomen der modernen Zeit ansehen.

Dabei verortet Sprey die Ratbedürftigkeit in der Situation des Kindes/Jugendlichen, der aufgrund seiner Entwicklungskrisen zum einen in große Konflikte mit der Umwelt geraten kann, zum anderen sich in sich selbst nicht gut auskennt. Das Raten kommt wie in der Antike z. B. in den sokratischen Lehren, bei Aristoteles einem erfahrenen Menschen zu, der den Jugendlichen reflexiv begleitet. Gleichzeitig wird mit dieser Konzeption des Beratens, das Verhältnis zwischen Gesellschaft und Jugend, was Mollenhauer immer auch genannt hat und worauf sich Sprey zumindest teilweise bezieht, unterbelichtet und verengt. Trotzdem schildert Sprey und dies macht den Wert des teilweise etwas weitschweifig geschriebenen Buches aus, den Prozess des Beratens aus einer nicht klinischen und nichtpastoralen Konzeption heraus. Dies ist für sich genommen ein großer beratungswissenschaftlicher Verdienst, so dass die Frage zu stellen ist, warum die Erziehungswissenschaft und die Beratungswissenschaft sich dieses Beitrages so wenig angenommen haben und warum er hinter den Beiträgen von Thiersch, Mollenhauer, Hornstein u. a. verschwindet. Da unter pädagogischen Gesichtspunkten die Art des Beratens von Sprey ausführlich geschildert wird, hätte sich die Erziehungswissenschaft einige Definitionsprobleme in Bezug auf den Kern pädagogischer Beratung sparen können, wäre das Buch früher berücksichtigt worden. Zwar lässt wie erwähnt Sprey das Verhältnis von Gesellschaft und Jugend weitgehend unbeachtet, in Bezug auf den Prozess des Beratens sind eine Reihe von Vorschlägen professionell unverzichtbar – vor allem unter der Perspektive der berechtigten Kritik an klinischen und pastoralen Beratungskonzepten, wie sie zum Beispiel bei Thiersch (1977) in Bezug auf die Therapeutisierung, vor allem aber bei Bude (1988) und Schmitz (1989) in der umfassenden Beratungskritik formuliert werden.

Der besondere Fokus der pädagogischen Beratung, quasi ihr konzeptioneller Kern, liegt bei Sprey auf den aus den Entwicklungskrisen und Entwicklungsaufgaben resultierenden Ratbedürftigkeiten – bei ihr vor allem des Jugendlichen. Hier hebt Sprey die Erfahrungsarmut des Jugendlichen und Heranwachsenden hervor. Jugendliche und Heranwachsende seien zwar handlungsfähig, aber erfahrungsarm, wodurch sich Handlungsrisiken ergäben. Sie nennt zwei Aspekte des Lernens durch Erfahrung von Kindern, Heranwachsenden und Jugendlichen: zum einen die Überforderung durch den Mangel an Erfahrung, zum anderen die Ernüchterung durch Erfahrung. Aus beidem kann Ratlosigkeit entstehen. In Bezug auf die Kategorie des Erfahrungsmangels unterscheidet sie zwischen:

Mangel an Sacherfahrung, Mangel an Umgangserfahrung, sowie den Mangel an Wertungserfahrung/Urteilserfahrung. Einen großen Raum in den Reflexionen von Sprey nehmen jedoch die Ernüchterung durch Erfahrungen ein. Zwar schreibt die Verfasserin mit einer gewissen pädagogisierenden Überlegenheit, jedoch ist ihre Beschreibung der Ernüchterung durch Erfahrung eine sehr genau Beschreibung der Adoleszenzkrisen und Adoleszenzkonflikte. Kinder und Jugendliche erleben, mit welcher Macht sich die Wirklichkeit nicht nur ihren Wünschen, sondern auch ihren Deutungen, Einschätzungen und Meinungen entgegenstellt. Besonders der Aspekt der Ernüchterung durch Erfahrung in Spreys Reflexionen gibt die Gefühle von Kindern und Jugendlichen wider, sich durch falsche Versprechen, falsche Hoffnungen und falsche Entscheidungen betrogen, verraten und im Stich gelassen zu sehen. Insofern muss aus der Ernüchterung dann durch die Beratung, Erfahrung und schließlich Bewusstsein entstehen.

Verstehen, Erfahrung und ihre Bedeutung im Beratungsgeschehen

Wer in der Erziehung beraten will, muss in der Lage sein, die Ratsuchenden zu verstehen. Verstehen nennt der Phänomenologe Gregor Bongaerts (2010) einen vielfältigen Prozess. Es geht zunächst darum Zusammenhänge zu erfassen und dieses in ihrer Gesamtheit, Sinnhaftigkeit und Kausalität. Bongaerts gibt zu bedenken, dass der Sinn, der dem Verstehen zugrunde liegt, auf dessen Folie Verhalten interpretiert wird, eine Konstruktion ist, sozial und kulturell vermittelt, woraus folgt, dass die gleiche Beobachtung, das gleiche Verhalten in unterschiedlichen kulturellen Kontexten andere Bedeutungen beinhaltet und anders verstanden wird. Verstehen wäre also etwas anderes als zuschreiben, deuten, interpretieren. Verstehen heißt die sinnhaften Subjektkonstruktionen nachzuvollziehen und im Zusammenhang zu erfassen.

Damit vollzieht sich der Prozess des Verstehens in der pädagogischen Beratung wie in jedweder anderen guten Beratung auch nicht, wie die umfangreiche Kontroverse in der Erziehungswissenschaft zur Diagnose zeigt, objektiv, sondern reflexiv, im gemeinsamen Austausch und häufig in der nachträglichen Meditation über die beraterische Begegnung. Thea Sprey spricht in ihrem Buch in diesem Zusammenhang von der großen Bedeutung der jeweiligen Erfahrung (Sprey 1968, S. 49ff) für die Beratung. Diese Erfahrung ordnet sie zunächst bestimmten Räumen zu: Lebenserfahrung, Berufserfahrung, Alltagserfahrung, pädagogische Erfahrung etc. Diese Erfahrungen würden in der Gesellschaft unterschiedlich wertgeschätzt (Sprey 1968, S. 49). Dabei verweist Sprey zuerst auf eine Bedeutungsverschiebung des Erfahrungsbegriffs. Frühere Bedeutungen hätten unter der Erfahrung vor allem die Erkundung verstanden, zunehmend würde die Erfahrung leichgesetzt mit Erforschung und damit mit Empirie. „So wird der Sprachgebrauch verengt, sinnliche Anschauung oder Wahrnehmung von der Erfahrung unterschieden und Erfahrung erst dann angenommen, wenn ein prüfendes Urteil hinzugekommen ist", (Sprey, 1968, S. 49). Mit Grimm beschreibt Sprey zudem die Erfahrung als Eindruck des Äußeren auf das Innere.

Reflexion, Entscheidungsförderung, Ermutigung und Beistand sind Säulen des Prozesses der pädagogischen Beratung. Ein erfahrener Mensch hat nach Sprey ein Können und eine Kompetenz aufgebaut, die es ihm ermöglicht, über die Wirklichkeit zu verfügen. Diese Art der Erfahrung bedeutet umgekehrt, dass die Nicht-Erfahrung Unsicherheit hervorruft. Es ist nicht möglich über die Wirklichkeit zu verfügen und so wird die Situation zur Belastung. Für das Erwachsenenalter typisch ist, dass Erfahrungen übertragen werden können, um Belastungen zu reduzieren. Zwar liegt in diesen Übertragungen von Erfahrungen das Risiko der Verengung, des falschen Übertragens, jedoch ermöglicht diese Art von Übertragung von Erfahrung die Handlungsfähigkeit des Erwachsenen, der seine Erfahrungen eben gemacht hat. Da zum Aufbau von Erfahrung Zeit gehört, ist es typisch für die Situation von Jugendlichen und Kindern, dass sie Erfahrungen nicht haben.

Zusammengefasst gilt auch hier die schon geäußerte Kritik. Thea Sprey reflektiert sehr einfühlsam die Probleme der Erfahrung Jugendlicher, die im Kontext von Entwicklungskrisen und Entwicklungsaufgaben bedeutsam ist. Sie berücksichtigt ebenso Nöte von Kindern und Jugendlichen, wie sie durch Scheidung, Familienkrisen, Ehestreitigkeiten der Eltern etc entstehen. Jeder hat sofort ein Bild vor sich, wenn sie von Erfahrungsmangel spricht. Das Kind, welches überbehütet oder benachteiligt ist im Erziehungsprozess, welches die Erziehung als Grenze und einen umfassenden Mangel empfindet, der Jugendliche, der ernüchtert feststellt, dass eine große Hoffnung zerbrochen, ein Traum geplatzt und eine Option verloren ist und mit einer Art sozialen Sterbens umgehen muss, wenn so vieles, was er oder sie anpackt, nicht gelingen will. Gleichzeitig gilt auch schon in den 1960er Jahren kein kreishaftes Generationenverhältnis mehr, wo sich die Entwicklungskonflikte von Generation zu Generation wiederholen und ähnlich sind. Jugendliche und Kinder machen Erfahrungen, die für Erwachsene nicht vorstellbar sind und die diese auch nicht ohne Weiteres sofort kategorisieren und verstehen können. Auch spricht Sprey das gerade in der Kinder- und Jugendberatung häufig empfundene Problem nicht an, dass das Kind den Berater als Agenten der Erwachsenen empfindet und häufig zu Recht fürchtet, dass der Berater es/ihn nicht verstehen wird oder will. Der Ort der pädagogischen Beratung, zwischen den Generationen quasi Platz nehmen zu müssen, Anwalt des Kindes zu sein, wird von Sprey kaum angesprochen. Dieses ist aber im Bereich der Beratung von Minderjährigen eines der zentralen Probleme. Von hoher analytischer Schärfe ist ihr Beitrag indessen in Bezug auf Beratung als

Lernprozess von Kindern und Jugendlichen, als Prozess der, wie Sprey es sagt, „Schärfung des Reflexionsvermögens".

Das Ordnen und seine Bedeutung im Beratungsprozess

Beraten in der Pädagogik versteht Sprey im Sinne dieser Schärfung des Reflexionsvermögens als reflexionsorientierte Ordnungshilfe. Die Schärfung des Reflexionsvermögens des Jugendlichen nennt sie dabei an herausgehobener Stelle und bemerkt richtig, dass erst erfahrener Widerstand der Realität gegen den Willen des Jugendlichen das Reflexionsvermögen beansprucht und schärft. Reicht die eigene Reflexion nicht aus, entsteht Ratlosigkeit und der Wunsch nach Rat. Die Probleme muten ausgesprochen modern an: „Seit einiger Zeit weiß ich, wo meine Mutter lebt und möchte sie gern kennenlernen, wissen, wie sie ist. Kann ich zu ihr Verbindung aufnehmen, ohne Wissen meines Vaters? Ich habe schon viel darüber nachgedacht, komme aber zu keinem rechten Schluss..." (Sprey 1968, S. 74) oder „Das Schlimme ist, das was mir alle diese Dinge so schwer macht, ist, daß ich das ganz alleine tun muss, ohne eine Hilfe, ohne einen Menschen zu dem ich einmal gehen kann, um ihn um Rat zu fragen" (Sprey 1968, S. 74).

Kinder und Jugendliche geraten nach Sprey in Konflikte, die ihr Reflexionsvermögen übersteigen. Mit Theodor Litt spricht sie davon, dass wie alle Erziehung und wie jedes Wachstum auch der Beratungsprozess kein bruchloses Wachstum zur Harmonie sei, sondern in immer neuen Gegensätzen und Spannungen das Selbstwerden und Weltgestalten herausfordere (Sprey 1968, S. 76).

Zunächst ist die Beratungssituation für den ratsuchenden Jugendlichen und Heranwachsenden fremd, er glaubt nicht an die Möglichkeit der Veränderung durch Gespräche. Es fehle ihm die Erfahrung der Veränderung durch die Zuwendung und das Sprechen in der Beratungssituation. Sprey spricht davon, dass es keinen inneren Vorgang gibt, der sich dadurch ändert, dass er zum Gegenstand einer Reflexion wird. Dieses Denken entspricht der psychoanalytischen Haltung, die annimmt, dass vor allem Ängste sich dadurch aufbauen, dass sie nicht sprachlich mitgeteilt werden können, weil diese Mitteilung zum Beispiel Schuldgefühle und Schamgefühle auslösen würden. Sprey vertraut der psychohygienischen Funktion des Sprechens. In Anlehnung an Wilhelm von Humboldt argumentiert Thea Sprey, dass der Mensch auf der Basis von Vorstellungen empfindet, die die Sprache ihm zugeführt hat. Die Vorstellungen und Empfindungen bildeten sich durch Denken, Handeln und Sprechen. Der Mensch entwickelt seine Sprache als Sinnraum, in welchem er lebt und in welchem er mit anderen Menschen verbunden ist. Für die Beratung ist deshalb die Sprache von ganz erheblicher Relevanz. Wenn durch Wörter und gesprochene Bilder die Welt geistig verfügbar wird, ist es möglich sie zu differenzieren und zu reflektieren. Was hat ein Jugendlicher in die Sprache hereingesponnen, was hat er verarbeitet. Jede Generation, so Sprey weiter, hat ihren eigenen Generationsdialekt. Kargheit und Verhaltenheit in der Darstellung weisen nach Sprey auf entsprechende Mängel hin. Thea Sprey fokussiert in ihrem Konzept der pädagogischen Beratung die Entwicklung des jugendlichen Reflexionsvermögens an einer zentralen Stelle. Im Beratungsgespräch selbst nennt sie die Differenzierung und Unterscheidung als erste Annäherung des Verstehens. Der Berater soll dem Ratsuchenden also nicht spiegeln, dass er ihn versteht, sondern differenzieren und unterscheiden, eine Beratungstechnik, die heute vor allem in der systemischen Therapie Verwendung findet. Sprey spricht von der Kunst der Unterscheidung zwischen Misshelligkeit und Ärger, mit denen Jugendliche umzugehen haben, und wesensbedingten Spannungen. Ziel der Beratung ist es, dass Jugendliche sich ein Bild ihrer selbst machen sollen, die beraterische Arbeit an Selbstbild und Fremdbild werden besonders hervorgehoben. Sprey will also das Denken des Jugendlichen entwickeln. Sätze wie „Es geht für den Berater darum, ein reflektiertes Verhältnis des Ratsuchenden zu fördern" zeigen auf, dass der Ansatz besonders anschlussfähig ist an Theorien der sozialen Kompetenz.

Zusammengefasst schreibt Sprey der Beratung im Kontext von Erziehung vier Funktionen zu:

- die Funktion der erfahrungsorientierten Ordnungshilfe,
- die Funktion der reflexionsorientierten Ordnungshilfe,
- die Funktion der Entscheidungsförderung,
- die Funktion des fördernden Beistehens.

In Bezug auf die Funktion der erfahrungsorientierten Ordnungshilfe nennt Sprey vor allem die Aufhebung der Isolation des Jugendlichen und Heranwachsenden als bedeutend für die Beratung. Indem Berater und Ratsuchender ihre Erfahrung in Beziehung setzen, sollen Sachverhalte geklärt, Ordnung in das verwirrende Situation gebracht werden und eine Stabilisierung des Jugendlichen durch Umwertung erreicht werden. Sprey ist dabei so zu versehen, dass sie vor allem die Selbstverurteilung des unreifen Über-Ich durch die Beratung beenden will. Die Beraterin/der Berater sollen dort ansetzen, wo ein Sachverhalt Ratlosigkeit auslöst, er/sie ordnet sowohl für den Jugendlichen als auch mit ihm (vgl. Sprey 1968, S. 120).

In Bezug auf die Funktion der reflexionsorientierten Ordnungshilfe soll der Berater nach Sprey (1968, S. 121) vor allem auf die Behinderungen des Reflexionsvermögens achten. Welches Problembewusstsein hat der ratsuchende Heranwachsende? Wie ist seine Selbsteinschätzung und sein Selbstbild? Redet er sich die Probleme schön, groß, klein? Thea Sprey schlägt hier ein szenisches Vorgehen vor und spricht von Ratlosigkeit als Widerstandserlebnis (Sprey 1968, S. 122). In Bezug auf diese Funktion der Beratung hebt Sprey hervor, dass es von Wichtigkeit sei, das Reflexionsvermögen des Jugendlichen weder zu überschätzen noch zu unterfordern. Werde das Reflexionsvermögen überschätzt, werde die Ratlosigkeit noch größer, werde es dagegen unterfordert, erlebt der Jugendliche eine Mangel an Bestätigung, Mündigkeit und Autonomie in der Beratung (Sprey 1968, S. 90/91). Dem Ratsuchenden soll zu eigener Klarheit verholfen werden, seine Entscheidungen sollen gefördert werden, ohne dass Einmischung stattfindet. So wie Denken nur durch Denken gelernt wird, bestimmte Erfahrungen des Handelns nur durch Übung erreichbar sind, so werde Entscheidungsfähigkeit nur durch Entscheidungsmöglichkeit hergestellt. Dass gerade Jugendliche und Heranwachsende durch ihre Entscheidungen eigene Lebensprobleme herbeiführen, gehört zum Bereich der Reflexion in der Beratung, dass sie umgekehrt ihr Handeln als Antwort auf Zwänge sehen und sich zumeist als Opfer der Umstände empfinden, ist unter Jugendlichen ebenso verbreitet wie schwierig.

Sprey bleibt eng am Kind bzw. Jugendlichen und Heranwachsenden. Kritische Aufklärung bei ihr ist eine Analyse der Handlungsmöglichkeiten, die die Ratlosigkeit überwinden helfen. Sie betont die Eigenverantwortung der Entscheidung als Ergebnis der Beratung. Wie dieser Prozess ohne Vorwurf, Beschämung, Überlegenheit des Beraters dem Ratsuchenden gegenüber vonstatten gehen soll, reflektiert sie jedoch nicht. Dies bleibt der Beratungskunst des einzelnen Pädagogen vorbehalten. Schließlich spricht Sprey vom fördernden Beistehen, vom Zutrauen zu bestimmten Leistungen, vom Beachten der Verletzlichkeit, vom Ermutigen und Stärken der Initiativkraft.

Elterliche Ratlosigkeit und (politische) Sprachlosigkeit

Bei aller Wertschätzung für den genuin pädagogischen Ansatz ergeben sich eine Reihe von Punkten der Kritik am Buch von Thea Sprey, die an dieser Stelle wohlwollend formuliert werden sollen: Zwei Weltkriege mit ihren gesellschaftlichen und sozialen Folgen, das große autoritäre Potenzial in der Gesellschaft der 1960er Jahre, die großen Konflikte der Generationen nicht nur hinsichtlich Alltagskultur, sondern auch hinsichtlich gesellschaftlicher Probleme, fehlen auch bei Sprey zur Erklärung der „Ratlosigkeit" der Eltern und Pädagogen in den 1960er Jahren vollständig. Ratlosigkeit und Ratbedürftigkeit werden daher vor allem entwicklungspsychologisch gesehen, was aufgrund fehlender Forschung legitim, jedoch zu kurz gegriffen ist. Die gesellschaftliche Abstinenz macht sich immer wieder in der sonst sehr hochwertigen und sorgfältigen Arbeit bemerkbar. Die generationsbedingte Fremdheit zwischen Eltern und Kindern als

Nährboden der elterlichen und jugendlichen Ratlosigkeit müsste systematisch in den Ansatz der pädagogischen Beratung von Kindern, Jugendliche und Heranwachsenden integriert werden, ebenso wie eine sozial-ökonomische Analyse der Bedingungen ihres Aufwachsens

Als zweiter Punkt fällt auf, dass im vorliegenden Band Fälle und Beispiele meist fehlen. Nur einmal zeigt die Verfasserin anhand eines Konfliktes um den anstehenden Besuch eine Kindes/Jugendlichen bei seiner seit lange getrennten Mutter das Ausmaß der Ratlosigkeit und Ratbedürftigkeit des Kindes. Dadurch wirkt die ansonsten systematische und ausführliche Studie etwas bildarm und wenig anschaulich. Schließlich fehlt eine Klärung von Rollen und Settings der Beratung im pädagogischen Arbeitsfeld. Die zumeist instrumentell verstandenen Rollen von Lehrern und Erziehern in Schule und Heimerziehung lassen eine so große Nähe und Vertrautheit, wie sie in der Beratung nötig wäre, kaum zu. Die Konsumentenrollen von Jugendlichen im Rahmen von Freizeitpädagogik und Jugendarbeit tun ähnliches. Soll das Konzept von pädagogischer Beratung, so wie es Sprey vorschlägt, umgesetzt werden, müssten sich Rollen in der Pädagogik deutlich ändern oder neue Rollen institutionalisiert werden. Unabhängig von der Kritik ist der formulierte Ansatz von Sprey jedoch deutlich zu würdigen, weil er den Weg einer anderen pädagogischen Beratung aufzeigt als diejenige Praxis, die heute mehrheitlich vonstatten geht und in der Beratung zuerst psychometrische Diagnose, dann Auswertung der Ergebnisse und Vorschläge in Bezug auf künftige Maßnahmen ist. Erziehungsberatung, Schulberatung und andere Formen der pädagogischen Beratung sind heute nicht vollständig über ihre alten antidemokratischen Traditionen herausgekommen, auch wenn sie nicht mehr vorwiegend sichten und selektieren. Wer ratbedürftig ist, gilt unter bestimmten institutionellen Bedingungen auch als unfähig, wenn nicht manchmal sogar unmündig und ist, wie die Beratungskritik nachgewiesen hat, einem Prozess der Klientelifizierung ausgesetzt, die ganz im Gegensatz zur Wohlberatenheit bei Aristoteles steht. Sprey kommt mit ihrer Studie das Verdienst zu, die pädagogische Beratung radikal jenseits der klinischen und therapeutischen Deutungen konzipiert zu haben. Dass sie kaum rezipiert worden kann nur mit der Wirkungsmacht dieser klinischen Deutungen zu tun haben.

Walter Hornstein

„Alle Erziehung sollte auf kritische Aufklärung, auf Mündigkeit, Autonomie und Selbstverwirklichung im individuellen und gesellschaftlichen Bereich zielen, Beratung wird als ein Mittel zur Förderung dieser Zielsetzung verstanden", (Hornstein 1977, S. 34). Walter Hornstein hat diesen Denkansatz einer eigenen pädagogischen Beratung in den 1970er Jahren aufgegriffen und versucht, ihm vor allem als Angebot unter dem Dach der schulischen Erziehung eine Kontur zu verleihen. Seine Vorstellung von pädagogischer Beratung im Hinblick auf Mündigkeit und demokratische Erziehung ist interdisziplinär und nicht auf kritische Auseinandersetzung mit dem medizinalpädagogischen und psychologischen Deutungsmuster ausgerichtet, sondern auf Koexistenz. Anders als bei Mollenhauer, der die Fürsorgesysteme mit ihren Übergriffen und ihrer bevormundenden Kommunikation deutlicher kritisiert, ist Hornstein zurückhaltender und sucht zwischen Pädagogik und Psychologie Kompromisse. Auf der anderen Seite gesteht er der empirischen Erziehungswissenschaft zu, die selektierenden und zuweisenden Funktionen der Erziehung richtig und angemessen beschrieben zu haben. Erziehung habe gesellschaftliche Ordnungsfunktionen. Hornstein nennt pädagogische Beratung eine Einflussnahme im Erziehungsprozess, die sowohl mit pädagogischen Zielsetzungen verknüpft sei, wie auch mit der gesellschaftlichen Funktion von Erziehung. Jene nennt er in Anlehnung an Fend (1974) Qualifizierung, Selektion, Positionszuweisung, Integration und Legitimation (Hornstein 1977, S. 36). Bereits in dieser Übernahme der funktionalen Analyse von Helmut Fend für die pädagogische Beratung liegt ein entscheidender Unterschied zu Mollenhauer und Müller. Hornstein setzt neben die gesellschaftlichen Funktionen von Erziehung davon abgegrenzte pädagogische Zielsetzungen wie Aufklärung, Bewusstseinserweiterung, Autonomie und Befreiung von Entfremdung, Kooperationsbereitschaft und Toleranz sowie ein kritisches politisches Bewusstsein und Interessensolidarität (Hornstein 1977, S. 34). Vor allem aus diesen Zielen leitet er ab, dass Disziplinierung und Unterordnung nicht geeignete Mittel der Erziehung sind. Hornstein will einerseits demokratische Erziehungsformen durchsetzen und nennt hier Beratung als Methode von pädagogischer Kommunikation – allerdings im Alltag, andererseits ist Beratung bei ihm nicht wie bei Mollenhauer quasi ein weiches Mittel zur Transformation von Institutionen, die sich durch Beratung weniger repressiv und weniger kontrollierend entwickeln sollen.

Die zweite Bedeutung der Beratung in der Erziehung ist bei ihm eine systembezogene. Die Spannung zwischen den gesellschaftlichen Funktionen von Erziehung und ihren Zielen soll durch Beratung reformiert und verändert werden, wodurch diese eine ausgleichende, integrierende und balancierende Funktion bekäme, Beratung sich aber selbst zur Systemfunktion verändert. Die gesellschaftlichen Funktionen von Erziehung, die immer noch selektiv und auslesend sind und in Spannung mit den allgemeinen Zielen einer demokratischen Erziehung stehen, sollen schrittweise durch Beratung angenähert werden. Damit ist auch der Ort der pädagogischen Beratung beschrieben, so sie nicht eine allgemeine Methode des pädagogischen Handelns ist wie jedes hermeneutische Gespräch. Pädagogische Beratung muss in den selektierenden und segregierenden Institutionen selbst stattfinden, ihr Ort sind Schule, Fürsorgeerziehung, der Übergang ins Berufsleben, das Bildungswesen außerhalb der allgemeinbildenden und Berufsschulen, also zweiter und dritter Bildungsweg. Im Gegensatz zu Mollenhauers Beratungsbegriff ist die pädagogische Beratung bei Hornstein funktionaler ausgerichtet.

Hornstein, der im Funkkolleg „Beratung in der Erziehung" die Bildungsberatung, die Schullaufbahnberatung und die Schülerberatung erläutert, rezipiert später die Kritik an der Beratung als Kitt für stecken gebliebene Reformen (vgl. Hornstein 1980). Ein drittes Feld der Beratung in der Pädagogik wird von ihm schließlich als Beratung in der heilpädagogischen Tradition am Beispiel eines verhaltensauffälligen Kindes beschrieben. Hier referiert Hornstein den Ansatz der Beratung für Kinder und ihre Eltern bei Erziehungs- und Schulschwierigkeiten und bleibt im Kontext der klassischen Erziehungsberatung bzw. Schulpsychologie einschließlich Vermittlung von sozial-, heil- und sonderpädagogischen Maßnahmen. Hornstein verbleibt mit dieser Schilderung in der alten heilpädagogischen Tradition bzw. vermag den kindlichen Verhaltenstörungen und Auffälligkeiten keine andere Deutung bzw. Lösung zu geben als das klassische heilpädagogische System.

Beratung als pädagogische Handlungsform wird bei Hornstein viel deutlicher als bei Mollenhauer als Spannung und Widerspruch im Rahmen der pädagogischen Professionsrolle gesehen. Pädagogische Beratung beschreibt er als konkurrierend mit anderen Tätigkeiten, die im Rahmen der Lehrerrolle in Konkurrenz zum Unterrichten, Belehren, Beurteilen, Prüfen, Auslesen, Disziplinieren stehen. In der Sozialen Arbeit seien diese Rollenanteile Kontrollieren, Überwachen, Verwalten und so fort" (Hornstein 1976, S. 677).

Pädagogische Beratung und Dilemmata der pädagogischen Professionen

Diese Doppelstruktur ist für Hornstein konstitutiv, der sagt, dass sich für die Beratung in der Erziehung wie jede Einflussnahme in Erziehungsprozesse auch in jedem Moment die Spannung und Widersprüchlichkeit ergeben und der Pädagoge damit konfrontiert sei, sowie er es immer mit pädagogischen Zielsetzungen zu tun habe und mit den der Erziehung zugewiesenen gesellschaftlichen Funktionen" (vgl. Hornstein 1976, S. 677). Der zweite Ausgangspunkt macht auf eine mangelnde pädagogische Erörterung zur Beratungsproblematik aufmerksam (S. 678). Hornstein kritisiert, dass die Vertreter einer pädagogischen Beratung sich eher auf programmatische Forderungen hinsichtlich der Wichtigkeit und Notwendigkeit von Beratung im Bereich der Erziehung sowie auf den Ausweis des Zusammenhangs zwischen wichtigen Zielen der Erziehung und den konstituierenden Elementen von Beratung bezögen, jedoch nicht nach den Voraussetzungen und Bedingungen, also nach der Funktion der pädagogischen Beratung im Feld der Erziehung fragten. Im Prinzip wirft Hornstein damit Mollenhauer und anderen Ideologiebildung vor, da sie den Ordnungsrahmen der pädagogischen Beratung quasi ausblenden wollten, was wiederum Konsequenzen für die theoretische Orientierung und die Praxis der pädagogischen Beratung habe.

In Bezug auf die ethische Verpflichtung zwischen pädagogischem Berater und seinem Klienten hat Hornstein (1976) Mollenhauer (1965) hinsichtlich der Beratungsethik und des damit verbundenen Settings zugestimmt. Auch er hebt Freiwilligkeit, die konstituierende Bedeutung des „Beratungsproblems", also die steuernde Rolle des Ratsuchenden, die Offenheit der Beratungssituation, die Verfügung der Ratsuchenden über den Beratungsgegenstand hervor (vgl. Hornstein 1976, S. 681). Und er betont noch einmal die integrierende Funktion der pädagogischen Beratung: „Gerade Beratungserfahrungen zwingen dazu, den Blick auf die Notwendigkeit der Veränderung und Verbesserung der sozialen und pädagogischen Verhältnisse zu lenken und zwar als Gestaltung sozialer Beziehungen und menschlicher Verhältnisse auf der interpersonalen Ebene wie auch im Hinblick auf die Gestaltung und Verbesserung pädagogischer und sozialer Felder" (ebd., S. 685).

Vergegenwärtigt man sich die 1970er Jahre, in denen die Publikationen von Hornstein zu Beratung entstanden sind, so ist sein Bemühen zu würdigen, die Beratung im Schulkontext und im sozialpädagogischen Kontext als pädagogische Beratung und nicht als Therapie und Psychologie zu definieren. Hornstein spricht vom pädagogischen Kontext und vom pädagogischen Handeln. Gleichzeitig versucht Hornstein eine Kooperation mit der Psychologie und ihrer Arbeit im Schulbereich zu formulieren.

Das Besondere im Werk bzw. im Beitrag von Hornstein für die pädagogische Beratung liegt in der Positionierung in Bezug auf den Ort der pädagogischen Beratung. Während Müller und Mollenhauer vor allem die Perspektive des Individuums und seine rechtlich-ethischen Ansprüche sowie seine individuelle Bedürftigkeit betonen und den Konflikt in der pädagogischen Beratung zwischen den Systemen und dem Individuum lokalisiert haben, sieht Hornstein den pädagogischen Berater eingebunden in die Institution, als Vertreter des Systems und beauftragt mit einer integrativen Aufgaben, zwischen System und Individuum zu vermitteln. Dies kann durch Information und Auskunft, Wegweisefunktion, Interessenklärung und Übersicht geschehen und ist vor allem eine Art der Sachberatung bzw. der intensiven Sachberatung. Während sich für Mollenhauer aus seinem Aufriss der pädagogischen Beratungssituation zwangsläufig die Beratung als anwaltliches Handeln eines in seiner Mündigkeit bedrohten und von Fremdbestimmung betroffenen Individuums darstellt, wodurch sich automatisch die Beratung als anwaltlicher Rat und Parteilichkeit darstellt, ist bei Hornstein dieses anwaltliche Handeln nur noch dort anzutreffen, wo pädagogische Beratung quasi im erzieherischen Alltag stattfindet. Als Vertreter der Schule sind BeraterInnen an die Möglichkeiten und Grenzen des Systems gebunden und Hornstein vertritt hier die Position, dass mit der Beratung grundsätzliche Aspekte auf die Funktion von Erziehung in modernen Gesellschaften ausgeweitet werden können. Dabei werden drei wesentliche Funktionen einer gesellschaftlich organisierten Erziehung beschrieben (vgl. Hornstein 1977, S. 35):

1. die Qualifizierung der nächsten Generation, sowohl beruflich, als auch gesellschaftlich-politisch,
2. die Positionszuweisung und Selektion bzw. Chancenzuweisung der nächsten Generation durch die Angehörigen der mittleren Erwachsenengeneration
3. und schließlich die gesellschaftliche Reproduktion.

Beratung in der Erziehung hat demnach funktionale, integrative und systemstabilisierende Elemente und ist damit normativ im Sinne einer gesellschaftlichen Ordnungsfunktion.

Kurt Aurin

1981 verfasst Kurt Aurin im Handlexikon zur pädagogischen Psychologie (vgl. Schiefele/Krapp 1981) einen Beitrag zur Beratung, der sich von den Beiträgen von Mollenhauer und Hornstein noch einmal sehr unterscheidet (vgl. Aurin 1981, S. 42-47). Die Dimension der Mündigkeit und Selbstbestimmung durch Beratung ist bei ihm im Gegensatz zu Mollenhauer nicht mehr zu finden, sondern der Beratungsprozess in der Pädagogik wird als wissenschaftlich-technischer Professionsprozess im Sinne der empirisch analytischen Wissenschaftsauffassung bestimmt. Der gesamte Prozess erinnert sehr an die Technik der psychologischen Beratung mit dem Schwerpunkt Psychometrie, Diagnose, Maßnahme in den 1960er Jahren. Zunächst definiert Aurin die Beratung als eine alltägliche Hilfeleistung, die in der Lebenswelt wurzelt, die aber Erkennung und Erfahrung hinsichtlich der Problemlage des Ratsuchenden voraussetzt. Sodann schreibt Aurin, dass Beratung in der modernen arbeitsteiligen Industriegesellschaft fast überall auftreten werde, als Berufs-, Unternehmens-, Verbraucherberatung etc. In der Erziehung nennt Aurin die Beratung eine Form des pädagogischen Handelns, definiert die Problemlagen aber wie folgt: Zerwürfnisse mit einem Elternteil, Zerwürfnis mit einem Freund, Probleme mit dem andersgeschlechtlichen Partner (vgl. Aurin 1981, S. 42). Kurt Aurin nennt die Beratung, wie auch schon Hornstein, eine Interaktion, die der Selbstverwirklichung des jungen Menschen dienen solle, weshalb Einengung und Druck zu vermeiden seien. In Bezug auf die professionellen Berater nennt er psychologisch-pädagogisch ausgebildete

Fachleute, die als Erziehungsberater und Jugendberater Kindern und Jugendlichen eine entsprechende Hilfeleistung angedeihen lassen. Und hier beschreibt Aurin die Beratung als Weg und Vermittlung zwischen dem subjektiven und naiven Konfliktverständnis des Jugendlichen und den psychologischen und pädagogischen objektiven Erkenntnissen über die Persönlichkeit des Kindes (Aurin 1981, S. 42).

Entsprechend dieser Beratungsauffassung – Vermittlung zwischen naiver Selbstdeutung und wissenschaftlicher Erkenntnis – steht dann die Diagnose bei Aurin im Beratungsprozess an einer ganz entscheidenden Stelle. Die Hauptschritte des Beratungsprozesses nennt er Diagnose, Prognose, Beratungsgespräch, Ermittlung der Erziehungshilfen zur Problemlösung, Anleitung zu ihrer Anwendung, nachgehende Betreuung und Kontrolle des Beratungserfolges (Aurin 1981, S. 43). Das Beratungsverständnis von Kurt Aurin unterscheidet sich deutlich vom hermeneutischen Verständnis der sozialpädagogischen Beratung, wie sie Mollenhauer formuliert hat, und es unterscheidet sich in einigen Facetten von Hornsteins Beratungsansatz. So benennt Hornstein zwar den Ordnungsrahmen und die Funktion der Schule zustimmend, will aber, dass Beratung hier vermittelt, während bei Aurin Beratung die Systemdynamiken der Schule quasi reibungslos macht und beschleunigt. Obwohl Aurin den Schwerpunkt der allgemeinen pädagogischen Schulberatung vertritt, plädiert er unter dem Dach der pädagogischen Beratung für ein Beratungskonzept, mit dem sich die Erziehungswissenschaft eher kritisch auseinandergesetzt hat bzw. welches sie eigentlich überwinden wollte, weil die Verobjektivierung durch Diagnose, Prognose und Umsetzung nicht nur den Vorgang und die Bedeutung des Beratens in den Hintergrund drängt und der Beratungsprozess eher zum technischen Prozess wird. Vielmehr liegt in der Anwendung der vorwiegend psychometrischen Mittel, mit deren Hilfe die Diagnose erstellt und die Prognose abgeben wird, eine Schließung und Verengung des Beratungsprozesses vor, die zum Beispiel Mollenhauer deutlich kritisiert hat und über die später Hans Bude eine beachtliche Beratungskritik formulieren wird. Doch über die Strittigkeit dieses Beratungsverständnisses soll später unter dem Abschnitt Diagnose noch einiges zusammengetragen werden, geht es hier doch um die Auseinandersetzung mit der Psychologie und der Psychometrie. Konsequent ist aber in Aurins Beratungsverständnis, dass für einen Beratungsprozess unter dem Dach des Erziehungswesens, der vorwiegend aus Diagnose, Prognose und Behandlung besteht, Diplom-Pädagogen bzw. Kernfachpädagogen eigentlich nicht gebraucht werden, sondern die pädagogische Beratung damit in der Schulpsychologie aufgeht.

Aurin legt in seinen verschiedenen Aufsätzen und Werken dar, dass die pädagogische Beratung sich historisch aus der Nachkriegssituation entwickelt habe. Dem Aufbau von Beratungsdiensten habe insbesondere in den Nachkriegsjahren das Motiv der sozialen und sozialpädagogischen Hilfeleistung zugrunde gelegen. Hier ist nun wieder an Dagmar Hänsel zu erinnern, die aufgezeigt hat, dass tatsächlich nach 1945 die große Not der Kinder und Jugendlichen zu einer Forderung nach Aufbau eines selektiven Schulsystems geführt hat, in dessen Mittelpunkt das Konzept der Hilfsschulen aus der Zeit des Nationalsozialismus herübergerettet wurde. Hänsel argumentiert in ihrer Publikation zu Carl Tornow als Wegbereiter des sonderpädagogischen Systems sehr deutlich, dass die historische Situation genutzt wurde, um die Heil- und Sonderpädagogik als eine eigenständige, von der Erziehungswissenschaft abgekoppelte Disziplin mit eigenem Schulwesen zu begründen (vgl. Hänsel 2008b). In ihrer kritischen Auseinandersetzung mit dem Psychagogen Carl Tornow hat z. B. Hänsel den Aufbau der Psychagogik und auch der Erziehungsberatung in der Bundesrepublik Deutschland konzeptionell als Mischung aus dem Tavistock-Konzept der Child Guidance Kliniken und der alten von der der Erbhygiene bestimmten Haltung von „Sichten und Selektieren" nachgewiesen. Der Aufbau des sonderpädagogischen Systems als deutscher Sonderweg wird von ihr zu Recht ins Feld geführt, um aufzuzeigen, dass sich die Bundesrepublik nach 1945 in Bezug auf ihre Pädagogik nicht wirklich reformiert hat. Hänsel geht einen Schritt weiter und beschreibt vor allem die Professionsinteressen der Psychagogen, Sonderschullehrer und Kinderpsychiater als wegweisend für die stark klinisch ausgerichtete pädagogische Beratung. Aus „Sichten und Selektieren" ist ein Prozess von Diagnose, Prognose und Maßnahme geworden. Zu ganz ähnlichen Ergebnissen kommen hinsichtlich der Entwicklung der Kinderpsychiatrie in Deutschland Rolf Castell (2003), Regine Lockot (1985), Buhlert (1989), Blandow 1989 und Almuth Bruder-Bezzel (1999).

Aurin argumentiert weiter, dass der Entstehung von Erziehungsschwierigkeiten durch Psychohygiene und Prävention mehr Beachtung geschenkt werden sollte und nennt die Verbesserung der Erziehungssituation und die Reform der Erziehungseinrichtungen. Vor allem die Differenzierung des Schulwesens und der Schullaufbahn, die berufliche Bildung, die Weiterbildung, Verbesserung der Lebenschancen durch mehr Bildung und Weiterbildung hätten zum Ausbau der Beratung beigetragen. Neben den sozialerzieherisch ausgerichteten Erziehungsberatungsstellen hätte sich vor allem die Bildungsberatung als pädagogische Beratung entwickelt. Hier hebt Aurin sehr differenziert die Beratung im Schulkontext hervor. Bevor diese jedoch vorgestellt werden soll, ist das Konzept von Aurin hinsichtlich seiner Aussagen insbesondere zur Erziehungsberatung und historischen Entwicklung der pädagogischen Beratung seit 1945 zu überprüfen.

Kurt Aurin als Vertreter einer schulpsychologischen Perspektive

Die Aussagen von Aurin zur pädagogischen Beratung weisen ihn als Vertreter einer traditionellen, schulpsychologischen Perspektive aus. Im Mittelpunkt dieser Konzeption der pädagogischen Beratung steht bis heute die Beseitigung von Schulschwierigkeiten durch Überweisung von Kindern in Sonderschulen/Förderschulen. Bestenfalls ist Kurt Aurins konzeptioneller Entwurf zur pädagogischen Beratung also unhistorisch zu nennen, wahrscheinlich aber vertritt er mit seinem Entwurf der pädagogischen Beratung Interessen einer empirischen Pädagogik/Erziehungswissenschaft und Psychologie, die den Prozess des Erziehens vor allem hinsichtlich der erzieherischen Schwierigkeiten empirisch-analytisch zu erfassen und zu bearbeiten suchten bzw. Wissenschaft und pädagogische Praxis strikt trennten. Die Verobjektivierung vor allem von kindlichen Traumatisierungen und die Übersetzung in Leistungsschwäche und in Förderbedarf mag sich von der Begutachtung früherer Epochen in den Jugendsichtungsstellen unterscheiden, ihre Nähe zur Psychotechnik bleibt aber eine Problem sowohl hinsichtlich des Selbstverständnisses der pädagogischen Berater als auch der vermeintlichen Sicherheit von Diagnose, Prognose und Maßnahme.

In Bezug auf die Beratung im Schulbereich legt Aurin ein differenziertes Konzept vor, welches bei der Beratung von Lernschwierigkeiten durch den Lehrer beginnt, über die Schullaufbahnberatung geht, die Einzelfallhilfe und schließlich die systembezogene Schulberatung nennt. Die Beratungsfunktion des Lehrers nennt Aurin die sozialpsychologisch-pädagogische Hilfestellung im Schulalltag. Die Schullaufbahnberatung ist ähnlich wie bei Hornstein die Ermittlung und Orientierung über schulische Bildungsgänge und die Feststellung der Eignung und der Fähigkeitsvoraussetzungen des zu beratenden Schülers/der Schülerin. Die Schullaufbahnberatung ist in Bezug auf das Setting Einzelberatung und/oder Gruppenberatung und schließt die Übergänge von der Schule in den Beruf, in weiterführende Schulen und in die Universitäten mit ein. Aurin grenzt die berufswahlbezogene Schullaufbahn- und Bildungsberatung von der Berufsberatung durch die Arbeitsagenturen ab. Die Einzelfallhilfe wiederum ist im Kern schon eine sonder- und heilpädagogische Maßnahme und betrifft die Probleme Schulversagen, Schulschwierigkeiten, Verhaltensstörungen, psychische Konflikte. Aurin nennt Normalisierung des Verhaltens und Integration in die Lerngruppe als das Ziel dieser Beratung. In zweiter Linie sei die Schullaufbahngestaltung bedeutsam, das heißt also ggf. die Überweisung der Kinder in das System der Förderschulen. Die systembezogene Beratung ist jene Beratung im Schulbereich, die sich auf die Verbesserung der institutionellen Lernstrukturen bezieht, Verbesserung von Unterrichtsprozessen, Schulkultur, Entwicklung des Lehrerkollegiums, Differenzierung der Aufbauorganisation etc. Bedeutsam ist, dass Aurin den Prozess der pädagogischen Beratung insgesamt aus den Elementen von Diagnose, Prognose und Förderung/Behandlung entwirft (vgl. 1981, S. 45) und damit eng an das alte klinische Modell anlehnt (Diagnose-Prognose-Therapie) welches er selbst auch erwähnt (vgl. S. 46). Zwar kritisiert Aurin, dass in diesem Modell die vorbeugenden und systembezogenen Aufgaben zu kurz kommen, im Kern orientiert sich der Ansatz aber an einem ärztlichen Professionsmodell auch hinsichtlich des Hinweises, dass Selbstbestimmung und Selbstentscheidung in der pädagogischen Beratung zu berücksichtigen seien. Auch Taktgefühl, Kommunikationskompetenz und Empathie werden von Aurin genannt und hervorgehoben, dies sind aber professionelle und persönliche Eigenschaften des Beraters, der Beraterin, die dem Konzept des Beratungsprozesses nachgeordnet sind, der von Diagnose, Prognose und Maßnahme bestimmt wird. Die Platzierung von pädagogischer Beratung am Ort der Gefährdung von Schullaufbahnen ist zum einen dringend geboten, zum andern dürfte aber die Logik von Feststellung der Lernschwäche, Diagnose und Maßnahme dem Forschungsstand und der Intention in der Pädagogik deutlich zuwider laufen. Die in den 1980er Jahren u. a. durch Erziehungswissenschaftler wie Aurin entworfene Beratung im Schulwesen erfüllt ihre Funktion nicht und verschärft die Probleme eher, als sie zu lösen.

Probleme der Schulberatung am Beispiel einer qualitativen aktuellen Studie

2005 haben Wolff und Freyberg mit einer Forschungsarbeit „Störer und Gestörte", Berichte über ausgeschulte Jugendliche, aufzeigen können, dass die in den 1980er Jahren so eingerichtete Beratung im Schulbereich mit dem Schwerpunkt Schulpsychologie und differenzierte Schulformen nicht zur Lösung des Problems beigetragen hat. Die Ausschulung von störenden Jugendlichen und Kindern ist heute auch innerhalb der Schulpsychologie und Schulberatung eine Routineangelegenheit. Das von Aurin entworfene und auch weitgehend eingeführte Konzept der Beratung im Schulbereich funktioniert nicht im Sinne der Integration und stellt eine geschichtete bzw. gestufte Selektion im Verantwortungsbereich der Schulleitung, der Schulverwaltung und der Schulpsychologie dar. Da auch Hornstein letztlich nicht viel anderes unter dem Dach der pädagogischen Beratung vorgeschlagen hat, steht die Schulberatung heute eigentlich vor einer großen Herausforderung, die an dieser Stelle anhand der Forschungsergebnisse von Freyberg und Wolff dargelegt wird.

Als Psychoanalytiker arbeiten Freyberg und Wolff zentral mit dem Begriff des Unbewussten, der Übertragung und der Gegenübertragung und nehmen an, dass zum einen bei den Kindern enttäuschende Erfahrungen mit den Bezugspersonen vor allem in den Institutionen Schule und Kindergarten aktualisiert werden. Die aus den frustrierenden primären Beziehungen entstandenen und verinnerlichten Beziehungsmuster werden auf die Schule, vor allem aber auf die Lehrerinnen und Lehrer übertragen. Umgekehrt verfügt die Schule über ihre Grundspannungen (Vogel 2005) wie Selektion über eine eigene Institutionsdynamik, die zum einen an die primären Übertragungen anknüpft, diesen zum anderen eigene Übertragungsangebote hinzufügt. Die psychoanalytische Schulforschung hat immer wieder darauf hingewiesen, wie sehr Lehrerinnen und Lehrer als sekundäre Sozialisationsinstanzen und signifikante Andere für die Kinder das Erbe der Eltern antreten. In dem Fall der enttäuschenden, die Bindungsbedürfnisse und Loyalität der Kinder frustrierenden oder auch nur das Kind nicht schützenden Elternfiguren ist davon auszugehen, dass die Kinder auf die Eltern entsprechende aggressive Gefühle richten, die aber unbewusst bleiben müssen. Gleichzeitig besteht der Wunsch, von den Eltern anerkannt zu werden. Diesen Wunsch können die Kinder sich nur erfüllen, wenn sie die Unterstützung und affektive Zustimmung von Lehrern erfahren können. Konfrontiert mit Leistungsanforderungen und sozialen und interaktionellen Anforderungen des Schulsystems sind die Kinder jedoch zumeist überfordert, weil sie soziologisch nicht über jene Lebensweisen verfügen, die die Schule quasi voraussetzt: eine bestimmte auf Bildung und Bildungsbegleitung ausgerichtete Kultur im Elternhaus, an welche die Schule mit der Vermittlung ihrer Bildungsgüter anknüpfen kann. Zum anderen stehen diesen Kindern weniger Kapazitäten und Ressourcen zur Verarbeitung von Spannung zur Verfügung. Die Mängel, die die Kinder in ihrem Leben hinsichtlich ökonomischen, sozialen und anderen Gütern haben, gekoppelt mit einer zumeist autoritären Erziehung, lässt ein aggressives und unreifes Über-Ich entstehen, welches zum einen ein hohes Ideal fordert, zum anderen bei Versagen rigide Strafe fordert. Die Folgen sind ein schwaches Ich, Ängste, Vermeidungsverhalten und Scham. Es fehlen diesen Kindern nicht nur Lernumwelten, es fehlt ihnen auch an einer inneren Welt zum Lernen: Neugier, die Möglichkeit zum Experiment, d.h. Dinge auch kaputtmachen zu dürfen, Selbstvertrauen etc.

Lehrerinnen und Lehrer bemerken sehr schnell die Defizite der Kinder im Bereich der Leistung, des Sozialverhaltens und weiterer Tugenden. Auch sie reagieren darauf unbewusst, als Person und als Vertreter der Institutionen, zumeist mit Beschämung, mit Projektionen und Formen der Nicht-Anerkennung, welche beim betroffenen Kind Scham auslösen. Dieses Kind, welches sich von seinen Eltern sowieso nicht gut genug geschützt, nicht gut genug ausgestattet und nicht gut genug bestätigt sieht, muss nun die Defizite, die es in der Schule mitbringt, selbst vertreten. Die Schule codiert die Defizite als zur Person des Kindes gehörig, auch wenn Lehrer und Lehrerinnen es natürlich besser wissen.

Haben Eltern die Rolle des schützenden Raumes (potential space) nicht eingenommen, dann ist eine gute Objektbeziehung nicht verinnerlicht und die Kinder und Jugendlichen haben große Schwierigkeiten, Konflikte und andere Belastungen zu verarbeiten. Sie geraten in Stress, Ängste bei Anforderungen, Affektregressionen und suchen sich zum Rückzug eine Welt, die sie manipulieren können. Sie verbringen Zeit vor dem Fernseher. Lehrerinnen und Lehrer kommen schnell an die Grenzen des Schulsystems und an die Grenzen der pädagogischen Konzeptionen. Die Phantasie wird entwickelt, dass man dieses Kind in der eigenen Klasse oder Schule nicht genug fördern kann und deshalb eine Überweisung in eine andere Schule der beste Weg sei.

Bei den Professionellen entsteht der „Mythos vom Neuanfang", wie Freyberg und Wolf ihn nennen. Einige Lehrer haben die Einstellung, dass sie dem Jugendlichen bzw. Kind einen Neuanfang ermöglichen und auf Stigmatisierung verzichten, wenn sie es ausschulen und nicht auf bestehende Akten oder Informationen zurückgreifen. Umgekehrt bedeutet dieser „Neuanfang," dann zumeist, dass es keine Zusammenarbeit mit anderen Institutionen und keine integrierten Hilfeprozesse gibt, wenn ein Schulwechsel etc. ansteht. Schwierige Jugendliche und Kinder gehören aber nicht zu denen, die den Neuanfang produktiv nutzen können. Es kann also von einer „Illusion des Neuanfangs" gesprochen werden, wenn es ein Handlungsmuster von Professionellen ist. Sofern sich diese „Illusion des Neuanfangs" zu einem pädagogischen Konzept ohne Alternative verfestigt, wird es zum „Mythos des Neuanfangs".

In der Regel ist die Macht des Wiederholungszwangs bei den schwierigen Jugendlichen stärker als die Chance des Neuanfangs. Sie haben sich Abwehrstrategien angeeignet, um die Gefühle der Angst vor Entwertung, Hilflosigkeit, Verlassenheit und sogar Vernichtung abzuwehren. Für die Professionellen mit der Illusion des Neuanfangs gibt es dann nicht selten Überraschungseffekte. In den Situationen der Übertragung und Gegenübertragung innerhalb der Schule sind destruktive Provokationen und die Disziplinarmaßnahmen sowohl Ursache, als auch Wirkung. Hier Beratung zu platzieren stellt eine wichtige Übergangs- und Reflexionsschleife dar, dazu müsste die Beratung aber prozessorientiert als Intervention konzipiert sein, die auch der Schule eine Übertragungsfunktion zuspricht und diese keineswegs so neutral und sachlich sieht, wie dies die pädagogischen Berater der ersten Generation noch getan haben.

Schulberatung sollte nicht Problemfeststellung, Diagnose und Maßnahme umfassen, sondern die institutionelle und individuelle Konfliktdynamik fokussieren. Beratung wäre dann wie Freyberg und Wolff es sagen, „eine produktive Alternative zum Mythos des Neuanfangs". Ein psychoanalytisch orientiertes Verfahren wird von Freyberg und Wolf in dem Buch „Störer und Gestörte" exemplarisch vorgestellt. Es geht den Verfassern darum, die Verstrickungen und Verbindungen begreiflich zu machen, die bei Schulkrisen eine Rolle spielen.

Hans Thiersch

Die Auseinandersetzung von Hans Thiersch und der Tübinger Forschungsgruppe um die Beratung in der Pädagogik und besonders in der Sozialpädagogik beginnt in den 1970er Jahren mit einer kritischen Auseinandersetzung um die Therapeutisierung der Pädagogik und der Sozialen Arbeit durch die Verbreitung der humanistischen Psychologie in der Sozialen Arbeit. Besonders Hans Thiersch u. a. wenden sich in Bezug auf die pädagogische Beratung zunächst gegen die Therapeutisierung der Heimerziehung und plädieren für eine alltagsorientierte Pädagogik in der Heimerziehung. Die Ausweitung der Beratung sehen sie zunächst kritisch, weil sich hier ein Art Expertentum in die pädagogische Beziehung einnistet, wo es doch darum ginge, mit den Kindern alltägliche Erfahrungen zu teilen. Thiersch befasst sich später in verschiedenen Publikationen mit Beratung im Kontext von Lebenswelt und Alltag und bestimmt damit maßgeblich den Diskurs um eine alltagsorientierte sozialpädagogische Beratung, wie sie zum Beispiel in vielen Selbsthilfestellen, in der Frauenberatung, aber auch in der Beratung von Gewaltverhältnissen umgesetzt wird, wo es nicht nur darum geht zu beraten, sondern sich um Klientinnen zu kümmern, das heißt für ihre unmittelbaren Bedürfnisse zu sorgen, eine sicheren Ort zu schaffen, um zum Beispiel die körperliche Unversehrtheit sicherzustellen, körperliche, gesundheitliche, hygienische Bedürfnisse zu erfüllen und sozial zu helfen. Beratung spielt in diesen Stellen wie Frauenhäusern, Kriseneinrichtungen, Selbsthilfegruppen zwar eine große Rolle und wird dort regelmäßig angeboten, ist aber eingebettet in ein System von Hilfen und Maßnahmen zur Stabilisierung der Lebenswelt.

In den 1980er Jahren wird Thierschs Kritik an der Therapeutisierung der Sozialpädagogik wichtiger. Sein Beratungsansatz der lebensweltlichen und alltagsorientierten Beratung kann heute als einer der wesentlichen Ansätze für die sozialpädagogische Beratung beschrieben werden. Im Mittelpunkt der Beratung steht bei Thiersch in den 1970er Jahren der Begriff der Hilfe: Beratung ist hier Planungs-, Orientierungs- und Entscheidungshilfe.

Beratung als Interventionskonzept sozialer Arbeit

1994 publiziert Hans Thiersch (vgl. Thiersch 1994, S. 23-34) in einem Sammelband von Beck/Brückner und Thiel einen Entwurf zur sozialen Beratung, der sein Verständnis über den Ort der sozialen Beratung deutlich macht. Auch hier bezieht er sich in seinem Theoriekontext auf die Soziale Arbeit und erwähnt

Wurzeln wie Case Work und Soziale Diagnose. Das methodische Wissen der ersten Generation von Sozialarbeiterinnen wie Mary Richmond, Alice Salomon und Marie Baum sei von psychologisch-therapeutisch orientierten Konzepten in den 1960er Jahren gleichsam verschüttet worden. Das tradierte Konzept der „alten" sozialen Beratung will Thiersch aufgreifen und nennt Beratung deshalb ein Interventionskonzept in der sozialen Arbeit. Sehr deutlich argumentiert er, dass der Begriff Methode zu kurz greift, denn Beratungshandeln könne nur verstanden werden im Kontext der Verhältnisse, auf die sie sich bezöge. Voraussetzung aller Beratung sei deshalb das Wissen um die Lebensverhältnisse, um Lebenseinschränkungen, Lebensmöglichkeiten, die unabhängig von dem eher psychologischen Verständnis von Problemen der Klienten und Klientinnen verstanden werden müssten. Thiersch plädiert hier also für die Objektivität der Lebenseinschränkungen und dafür, die soziale Beratung nicht zu einem Spiel um Konstruktionen und Deutung zu verändern (Thiersch 1994, S. 25). Obwohl er das explizit nicht sagt, ist der Hinweis, dass Lebenswelt in der Sozialen Arbeit auch als Lebenslage, Ungleichheit und Benachteiligung sozioökonomisch gefasst werden muss, eine wichtige Abgrenzung von systemischen und konstruktivistischen Positionen, die Armut als gefühlte Armut, Benachteiligung als Konstrukt und gefühlte Benachteiligung verstehen im Sinne von Watzlawicks Ansatz der Anleitung zum Unglücklichsein (vgl. Watzlawick 1983). Teile seiner Ausführungen sind denn auch Kritik an der Psychologie, die die Probleme erst beratungsförmig mache, um sie dann mit psychologischen Mitteln zu bearbeiten (Thiersch 1994, S. 25). „Ein solches Wissen [um die Lebensverhältnisse von Ratsuchenden, K.G.] ist notwendig, damit der Blick auf Probleme nicht von vornherein eingeengt ist auf das, was als Hilfe gesellschaftlich etabliert und in bestimmten Beratungsmethoden als praktikabel ausgewiesen ist, damit also Probleme nicht zu rasch gleichsam beratungsförmig werden, individualisierend, juridisierend oder pathologisierend, damit Beratung nicht – schroff akzentuiert, nur mit dem beratungsfähigen und beratungswilligen Menschen, dem Homo Consultabilis" konfrontiert ist (Thiersch 1994, S. 25). Diese antipsychologisierende Haltung wird von Thiersch durch die Forderung nach einer breiten sozialwissenschaftlichen Fundierung der Beratung ergänzt.

Sozialpädagogische Beratung und gesellschaftliche Modernisierung

Im Sinne der gesellschaftlichen Modernisierungstheorie nennt Thiersch dann Faktoren (S. 26-27), die eine standardisierte Diagnose und Wahrnehmung der sozialen Probleme in der Beratung nicht zulassen. Wenn soziale Beratung den Anspruch habe, sich als Hilfe zur Selbsthilfe in Lebensschwierigkeiten zu beweisen, dann müsse sie sich auf einen Alltag beziehen, der von großen

Ungleichheiten dominiert sein: Für Thiersch ist soziale Beratung strukturierte Kommunikation (S. 30), er nennt den Auftrag, den der Ratsuchende erteilt und damit die Eigenheit des Problemverständnisses, er nennt zweitens die Problemklärung, die aber nicht der psychischen Struktur, sondern den Alltagsaufgaben entsprechen müsse. Die psychischen Probleme der Klienten dürften keine Dominanz gegenüber den Alltagsaufgaben gewinnen, dies sei zur Not in der Supervision der Berater zu klären (Thiersch 1994, S. 31) Wie der Beratungsprozess dann weitergeht, sagt Thiersch dann aber nicht, sondern wendet sich dem Problem der teilweise hochschwelligen Institutionen zu. Hilfe, bei der Interessenvertretung? All dies bleibt offen. Parteilichkeit? Auch über die Beratungskunst vermag Thiersch wenig zu sagen. Anerkennenswert ist die Forderung nach der sozioökonomischen Fundierung im Gegensatz zu medizinischen und psychologischen Diagnosen. Hier kennt Thiersch keine Kompromisse, wodurch sich sein Ansatz sehr vom Ansatz von Hornstein und Aurin unterscheidet. Was aber dann die Beratung von sozialpädagogischer Sachbearbeitung unterscheidet, bleibt offen. Anders als in früheren Publikationen spricht Thiersch im Aufsatz von 1994 auch nicht mehr von sozialpädagogischer Beratung, sondern nur von sozialer Beratung, so wie sie unter dem Dach des Sozialgesetzbuches hier zumeist aber auch von Sozialarbeitern und Sozialpädagogen angeboten wird. Während bei Mollenhauer die Forderung nach Aufklärung, Verstehen, Identifizieren als Bestandteil von Beratungskunst noch anklang, ist dies bei Hornstein und Aurin zugunsten eines funktionalen Beratungsverständnisses verschwunden und wird auch von Thiersch nicht wertgeschätzt. Der Prozess der Hilfe ist der einer sozioökonomisch und alltagsorientiert fundierten sozialen Hilfe im Unterschied zur pädagogischen Beratung.

Im von Nestmann, Engel und Sickendiek 2004 herausgegebenen Handbuch der Beratung greift Thiersch in einem Aufsatz zur Sozialarbeit/Sozialpädagogik und Beratung im Sinne eines Entwurfes die Essenzen seiner älteren Publikationen wieder auf (zum Beispiel die Asymmetrie), ohne jedoch eine Entwicklungslinie seines eigenen Werkes zu zeichnen, sozialpädagogische Beratungsfelder zu skizzieren oder Theorie-Empirie-Probleme zu reflektieren. Er stellt aber sichtbar neue Anforderungen an die Berater und an die Beratung und sagt im Gegensatz zu den früheren Publikationen, die sich meist in Kritik an der Beratung erschöpften und eine Art Plädoyer für ein sozialpädagogisches Verstehen und Handeln auf der Basis von Alltagstheorie und Lebensweltkonzepten darstellten, auch etwas zum Beratungsprozess in der Sozialen Arbeit. Dies ist bemerkenswert. Thiersch greift ferner die These der unterschiedlichen Formalisierungsgrade von Beratung auf, wie sie Nestmann, Sickendiek und Engel bereits 1999 formuliert haben und nennt Beratung unterschiedlicher Formalisierung in unterschiedlichen Settings in der Sozialen Arbeit. Er bestätigt die zunehmende

Bedeutung von Beratung in der Sozialen Arbeit, obwohl die soziale Beschleunigung die sogenannte Beratung mit geringer Formalisierung, wie sie eigentlich im pädagogischen Alltag als Kommunikation vorkommen sollte, bedroht. Sozialarbeiter und Angehörige helfender Berufe klagen über Zeitstress und schon 1994 hat Anette Bertrams in einer Forschung zu Kommunikation in einer klinischen Institution gesagt, dass „das Menschliche eigentlich die Putzfrau erledigt". Die Hilfesysteme werden aufgrund der zeitlichen Überlastung der Sozialarbeiter, der Überfrachtung mit Aufgaben und der Einsparmaßnahmen insgesamt hinsichtlich der Kommunikation eher einsparend. Vor allem die Beratung der geringen Formalisierung dürfte diese Beschleunigung treffen. Zweitens ist neben der Beschleunigung auch innerhalb der Pädagogik der Diskurs zur Disziplin (Bueb 2005) neu aktualisiert und fordert eine hermeneutisch bestimmte Kommunikation heraus. Wie viel Beratung niedriger Formalisierung im Alltag tatsächlich als hilfreiches Gespräch stattfindet, lässt sich kaum messen. Es spricht viel dafür, diesen Typus der alltäglichen Beratung mit großer Vorsicht zu behandeln und in ihm nicht die Beratungsform in Pädagogik schlechthin zu sehen.

Thiersch nennt für die Beratung in der Sozialen Arbeit die Verhandlung zwischen Berater und Klient konstitutiv und räumt ihr eine herausgehobene Stelle im Beratungsprozess ein. Dies knüpft zum ersten Mal bei Thiersch deutlich an die alte demokratische Kommunikation an, die von Mollenhauer 1965 formuliert worden ist. Thiersch fordert vom Berater, sich auf die Probleme der Klienten einzulassen, ihnen das Gefühl zu vermitteln, ihm vertrauen zu können, ernst genommen zu sein (Thiersch 2004, S. 121). Beratung müsse sich weiterhin auf die Eigenheiten der Lebenswelt des Ratsuchenden richten und über die Grenzen der Lebensverhältnisse verhandeln, Beratung sei eine gemeinsame Verhandlung von Lösungsmöglichkeiten, Problemen und Deutungen in der Struktur einer prinzipielle Asymmetrie (Thiersch 2004, S. 122)

Frank Nestmann und die Dresdner Arbeitsgruppe

Ganz ohne Zweifel sind die theoretischen Arbeiten zur Beratung von Frank Nestmann in der Pädagogik wichtig und sehr präsent, nicht zuletzt da er und seine Gruppe eine Fülle von Arbeiten zur Beratung vorwiegend als Sammelband, Herausgeberband und Handbuch publiziert haben, wodurch allerdings das Werk wiederum sehr unterschiedlich in Absicht, Theorie und beraterischem Selbstverständnis ist. So finden sich in den von ihm herausgegebenen Werken sowohl Ansätze von modernisierungstheoretisch begründeter lösungsorientierter Beratung, die dem systemtheoretischen Denken entsprechen, Ansätze zur personenzentrierten Beratung und alltagstheoretische Begründungen. Obwohl Frank Nestmann an erziehungswissenschaftlichen Fakultäten lehrt, vertritt er einen beratungswissenschaftlichen, unbestimmten Ansatz, der sich jedoch aus seiner beruflichen Entwicklung rekonstruieren lässt.

Der frühe Ansatz in den 1970er und 1980er Jahren

Um seinen Beitrag zur pädagogischen Beratung zu würdigen, ist es wichtig, sein Werk zunächst nach Phasen zu unterscheiden. Nestmanns frühere Arbeiten (Nestmann/Tappe 1979, Nestmann 1991) folgen den Prinzipien einer alltagsorientierten sozialpädagogischen und deutlich gesellschaftskritischen Beratung, wobei er im Unterschied zu Hans Thiersch nicht von der Theorie Sozialer Arbeit geprägt ist, sondern von der Kritik der Psychiatrie und der Versorgung psychiatrischer Patienten. Seine Begründung für eine alltagsorientierte Beratung in den 1980er Jahren basiert vor allem auf Erkenntnissen zur Problematik der Psychiatriepatienten und aus den Erfahrungen gemeindenaher Versorgung von Erkrankten jenseits von Therapie, Behandlung und psychiatrischer und psychopathologischer Diagnostik. Frank Nestmann macht sich zunächst vor allem die Diskurse der Expertenkritik, der Expertenmacht, der Expertokratie und der Kolonisierung von Lebenswelten zu eigen. In dieser ersten Phase seines wissenschaftlichen Werkes lässt er sich als kritischer Alltagstheoretiker beschreiben, der viele Beratungswissenschaftler mit seiner ökologischen und institutionskritischen Sichtweise auf Psychiatrie und gemeindenahe Versorgung überzeugt hat. Theoretische Bezugspunkte dieser als Gesellschafts- und Institutionenkritik formulierten Ansätze zu einer kritischen alltagsorientierten Beratung sind die großen Forschungsarbeiten von Goffman (1973), aber auch der Bestseller von Paul Halmos zu den „Beichtvätern des zwanzigsten Jahrhunderts", wo der Autor mit der Psychologie und Psychotherapie abrechnet. Vor allem die von Nestmann und Tappe (1979) formulierte Perspektive des alltäglichen Rates ohne Machtausübung ist in der Alltagstheorie verwurzelt (Nestmann/Tappe 1979, S. 160).

Der Einfluss des Kommunitarismus auf das Beratungsverständnis von Frank Nestmann

Eine weitere Periode in den beratungstheoretischen Arbeiten von Frank Nestmann sind seine Erfahrungen und Prägungen durch die amerikanische Counseling-Bewegung nach Pearson und seine Habilitationsschrift zur Bedeutung von sozialen Netzwerken und „social support", die noch an die Alltagstheorie anknüpft, sie aber gleichzeitig schon funktional für eine geglückte Individualisierung und als Ressource für die gesellschaftliche Modernisierung betrachtet. 1991 hält Nestmann ein deutliches Plädoyer für die heilenden und stabilisierenden Bedeutungen des Alltags, der alltäglichen Bezüge und der alltäglichen Netzwerke (Nestmann 1991, S. 47ff). Beratungsansätze, die ihre Wurzeln nicht in der klinischen Psychologie, sondern in der psychosozialen Versorgung, in der Sozialpädagogik und in der Sozialen Arbeit hätten, verfehlten ihren Gegenstand, wenn sie sich nicht auf netzwerk- und unterstützungsorientierter Beratungsansätze beziehen, sondern mit einem gewissen „Blaming des Alltags" diesen als psychopathologisch und krankmachend ansehen wie z. b. Begriffe wie „überbehütende Mütter", „angsteinflößende Väter", „unterdrückende Partner" nahelegten. Explizit nennt Nestmann hier auch Ansätze, die sich als systemische direkt auf das primäre Netzwerk von Personen beziehen (Nestmann 1991, S. 47). Wohl wahr, denn ohne Zweifel lassen diese psychotherapeutischen Ansätze sowohl historische Faktoren, als auch gesellschaftliche Verhältnisse außen vor. Netzmann, der dann den Unterstützungs- und Supportansatz in der Beratung erläutert, zeigt die Doppelstrukturen des Alltags auf, denn die alltäglichen Netzwerke seien nicht nur neurotisierend und verursachen Leidensdruck, sondern sie seien umgekehrt auch stabilisierend und eine wichtige Ressource. Oft genug, so Nestmann, würden Problem verursachende Einflüsse einzelner Netzwerkmitglieder durch hilfreiche Einflüsse anderer Netzwerkmitglieder aufgefangen (Nestmann 1991, S. 48). Nestmann hebt die große Bedeutung der sozialen Unterstützung durch Netzwerke hervor und sieht die Beratung als Möglichkeit an, diese für die Ratsuchenden erkennbar zu machen. „In der Beratung kann es also wichtig werden, Ratsuchende in Stand zu setzen, soziale Unterstützung und ihre potenziellen Quellen in persönlichen Netzwerken zu erkennen. Es kann darum gehen, überhaupt bewusst zu machen, ob und welche Unterstützung aus welchen Quellen gewünscht wird. Es kann auch Ziel sein, Betroffene zu befähigen, Unterstützungsleistungen anderer anzunehmen oder sie erst einmal hervorzurufen. Und es ist häufig nötig, die subjektive Interpretation und Würdigung von erfahrener oder ausbleibender Unterstützung zu bearbeiten (Nestmann 1991, S. 52). Diesen Ansatz der Arbeit an Netzwerken, so dass sie hilfreich für den Einzelnen sind, hat Nestmann über die gesamten 1990er Jahre als Teil der sozialpädagogischen Beratung vertreten und publiziert, worin er sich mit Hans Thiersch und dessen Theorie des Alltags weitgehend einig war.

Während der 1990er Jahre steht der Netzwerkansatz vor verschiedenen Herausforderungen praktischer, professionspolitischer und theoretischer Art. Für die sozialpädagogische Beratung gilt, dass sich die Netzwerke von Ratsuchenden im Bereich der Sozialen Arbeit vor allem durch ein Defizit auszeichnen. Klienten der Sozialen Arbeit leben isolierter, sind weniger eingebunden in soziale Netzwerke und ziehen sich aus diesen aus Scham immer wieder aus Kontakten zurück (Neckel 1991). Natürliche Netzwerke wie Familie sind häufig stark von Anerkennungs- und Rangordnungskämpfen geprägt und konfliktgeladen. Ressourcen sind knapp und werden verteidigt. Diese praktische Problemlage lässt höchstens künstliche Netzwerke als Alternative für die soziale Arbeit erscheinen. Sozialpolitisch wird aber an der Bildung dieser Netzwerke gespart, indem zum Beispiel Familienbildungsstätten geschlossen werden und Gelder für Stadtteilzentren, Bürgerzentren und Gemeindetreffpunkte gekürzt werden. Auf der theoretischen Ebene stellt die Modernisierungstheorie eine Herausforderung an die netzwerkorientierten Ansätze dar. Die isolierenden und vereinzelnden Dynamiken, die der Modernisierungsprozess in sich trägt und die vor allem für alte und neue Klientele der Sozialen Arbeit und ihrer Beratung Risiken bedeuten, sollen durch netzwerkorientierte Beratung beantwortet werden. In seinen Entwürfen fordert Thiersch, dass Beratung die sich wandelnden sozialen Milieus und Modernisierung von Lebenslagen zu berücksichtigen habe. Allerdings lässt er die Frage offen, wie dies zu geschehen hat. Soll Soziale Arbeit an Empowerment und Selbsthilfe, an Gemeinwesenarbeit und Stadtteilarbeit anknüpfen? Das hatten wir schon und die Probleme für die Professionalisierung Sozialer Arbeit sind hinlänglich beschrieben: Rollendiffusion, Überidentifizierung mit den Klienten, Entstrukturierung (vgl. Gildemeister 1983).

Ein zweiter theoretischer Einwand ist das Problem von Ressourcenorientierung. Netzwerke haben ein ausgeklügeltes „Währungssystem von Geben und Nehmen", die Chance ein Netzwerk als Ressource zu nützen und damit funktional zu vereinnahmen ist abhängig von gesellschaftlichen Machtverhältnissen. Vor allem die Frauenbewegung hat darauf aufmerksam gemacht, dass Frauen mit Netzwerken anders umgehen als Männer (Schmerl 1991). Welche Konflikte entstehen in Netzwerken, wenn diese quasi von Amts wegen instrumentalisiert und genutzt wurden, um den Wohlfahrtsstaat zu entlasten? Professionsbezogen ist netzwerkorientierte Beratung schließlich schwerlich abzugrenzen von der alten Gemeinwesenarbeit oder Group Work, gehört also zum klassischen Repertoire der Sozialen Arbeit. Beratung aber wurde in den folgenden Jahren als Instrument moderner Sozialer Arbeit, als Motor der Modernisierung und Liberalisierung wahrgenommen, nicht im Sinne des Netzwerkansatzes als Stabilisierung von Gemeinschaften und Netzwerken. Das Paradoxe am Netzwerkansatz in der pädagogischen Beratung könnte sein, dass er genau dort gut funktioniert, wo er nicht beabsichtigt ist, wie z. B. im Gesundheitswesen, bei der Alzheimergesellschaft, in Selbsthilfegruppen. Hier ist die Beratung niedrigschwellig und steht im engen Zusammenhang mit dem Rollenwechsel, Klienten zu ermuntern, neben ihren Ratbedürfnissen ggf. auch aktiv in der Gruppe oder im Verein zu arbeiten, was wiederum bei bestimmten erwerbsunabhängigen Lebenslagen möglich ist, bei anderen Lebenslagen wegen des Erwerbsdrucks jedoch schwierig erscheint.

Vom Sozialsupport zur Modernisierungstheorie

Ende der 1990er Jahre beginnt Frank Nestmann Beratung mehr modernisierungstheoretisch zu diskutieren und versteht Beratung als Unterstützung von Individualisierungsprozessen im Sinne von ressourcenorientierten Ansätzen. Gleichzeitig publiziert er mehrheitlich im Autorenverbund mit Ursel Sickendiek und Frank Engel. Es erscheinen „Beratung" (1999) als Herausgeberband im dgvt-Verlag und „Beratung – eine Einführung in sozialpädagogische und psychosoziale Beratungsansätze" bei Juventa (1999) jeweils zusammen mit Sickendiek und Engel. 2004 erscheint zudem das „Handbuch der Beratung" ebenfalls mit Sickendiek und Engel in der Mitherausgeberschaft. Schließlich erscheint der Herausgeberband „Beratung in Bildung, Beruf und Beschäftigung (2007) ebenfalls in Co-Autorenschaft, der insgesamt eine neue Perspektive in einem neuen Feld darstellt, da Beratung hier supervisorische oder berufsberaterische Traditionen hat. Insgesamt ist bei Nestmann eine große Affinität zu Hans Thiersch zu konstatieren, viele Gedanken, konzeptionelle Überlegungen und Kritik an der Beratung sind früh von Thiersch formuliert und von Nestmann, Engel, Sickendiek übernommen worden. Interessanterweise ist die pädagogische Beratung bei Nestmann ein randständiges Phänomen. Schon im Juventa-Band von 1999 ist sie nicht mehr als eine halbe Seite lang und kommt über die Rezeption von Mollenhauer nicht hinaus. Im „Handbuch der Beratung" widmet sich Frank Engel der pädagogischen Beratung und reklamiert eine Integration von Beratung und Bildung als Handlungsmethode, auch auf der Basis der frühen Entwürfe von Mollenhauer, Hornstein u. a. ohne jedoch zu formulieren, wie ein solches Beratungskonzept aussehen könnte. Der Trend heute ist im Bereich der pädagogischen Beratung vor allem das Anwendungsfeld Bildungsberatung, welches derzeit eine sehr große Aufmerksamkeit erlebt. Bildungsberatung findet derzeit jedoch ebenfalls hauptsächlich als Instrument der Arbeitsförderung Beachtung und steht damit ebenfalls unter dem Dach der Sozialgesetzgebung (SGB II, III, IX, XII). Bildungsberatung wäre demnach zu einem beachtlichen Teil ebenfalls sozialpädagogische Beratung, mit allen Problemen, die die sozialpädagogische Beratung hat.

Das Problem der sozialpädagogischen Beratung, so wie es Thiersch immer wieder formuliert hat, mit dem Fokus auf Alltag und Lebenswelt als Ressource, auf Normalisierung und Integration würde im Zusammenhang mit der Bildungsberatung Prozesse des lebenslangen Lernens fokussieren, sich als Hilfe bei der Bewältigung von Entwicklungsaufgaben psychosozialer, gesellschaftlicher und kultureller Natur verstehen, sowie als Ort der Entwicklung von Capabilities, von Fähigkeiten zu Führung eines guten Lebens, all dies deutet eine deutliche Re-Pädagogisierung der Beratung an, eine Besinnung auf die Erziehungswissenschaft als Fachwissenschaft und eine Bereitschaft, pädagogische Beratung auch als pädagogisches Handlungsfeld und nicht als unbestimmt zu begreifen.

Zweifelsohne ist Frank Nestmann ähnlich wie Hans Thiersch einer der wichtigen Beratungstheoretiker und Beratungsforscher in der Bundesrepublik. Mit seiner Geschichte einer gesellschaftskritischen Psychotherapie und seinem Schwerpunkt der alltagsorientierten Beratung ist er im Feld der sozialpädagogischen Beratung beheimatet, hat sich dann aber zu Gunsten eines allgemeinen psychosozialen Verständnisses von Beratung von der pädagogischen Beratung entfernt. Die Stärke des Ansatzes ist zweifellos in den 1970er und 1980er Jahren im Zuge der Psychiatrie-Enquete zu suchen, ebenso wie die Kritik an der Therapeutisierung der Beratung zutreffend und richtig ist. Der immer wieder angeführte Hinweis auf pädagogische Beratung als Handlungsform neben dem Unterrichten ist, wie im nächsten Kapitel zu zeigen sein wird, schwierig, denn wenn beraten und bewerten, beraten und leiten, beraten und lenken in einer Hand liegen, kommt es unweigerlich zu einer Machtansammlung, die von Foucault zu Recht als Pastoratsmacht beschrieben wurde, deshalb ist der Hinweis der pädagogischen Beratungsforscher, dass man Beratung zumindest doch als Handlungsform für die Profession gerettet habe, um so schwieriger, als dass sie hier schnell zur Machttechnik regrediert.

Zwischenfazit: Kommunikation und Mündigkeit

Die Pioniere der pädagogischen Beratung haben diese vorwiegend als Handlungsform im pädagogischen Alltag betrachtet. Sie haben hier die pädagogische Beratung in der Verbindung mit Bildung und Hermeneutik skizziert, vor allem Thea Sprey und Klaus Mollenhauer, oder Beratung aus der Perspektive der jeweiligen pädagogischen Institutionen wie Walter Hornstein und Kurt Aurin beschrieben. Die politischen Entwicklungen vor allem im Kontext der Schulpolitik, die seit den 1970er Jahren zu verzeichnenden Anstrengungen der staatlichen Bürokratien zu sparen und die berufspolitischen Kontroversen im Feld der Beratung haben indessen dazu geführt, dass die Professionalisierungsperspektive einer eigenständigen pädagogischen Beratung sich stark verengt hat und Dimensionen der Rollen der Berater z. B. in Schulen sowie deren ethisches Handeln in den Hintergrund traten. Schon Mollenhauer hat ohne die rollentheoretische Klärung vorzunehmen, die pädagogische Beratung hauptsächlich in den Sprechstunden der Sozialarbeiter verortet. Er hat zwar an einer Konzeption demokratischer Kommunikation festgehalten, ohne aber die Rollenprobleme zu thematisieren, die sich aus der Doppelrolle von „beraten und amtlich handeln", von „beraten und bewerten" (wie z. B. in der Schule der Beratungslehrer/die Beratungslehrerin handelt), von „beraten und leiten" (wie beim Coaching und bei den frühen Formen der Supervision) ergeben. Das gilt für alle Theoretiker der pädagogischen Beratung. Das ethische und kontraktuelle Defizit der pädagogischen Beratung ist in den konzeptionellen Abhandlungen so gut wie gar nicht thematisiert. Es gilt jedoch: je mehr pädagogische Beratung eine Funktion des Schulsystems, des Sozial- und Gesundheitssystems (Patientenedukation) der Sozialen Arbeit etc. ist, desto wichtiger wird die Frage der Rollenkonflikte, der Rollendifferenzierung und Rollenklärung in der pädagogischen Beratung. Dies gehört teilweise zur Beratungskunst, weil mit dem Klienten Rollen immer wieder verhandelt werden müssen, es gehört aber auch zur theoretischen Konzeption von pädagogischer Beratung. Anders als in der psychosozialen Beratung ist in der pädagogischen Beratung dieser Rahmen nicht geklärt, obwohl wie Nestmann (2004), Engel (2004), Thiersch (2004) und viele andere sich einig sind, dass in der pädagogischen Praxis viel beraten wird und Beratung hier unzweifelhaft wichtig ist. Diese Klärung zu fordern ist Aufgabe der erziehungswissenschaftlichen Beratungswissenschaft.

Die bisherigen Reflexionen zur pädagogischen Beratung, insbesondere die Beiträge ihrer Pioniere und Pionierinnen zeigen weiterhin auf,

- dass pädagogische Beratung sich seit den 1960er Jahren demokratisiert hat,
- dass sie sich als Anwendung im pädagogischen Feld versteht,
- dass sie dem Ziel der Mündigkeit geschuldet ist und
- dass es hierzu einer eigenen Gesprächsführung und einer eigenen Begründung bedarf.

Das Gemeine an und in der pädagogischen Beratung

Um hier noch einmal das Genuine der pädagogischen Beratung als Handlungsmodell zu konkretisieren, werden weitere Elemente einer erziehungswissenschaftlichen Fundierung aufgeführt, die die Erziehungswissenschaft vor allem ab den 1980er und 1990er Jahren beschäftigt haben. Im Fokus steht dabei die Verbindung von Beratung und Aufklärung/Bildung, die das Genuine in der pädagogischen Beratung ausmacht und damit einen deutlichen Bruch zu den psychopathologischen, klientelifizierenden und damit entmündigenden Kulturen und Strukturen im Kontext der psychologischen, der ärztlichen und der psychosozialen Beratung aufzeigt. Die Erziehungswissenschaft hat sich lange damit beschäftigt, die teilweise recht antidemokratischen Wurzeln der Beratung und ihre klientelifizierenden Kulturen zu beschreiben und aufzudecken. Sie plädiert gleichzeitig für ein neues Beratungsverständnis, in deren Mittelpunkt Mündigkeit und Aufklärung steht, womit Beratung eng an Bildung herangerückt wird und damit der pädagogische Kern definiert ist. Allerdings ist es in den letzten Jahrzehnten kaum gelungen, Beratung tatsächlich aus den psychopathologischen Traditionen herauszulösen. Dies liegt an widersprüchlichen Entwicklungen in der Disziplin Psychologie, die einerseits ihr Modell von Beobachten und Diagnostizieren weiterentwickelt hat, gleichzeitig aber durch die Humanistische Psychologie und die Hinwendung zur Hermeneutik aufgezeigt hat, dass Mündigkeit mit Verstehen der inneren Realität zu tun hat und dass Beratung die Klärung von Emotionen mitberücksichtigen muss, damit Aufklärung und Bildung nicht ins Leere laufen.

In Bezug auf die Dimension der pädagogischen Haltung im Beratungsgespräch hat Hartmut von Hentig hier einen wichtigen Beitrag geleistet. Unter dem Titel „Die Menschen stärken, die Sachen klären" publizierte er in den 1980er Jahren drei Essays, in denen er sein Verständnis von Erziehung erläutert, welches sich in den bisherigen Rahmen vor allem von Mollenhauer (1964/65), von Hornstein und Thea Sprey sehr gut einfügt. Anstatt Beratung pastoral, verobjektivierend oder klientelifizierend zu buchstabieren, stellt Hentig in seinem Entwurf eine bestimmte Geisteshaltung der Pädagogen in den Mittelpunkt, der er eine verändernde und überzeugende Kraft zuschreibt. Er spricht von der ordnenden Kraft vernünftigen Denkens für die Bewältigung unseres Lebens. Durch die Erziehung zur Vernunft, welche vor allem in Gemeinsamkeit und Wiederholung liegt entsteht Dauer und Verlässlichkeit (Hentig 1985, S. 9). Für den Ratsuchenden wie für den zu Erziehenden gelte es, an der Verständlichkeit der Welt zu arbeiten, hier kommt von Hentig den Forderungen Mollenhauers nahe. Beratung arbeitet deshalb am Verstehen der äußeren Realität, nicht an Anpassung des Klienten/Ratsuchenden an die Gesellschaft. Von Hentig spricht davon, dass die Verständlichkeit der Welt zu einem großen Teil uns selber abgerungen werden müsse und dass dieses Bemühen den Namen Aufklärung trage. Aufklärung ist deshalb nicht nur das Gegenstück zur Gewalt in der Erziehung, sie ist auch das Gegenstück bevormundender Fürsorge und Leitung. Der Mensch ist freiheitsfähig und freiheitspflichtig, er ist nicht frei, er muss es werden. Diese Freiheitsfähigkeit verortet von Hentig in der Fähigkeit, den Gesellschaftsvertrag zu schließen.

Die Aufklärung, so von Hentig, will vernünftig machen, sie will vernünftiges Handeln ermöglichen und verhindern, dass die Unvernunft zum Vorwand für Wildheit und Ungerechtigkeit dient. Ein aufgeklärter Mensch ist dabei derjenige, der seinen Verstand gebraucht und einen Lebensstil pflegt. Hentig argumentiert, dass in der Aufklärung ein pädagogisches Programm, eine Erziehungstheorie und Bildungstheorie enthalten ist. „Die Menschen stärken, die Sachen klären" ist ein pädagogisches Programm, welches aus klassischen Theorien komponiert ist.

Aufklärung und Beratung

Im Sinne dieses Ansatzes ist die pädagogische Beratung eine Beziehung, die sich, wie bereits Thea Sprey betont hat, aus der Anthropologie, der menschlichen Seinsverfassung ergibt. Wir sind alle ratbedürftig. Kinder und Jugendliche, so von Hentig, die erst frei und mündig werden müssen, sind dies noch einmal in besonderem Maße. Der Gruppendynamiker und Supervisor Winfried Münch (2010) spricht in einem Papier für die Deutsche Gesellschaft für Supervision (DGSv), von dieser Anthropologie als Not des Menschen, aus der, nach Rousseau, das Mitleid als ursprüngliches Gefühl und spontane Bewegung erwächst. Der Ratbedürftigkeit des Menschen stehe „Wohlberatenheit" gegenüber. Wohlberatenheit, als Fähigkeit einen Rat anzunehmen und zu beherzigen, beschreibt Aristoteles als Tugend in der Nikomachischen Ethik. Man müsse sich Wohlberatenheit zulegen, um „verständig die Dinge zu verstehen und zu planen". Ein Berater müsse nach Aristoteles jemand sein, der versteht und Verstehen herstellen könne. Das Verstehen ist Gegenstand der Hermeneutik, die sich in ihrer Auffassung des Verstehens auf eine Gestalt der Erzählung beruft. Man müsse das Ganze aus den Teilen und umgekehrt die Teile aus dem Ganzen verstehen. Verstehen ist demnach eine Art Puzzlearbeit, in dem der Berater die Teile der Erzählung zu einer Gesamtgestalt zusammensetzt. Nach Münch (2010) zeigt sich die Richtigkeit des Verstehens im Einstimmen aller Einzelheiten zum Ganzen. Verstehen ist eine Teilhabe am gemeinsamen Sinn. In der Beratung stellt sich Verstehen ein, wenn die hermeneutischen Bemühungen des Beraters in ein gegenseitiges Verstehen einmünden.

Verstehen und/oder bemächtigen

Nun wohnt dem Verstehen, wie an verschiedenen Stellen dieses Buches ausgeführt wird, die eigentümliche Macht inne, den einmal verstandenen Ratsuchenden auch lenken zu können. Dies ist die andere Seite des Verstehens, die in den Diskursen der Erziehungswissenschaft eine wichtige Rolle spielt. Deshalb muss sich Beratung, die der Aufklärung und Vernunftwerdung geschuldet ist, die von Hentig in seinem gesamten Lebenswerk für die Pädagogik reklamiert, an bestimmte Prinzipien halten, die bereits in der antiken Vorstellung von Wohlberatenheit bei Aristoteles zum Tragen kommen. Ratbedürftigkeit, Beratung und Wohlberatenheit sind hier Teil einer Lebenspraxis, die nichts mit Abhängigkeit zu tun hat und aus der Perspektive der Freiheit und Mündigkeit beschrieben werden kann. Eine wichtigen Beitrag leistet hier der Philosoph Michel Foucault. Im Mittelpunkt seiner von ihm gegen Ende seines Lebens entwickelten Philosophie der Lebenspraxis steht der Begriff der Selbstsorge an herausragender Stelle. Foucault rekonstruiert für seine Philosophie der Lebenspraxis die antike Ethik.

Selbsterkenntnis und Beratung

1982 hält Foucault eine Vorlesung zur Hermeneutik des Subjektes. Zunächst fragt er danach, in welcher Form sich in der Antike Subjekt und Wahrheit verbunden haben und nennt hierzu als den zentralen Begriff die Epimeleia cura sui – übersetzt Selbstsorge. „Erkenne dich selbst" – die Aufforderung des Orakels von Delphi – und „Kümmere dich um dich selbst" seien in der Antike noch zusammengefallen. Gleichzeitig, so Foucault, sei die Selbsterkenntnis nur eine Folge, ein besonderer Fall der Selbstsorge, eine Art ihrer Anwendung. Die Selbstsorge sei das hellenische und römische Prinzip des Denkens gewesen. So ging laut Foucault Sokrates durch die Straßen und habe die jungen Leute aufgefordert, sich um sich selbst zu kümmern. Das Prinzip der Beschäftigung mit sich selbst sei das Prinzip jedes vernünftigen Verhaltens, das Prinzip des aktiven Lebens und das Prinzip jeder moralischen Rationalität (Foucault 1984, S. 32). In der christlichen Kultur zerbricht dieses Prinzip der Epimeleia cura sui und verwandelt sich in die christliche Askese, aus dem Kümmern um sich selbst wird das Freimachen von sich selbst.

Foucault beschreibt die Selbstsorge als eine allgemeine Haltung, eine gewisse Art die Welt zu betrachten, zu handeln und Beziehungen zu anderen zu haben. Zur Selbstsorge gehört die Aufmerksamkeit sich selbst gegenüber, die Umkehrung des Blicks, man lenkt ihn wieder von der Welt auf sich selbst zurück. Insofern ist Selbstsorge immer auch Reflexion. Die Selbstsorge beinhaltete eine Umformung des Selbst und ist demnach eine Form des Lernens, man wird sich selbst zur ständigen Aufgabe. Insofern stehen in diesem Zusammenhang eine Reihe von Praktiken der guten Lebensführung: die Spiritualität, die Meditation, die Erinnerung, die Gewissensprüfung. Mit der Bedeutung der Selbsterkenntnis als Teil der Selbstsorge wird in Foucaults Überlegungen das Verhältnis zum Lehrer und zum Philosophen berührt. Man braucht jemandem, der einem die Wahrheit sagt. Foucault macht aber auch deutlich, dass die Selbsterkenntnis neben anderen Bereichen der Selbstsorge, wie zum Beispiel die Sorge um den Körper und die Gesundheit, die Sorge um das Auskommen, die Ökonomie und die erotische Praxis gleichfalls Dimensionen der Selbstsorge sind. Und zur Pädagogik sagt Lothar Wolfstetter (1984) in Anlehnung an Foucaults Theorie:

„Pädagogik nennen wir, wenn Sie wollen, die Übermittlung einer Wahrheit, deren Funktion darin besteht, irgendein Individuum mit Haltungen, Fähigkeiten, Weisen etc. auszustatten, die es vor der pädagogischen Hilfestellung nicht besaß und die es danach besitzen soll. Wenn also Pädagogik die Beziehung genannt wird, die darin besteht, einem beliebigen Individuum eine Reihe von vornherein bestimmter Haltungen zu verschaffen, dann kann man, glaube ich, Psychagogik die Übermittlung einer Wahrheit nennen, deren Funktion nicht in der Ausstattung eines Subjektes mit Haltungen etc. besteht, sondern darin, die Seinsweise dieses Subjektes zu verändern" (Wolfstetter 1984, S. 59).

Mit dieser Definition des Pädagogischen und des Psychagogischen wird gleichzeitig eine besondere ethische Verantwortung skizziert. Der Psychagoge ist derjenige, welcher zur Wahrheit gegenüber dem Klienten verpflichtet ist. Die Geschichte des psychagogischen Verfahrens habe aber eine Mutation erfahren. Heute werde der Klient einseitig zur Wahrheit verpflichtet.

„In der griechisch-römischen Antike, in der psychagogischen Beziehung liegt das wesentliche Gewicht zur Wahrheit, die Notwendigkeit das Wahre zu sagen, die Regeln, denen man sich, in dem man das Wahre sagt, unterwerfen muss, um das Wahre zu sagen und um die Wahrheit ihre Wirkung entwickeln zu lassen, also die Seinsweisen, Veränderung des Subjektes, auf Seiten des Meisters, des Ausrichtenden, auch des Freundes, jedenfalls auf Seiten dessen, der berät ..." (vgl. Foucault 1984, S. 32).

Dabei wird die Bedeutung des Beraters, der sich hier eher als Philosoph versteht, aus drei Perspektiven beschrieben: aus der Perspektive der Tradition, dies meint den Vorbildcharakter, die Rolle des Beraters als Modell, zum zweiten die Perspektive der Kompetenz, hier geht es um die Übermittlung von Wissen, Haltungen, Prinzipien und schließlich die Perspektive der Widrigkeiten, d. h. der Umgang mit dem Unvermögen, den Grenzen. In der Foucaultschen Philosophie ist Selbstsorge mit Selbsterkenntnis eng, aber nicht vollständig verknüpft. Im Mittelpunkt steht die Frage: „Wer bin ich?" – um sich überhaupt erst einmal mit sich selbst zu beschäftigen. Die Selbstbeschäftigung steht im Dienst der Selbsterkenntnis. Man kann sagen, dass, sobald sich der Raum der Selbstsorge geöffnet hat, sobald das Selbst als die Seele definiert worden ist, der gesamte so geöffnete Raum vom Prinzip „Erkenne dich selbst" geöffnet wird (vgl. Foucault 1984, S. 60). Damit ist Selbsterkenntnis jene souveräne Form der Selbstsorge, die Zugang zur Wahrheit und damit zu weiteren Tugenden wie Gerechtigkeit, Freiheit ermöglicht.

Freiheit und Zuneigung

In der antiken Vorstellung, von der aus Foucault seine Idee der Selbstsorge entwickelt hat, spielt Zuwendung und Zuneigung für die Selbstwerdung eine wichtige Rolle. In Weiterführung der Philosophie von Foucault entwickelt Wolfstetter (1984) in Auseinandersetzung mit Sokrates und der Philosophie der Liebe und in Anlehnung an die Kindheitstheorie des Philosophen Zenon und seiner Lehre der Oikeiosis – des In-sich-selbst-Wohnens und In-sich-selbst-zu-Hause-Fühlens – eine Theorie des Pädagogischen, die sowohl den Einsichten der modernen Bindungstheorie als auch der Anerkennungsethik entspricht. In seiner Reflexion zu Foucaults „aktualisierender Transformation der antiken Philosophie in eine Subjekttheorie", weitet Wolfstetter Foucaults Ansatz aus und formuliert ihn unter Einbeziehung psychoanalytischer Objektbeziehungstheorien, insbesondere der Selbstpsychologie neu. Zenon sei der erste griechische Philosoph, der eine angemessene Kindheitstheorie entwickelt habe, in deren Mittelpunkt der Begriff der Oikeiosis von Oikos/Haus stehe. Erziehung sei demnach der Prozess des häuslich-Werdens in sich selbst – ein gelungenes Bild für das, was die Pädagogik als Identität beschreibt. Aus der mangelnden Kompatibilität mit rationalistischen Theorien sei dieses Bild in den Hintergrund geraten. Im Mittelpunkt der Lehre Zenons steht der Begriff der Zuneigung, als Ausdruck jenes elterlichen Verhaltens, welches praktisch alle Funktionen erfasst, die für die Fürsorge und Versorgung des Kindes nötig sind, die das menschliche Kind aber in seiner geistig-seelischen Qualität erfasst und auf die es wiederum geistig-seelisch antwortet. Das Kind antwortet vor allem auf die seelisch-geistige Qualität der Erziehung und zwar mit Zuwendung und Zueignung.

Zuneigung und Selbstwerdung: die griechische Oikeiosis-Lehre und die Philosophie Foucaults

Auch in der griechischen Philosophie der Kindheit spielt die Anerkennung eine Schlüsselrolle. Sie wird in der Regel durch ein besonderes Interaktionsverhalten ausgedrückt, dass mit Spiegelung beschrieben wird. Die Spiegelung lässt das Kind sich zunehmend als ein eigenes Wesen erfahren. Sie ermöglicht ihm, sich die Eigenschaften der primären Bezugspersonen über Identifikation zuzueignen. Wolfstetter (1984) rezipiert hierzu die Kette der kindlichen Entwicklung der Identität: Zuneigung – Zuwendung – Zueignung – Zugehörigkeit als wesentliche Stadien des Prozesses, den Zenon mit Oikeiosis verband. „Der Inhalt der Oikeiosis ist die von den Eltern durch Zuneigung auf das Kind übertragene Form des intensiven Lebensimpulses, die dieses in Form von Zuwendung an die Eltern zurückgibt und zugleich in sich spiegelt, um sodann diesen gesteigerten Impuls in die Form von Zueignung der parentalen Fähigkeiten und Eigenschaften umzusetzen und dieses zusammengenommen mit den angeborenen Anlagen in sich als Ausgangspunkt zu nehmen, um sich in allgemeiner Form eigenschöpferische Fähigkeiten und Eigenschaften zuzueignen, ein autonomes Selbstwertgefühl, eine Selbstzugehörigkeit auszubilden und so die in sich zentrierte, allgemeine Form der Menschwerdung heranzubilden (Wolfstetter 1984, S. 66).

Sowohl mit der Selbstsorge als auch mit der Selbsterkenntnis bewegt sich die Philosophie Foucaults damit in Übereinstimmung mit der Psychoanalyse. Während aber zum Beispiel Winnicott in seinen Entwicklungstheorien die zugewandte und fürsorgliche Interaktion zwischen Eltern und Kindern darstellt, befasst sich die Psychoanalyse vor allem mit den missglückten Selbstwerdungen, der misslungenen Oikeiosis, wie Wolfstetter es ausdrückt (vgl. 1984, S. 68). Für Wolfstetter macht Freud mit seiner Theorie des Ödipuskomplexes implizit den Konflikt und die daraus resultierende Unmöglichkeit, in sich selbst zu wohnen, zum Ausgangspunkt jeder Kindheit. Im Mittelpunkt steht die gescheiterte Eltern-Kind-Beziehung und die gescheiterte Selbstzuwendung, sowie die Autonomie als einzig mögliche Antwort auf die potenziell traumatische Kindheit. Hass, Vatermord, Kriegsbereitschaft, Inzest – aus der von Freud in „Totem und Tabu" formulierten Psychoanalyse ist ein ganzes Gebäude von Ansichten entstanden, die der Psychoanalyse den Vorwurf Kulturpessimismus eintrugen. Wolfstetter legt hierzu eine wichtige und interessante Umkehrung der Theorien Freuds im Hinblick seines Entwurfes der Oikeiosis vor und zitiert dazu Freuds Definition eines „perversen Urzustandes der Menschheit": „Sie, die Söhne, hassten den Vater, der ihrem Machtbedürfnis und ihren sexuellen Ansprüchen im Wege stand, aber sie liebten und bewunderten ihn auch". Die Beschreibung der Eltern-Kind-Beziehung durch Freud definiert nach Wolfstetter die Beziehung aus der Perspektive der Autorität, die sich selbst genug ist und lasse außer acht, dass die Eltern jene sind, die entfremdet seien und nicht fähig zur nichtnarzisstischen Zuneigung. Damit würden sie den Prozess der Erziehung aber verkehren.

Wolfstetters Überlegungen zur Theorie des Psychagogischen im Rahmen der Philosophie Foucaults haben für die pädagogische Beratung eine besondere Bedeutung, denn mit diesen Überlegungen wird das bisher leitende Konzept der Mündigkeit erweitert um eine besondere emotionale Dimension. Es geht um das Geistig-seelische der Kommunikation, welches eine besondere Qualität darstellt und für sich verändernd wirkt. Und es geht um den Tatbestand, dass Klienten verletzlich sind. Eine rein auf Reflexion und Anleitung zur Selbstreflexion fußende Beratung würde diese Dimension im Beratungsprozess vernachlässigen. Der Verletzlichkeit des Klienten „schuldet" der Berater Respekt. Konsequenz ist wiederum ein ganz bestimmter Methodenkanon und ein ganz bestimmtes Klima, eine Atmosphäre, die für die pädagogische Beratung leitend ist. Im Zusammenhang mit der Anerkennungsethik ist die pädagogische Beratung als Anerkennungsraum definiert worden, als ein Raum, der durch affektive Zustimmung, Ermunterung und Förderung geprägt ist.

Beratung und Wahrheitsfindung

Die bis hierher aufgeführten Prinzipien von Beratung als Wohlberatenheit und Selbstsorge verweisen auf eine andere Gesprächskunst als die Beratungspraxis in der pädagogischen Beratung es derzeit nahelegt – eine Beratungskunst jenseits der Psychologie. Die Selbstsorge verlangt neben hermeneutischen Zugängen nach nicht-psychologischen, nicht-klinischen Begründungen in Bezug auf die praktische Beratungsfähigkeit. In diesem Zusammenhang kommt es dem Anliegen des Buches entgegen, dass insbesondere unter dem Dach der praktischen Philosophie eine Wiederentdeckung der Methode des sokratischen Dialogs stattgefunden hat und dieser in eine Konzeption von philosophischer Beratung einfließt. Die Prinzipien des sokratischen Dialogs sind von Personen wie Leonard Nelson, Gustav Heckmann und Detlef Horster weiterentwickelt worden (Popp 2001) Im Mittelpunkt des sokratischen Dialogs steht dabei das Prinzip der Mäeutik, der Hebammenkunst, eine Methode, die in der Pädagogik vor allem im Bereich der Didaktik der Naturwissenschaften und der Mathematik eine größere Rolle spielt. Die Bedeutung für die pädagogische Beratung liegt in der Art des Verstehens und der Gesprächsführung, wie der sokratische Dialog die Lebenspraxis, den Alltag und die alltägliche Erfahrung einbezieht. Nach Popp steht im Mittelpunkt des Erkenntnisprozesses beim Ratsuchenden die Auseinandersetzung mit falschen Urteilen über die Wirklichkeit. Sokrates zieht in Zweifel. Durch das In-Zweifel-ziehen wird eine Wahrnehmungserweiterung der Ratsuchenden begünstigt. Allerdings wird im sokratischen Dialog nicht belehrt und keine Autorität angewendet außer jener der eigenen Gedanken. Hingegen erhält vernunftgeleitete, argumentierende Prüfung von Hypothesen und Interpretationen der Welt eine zentrale Bedeutung. Mut, Bereitschaft und Fähigkeit zur Selbstkritik und zur produktiven Auseinandersetzung mit Fremdkritik werden dabei zu Tugenden des Beraters.

Popp plädiert in Anlehnung an Horster (1994) für einen erkenntnis- und verständigungsorientierten Dialogs, wobei die Anerkennung aller Beteiligten als gleichberechtigt, die Einhaltung von Regeln der Gesprächsgestaltung, die Verpflichtung auf begründungs- und verständigungsorientiertes Argumentieren und präzises Formulieren Voraussetzung sind.

Als wichtigste Regeln im sokratischen Gespräch werden das Vertreten der eigenen Meinung genannt, die Verständlichkeit, das Zuhören, das Aussprechen von ehrlichen Zweifeln, die aktive Beteiligung am Gespräch und die kritische, authentische Argumentation. Die sokratische Methode ist von Personen wie Detlef Horster vor allem in die Schulpädagogik, die Hochschuldidaktik, die Erwachsenenbildung und die politische Bildung übersetzt worden. Insofern unterscheidet sich das hier entwickelte Modell von der Beratungsinteraktion.

Hingegen sind die Prinzipien der philosophischen Beratung wichtige Regeln für ein auf Mündigwerden fokussiertes Verständnis von Beratung in der Pädagogik.

Zu den in der Antike entwickelten Ideen einer auf Selbstsorge bezogenen Lebenspraxis gehört wie erwähnt die Selbstsorge als ein Prinzip, welches der Philosoph Wilhelm Schmid als „Mit sich selbst befreundet sein" beschrieben hat (vgl. Schmidt 2004).

III Diskurse zur Theorie und Praxis der pädagogischen Beratung

Vor allem aus den historischen Entwicklungslinien zur pädagogischen Beratung sowie aus der von Michel Foucault (1982, 1984) inspirierten Kritik an psychologischen Modellen der Machtausübung haben sich verschiedene Diskurse zur Beratungskritik entwickelt, von denen drei die Beratungsethik und die Frage von Beratung und Macht treffen. Interessanterweise wurden diese Diskurse in der Pädagogik ausführlich rezipiert, obwohl vieles von der foucaultianischen Kritik sich auf Ärzte und Therapeuten bezogen hat. Der erste Diskurs, der hier genannt werden soll, betrifft die Bedeutung der Diagnose in der pädagogischen Beratung, also die Frage, ob die zum Beispiel von Kurt Aurin für die Schulberatung formulierte Logik der Beratung – Diagnose, Prognose, Maßnahme/ Behandlung – wirklich unter dem Dach einer pädagogischen Beratung zu rechtfertigen ist oder ob diese Konzeption nicht die Selektion der Schüler fördert anstatt ihnen zu helfen. Verstehen und diagnostizieren entwickelten sich zu Gegensätzen und nicht wenige Pädagoginnen und Pädagogen ließen zur Diagnose erhebliche Distanz erkennen. Vergegenwärtigt man sich zudem, wie viel in der Arbeit mit Kindern getestet und gemessen wird, so ist die von Mollenhauer in den 1960er Jahren zum Beispiel für die Erziehungsberatung formulierte Kritik, dass diese Beratung kaum noch etwas mit Beratung, dafür um so mehr mit Diagnose und Therapie zu tun habe, richtig. Diagnosen als typisch ärztliche Handlungsform sind in der Pädagogik also umstritten und verweisen auf einen hoheitlichen, objektivierenden und die Innenwelt des Klienten vernachlässigenden Beratungsansatz. Umgekehrt ist das Recht, Tests in der Beratung anzuwenden und auszuwerten immer noch ein professionelles Unterscheidungsmerkmal. Vor allem die der pädagogischen Beratung benachbarte pädagogische Psychologie bezieht Teile ihres Selbstverständnisses in der Anwendung von wissenschaftlichem Regelwissen in Feldern der Beratung, die durchaus als pädagogisch gelten, die aber die Psychologie für sich reklamiert.

Der historisch älteste, bis in die 1970er Jahre zurückreichende Diskurs ist die Debatte um die Therapeutisierung von Beratung. Therapeutisierung ist ein Machtbegriff. Im Kern steht der Vorwurf im Raum, dass sich durch die Beratung selbst die Sichtweisen auf das Problem wandeln. Die Beratung macht den

Klienten zum Problem, nicht die Sache, das Thema und der Gegenstand der Beratung verändern sich – vom Klienten, der ein Problem hat, zum Klienten, der ein Problem ist. Die Therapeutisierung dient umgekehrt den professionellen Interessen, da Therapie immer noch den Professionen und Beratung vielfach den Semiprofessionen zugeordnet wird. Im Mittelpunkt der Kritik steht dabei das Verhältnis von Diagnose und Verstehen, anstelle des Verstehens im Beratungsprozess würde durch Diagnosen ein Verfahren der Verobjektivierung der Klientinnen und Klienten gewählt.

Der zweite Ansatz der Beratungskritik bezieht sich auf die Verwendung des psychologischen Wissens und der psychologischen Techniken im politisch administrativen System (Schmitz/Bude 1989), in der Beratung vor allem im amtlichen Kontext. Dieser Ansatz, der sich auch kritisch vor allem auf systemische Konzepte von Beratung als Steuerungsinstrument in Organisationen bezieht, zeigt auf, dass verstehende und einfühlende Kommunikation sich verändert, wenn sie unter amtlichen Bedingungen mit amtlichen Akteuren stattfindet (z. B. Kasakos 1981). Neben diesen Diskursen ist die generelle Kritik von Foucault aus den 1980er Jahren zu berücksichtigen, die sich mit der „Seelenführung" als eigener Machttechnik kritisch auseinandersetzt.

Dazu tritt in der Erziehungswissenschaft die alltagstheoretische Debatte, die Genderdebatte, die interkulturelle Debatte und die Selbstverantwortungsdebatte, die vor allem ressourcenorientierten und lösungsorientierten Beratungsansätzen zu großer Zustimmung verholfen hat.

Macht und Diagnose

Mit diesem Dilemma der Machtausübung durch eine Umdefinition der sozialen Wirklichkeit des Klienten in der beraterischen Situation sowie mit dem Umgang der faktischen Komplementarität in der beraterischen Interaktion hat sich aus berufsethischer Sicht bereits in den 1970er Jahren Wilhelm Mader befasst (vgl. Mader 1976). Stichworte seiner Arbeit betreffen die Gegebenheiten der Machtausübung in der beraterischen Situation und Interaktion zwischen Klient und Berater vor allem durch die Anwendung des Instrumentes der Diagnose. Erinnert man sich an die hohe Bedeutung, die der Diagnose zum Beispiel in der Schulberatung eingeräumt wird, so verschwindet in der Beratung, die sich vor allem als Prozess bestehend aus Diagnose, Prognose und Maßnahme versteht, das narrativ reflexive Gespräch. Durch ihre naturwissenschaftliche Begründung und ihre Wurzeln in der Medizin sind Diagnosen belastet. Sollten früher durch Diagnosen (z. B. in den Jugendsichtungsstellen) vor allem abnorme Charaktereigenschaften festgestellt und entsprechende Maßnahmen der Verwahrung getroffen werden, wandelte sich die Diagnose in den 1950er und 1960er Jahren zur Charakterkunde. „Die ältere Psychodiagnostik hatte in der Tradition der sogenannten Charakterkunde, vor allem das Ziel die Persönlichkeitskonstitution, das heißt die für eine Person charakteristischen Eigenschaften, Fähigkeiten und Merkmalssyndrome, zu identifizieren und in Form strukturierter Persönlichkeitsgutachten festzuhalten", (Krapp 1980, S. 77). Nicht nur die alte Konstitutionsforschung (vgl. Gröning 2009b) in den Erziehungsberatungsstellen hat sich anstelle von Beratung also vorwiegend auf Diagnose und Maßnahme verlassen, die Dominanz der Diagnose lässt sich weit bis in die 1970er und 1980er Jahre zurückverfolgen – auch im Bereich der pädagogischen Beratung. Einer ihrer wichtigen Vertreter ist wohl der Psychoanalytiker Helmut Junker, der die Beratung in den 1970er Jahren entscheidend beeinflusst hat. Helmut Junker ist Verfasser des Lehrbuchs „Das Beratungsgespräch – Zur Theorie und Praxis kritischer Sozialarbeit" (vgl. Junker 1978) und hat gemeinsam mit Rainer Bastine, Christoph Wulff und Walter Hornstein (1977) das „Funkkolleg Beratung in der Erziehung" herausgegeben. Helmut Junkers Lehrbuch „Das Beratungsgespräch" (1978) ist ein deutlich auf der psychoanalytischen Charakterkunde aufbauendes Werk, was keine sozioökonomische und lebenslagetheoretische Fundierung enthält und die Klienten der Sozialen Arbeit vor allem im Kontext der Psychopathologie und der psychoanalytischen Charakterkunde betrachtet. Neurotische Depressionen, Zwangsneurosen, neurotische Angstzustände etc. werden aufgeführt, einschließlich ihrer Interaktion. Für Sozialarbeiter, die in der Psychiatrie oder mit psychisch kranken Menschen arbeiten, ist dies sicherlich hilfreich. Eine Generalisierung auf die gesamte Sozialarbeit ist jedoch problematisch. Junker bleibt mit seinem Ansatz von Beratung in der Sozialarbeit im psychopathologischen Kontext und buchstabiert den Prozess des Verstehens in der Beratung als diagnostischen Prozess. Diese Herangehensweise meinte Wilhelm Mader, wenn er vor der vermeintlichen Sicherheit der Diagnosen in der pädagogischen Beratung warnte.

Aufbauend auf Nagel (1975) und Houben (1975) und ihrer Kritik der Therapeutisierung als besondere Machtkultur problematisiert Mader zweitens die Machtfrage in der Beratungsbeziehung und weist darauf hin, dass der Ratsuchende ein Problem hat, während den Berater das Verhältnis interessiert, das der Klient zu seinem Problem hat. Mit dieser Formulierung beschreibt Mader zutreffend die erste Brechung im professionellen Blick. Der Berater hat eine Art Meta-Stellung inne, mit der Perspektive, wie der Klient sich zu seinem Problem verhält. Diese Meta-Stellung ist besonders bei systemischen Ansätzen in der Beratung gegeben, von denen später noch die Rede sein wird. Was in der systemischen Beratung aber zur professionellen Methode zählt, zählt Mader in seinem Aufsatz zur Macht, die hier als besondere professionelle Diagnose-Technik auftritt.

Maders Absicht ist es, in einer Theorie zur Beratung beiderseitige Handlungsreduktionen zu verrechnen und auf dieser Basis eine Theorie der Spannung zwischen der Perspektive des Klienten und derjenigen des Beraters herauszuarbeiten. Er nimmt für die Beratungssituationen die Doppelstruktur des alltäglichen Wissens als tragend einerseits, hier ist die Leitfadenfunktion des Alltags angesprochen, und die Struktur der theoretischen Reduktion als künstlich andererseits an. Jeder der Beratungssituationen aus der Klientenperspektive kennt, weiß, dass der Berater/die Beraterin „einen Fokus legt", also einen Konflikt, eine Situation, eines Szene genauer analysiert oder deutet oder beschreibt oder exploriert, um hier ein Muster herauszuarbeiten, eine Logik zu verstehen oder eine verborgenen Sinnzusammenhang zu entdecken. Die Folge dieser Reduktion ist, dass das Handeln und Fühlen der Klienten verzerrt, übertrieben, pointiert erscheint. Womit dem Klienten/der Klientin einerseits zur Erkenntnis verholfen werden kann, zum anderen ist diese Reduktion aber auch die Quelle der größten Verunsicherung und manchmal des Gegenteils, d. h. sie kann Scham auslösen und Verwirrung. Die durch die Reduktion eingetretene Verzerrung, Übertreibung und Pointierung kann durch die Beratung verfestigt werden, auf deren Basis können dann falsche Lebensentscheidungen getroffen werden. In der Reduktion, so beschreibt der Verfasser eindringlich, liege nicht nur die Gefahr, sondern das Faktum von Etikettierung und eine von der Lebensgeschichte, dem Eigensinn und der eigenen Ordnung der Ratsuchenden wegführende Abstraktion, die zugleich als Verhinderung von Problemlösungen wirksam werden könne.

Als Möglichkeit und Ausweg schlägt Mader eine andere psychoanalytische Perspektive vor, die stärker narrativ und rekonstruktiv ist. Erst wenn das Unbewusste eines Konfliktes quasi erschlossen sei, könne dieser Kontext der Erzählung des Klienten eingeschätzt werden. Dabei legt Mader folgenden Beratungsprozess zugrunde:

- Der/die Ratsuchende legt eine Ordnung von Beschwerden vor und verteidigt diese,
- die Wechselwirkung des Verhältnisses Berater/Klient erschließt das Unbewusste des Konfliktes,
- der Deutungsarbeit kommt deshalb hoher Stellenwert zu, weil sie die „Als-ob-Interaktion" zwischen Berater und Ratsuchendem verändert,
- über die Deutung entscheidet der Ratsuchende mit.

Der Macht der Diagnose im Beratungsprozess will Mader demnach durch eine wahrhaftige Beziehung in der Beratung begegnen und auf diese Weise das ethische Dilemma lösen. Der Berater müsse sich real auf die Beziehung zu den Ratsuchenden einlassen, denn hier liegt nach Auffassung Maders die Wahrheit des Beratungsprozesses verborgen. Methoden und Diagnosen sind keine Mittel zum Versteckspielen.

Beratung als Psychotechnik oder interdisziplinäres Fallverstehen?

Dass die Rolle der Diagnose im Zusammenhang von Beratung in der Pädagogik auch heute noch bedeutend ist, zeigt eine aktuelle Debatte zwischen dem pädagogischen Beratungswissenschaftler Bernd Dewe und Emil Schmalohr, einem Vertreter der Pädagogischen Psychologie. Schmalohr beabsichtige, so Dewe, das pädagogische Handlungsfeld quasi zu okkupieren (vgl. Dewe/Winterling 2005, S. 132), indem er definiert, dass psychologische Beratung die Anwendung der akademischen Psychologie auf Arbeitsgebiete und Felder öffentlicher Beratungsstellen darstelle, die in den Bereichen Schwangerschaft, Ehe, Familie, Erziehung, Schule, Beruf, Behinderung, Hochbegabung, Abhängigkeit, Scheidung, Altern und Sterbebegleitung zum Tragen komme (Dewe/Winterling 2005, S. 132). Ganz abgesehen davon, dass Schmalohr hier vom Mutterleib bis zum Friedhof die biografischen Krisen, Konflikte und Entwicklungsaufgaben für das Feld der Psychologie reklamiert, definiert er Beratung strikt als Anwendung der akademischen Psychologie auf die menschliche Biografie. Der Pädagogik spricht er quasi das Recht ab, eine eigene Beratung, auch im engen Bereich von Erziehung, Kindheit, Jugend, Lernen o. ä. begründen zu können, da die Pädagogik sich nicht als akademische Disziplin ausweisen könne. Sie sei ein Zwischending zwischen Kunstlehre und Wissenschaft. Die Ohrfeige an die Pädagogik, die Emil Schmalohr hier austeilt, wird von Bernd Dewe zwar zurückgewiesen, wenn er auf eine strapazierten Legitimationsdiskurs zwischen Pädagogik und Erziehungswissenschaft verweist und gleichzeitig die in Bezug auf die Berufsfeldgrenzen weicheren Kollegen Brunner und Schöning (1999) zitiert, die sich für eine allgemeine Lebensberatung aussprechen und die Fachspezifika von Beratung problematisieren, aber es geht bei dieser Debatte auch um die Anerkennung und die Zukunftsperspektiven von akademisch und universitär ausgebildeten Pädagoginnen und Pädagogen, weshalb dem Beratungsverständnis von Emil Schmalohr etwas mehr Aufmerksamkeit gewidmet werden sollte. Die Beratungsforschung und die Beratungskritik, so wie sie in der Erziehungswissenschaft formuliert worden ist, kann nämlich aufzeigen, dass Beratung, die sich lediglich als Anwendung akademischen Regelwissens auf ratbedürftige Personen versteht, aus der alten Falle des klinischen Beratungsverständnisses nicht herauskommt. Die vordemokratische Praxis vor allem in den Erziehungsberatungsstellen der Weimarer Republik (und nicht nur hier) war nämlich so eine typische Praxis der Anwendung von akademischem Wissen auf den Einzelfall. Das Hilfeangebot für Kinder und Eltern mit Erziehungsproblemen bestand eben nicht in der Kunst, diese zu verstehen, sich zu identifizieren und ihnen bei der Bewältigung ihrer Entwicklungsaufgaben zu helfen, sondern die Verobjektivierung durch Wissenschaft entfaltete eine eigene normative Wirkung der Selektion und Verwahrung. Ein Beratungsverständnis, welches sich mit der Anwendung von wissenschaftlichem Regelwissen auf ratbedürftige und hilfesuchende Menschen zufriedengibt, ist in großer Gefahr, diese zu verfehlen. Eine ausschließlich sich aus wissenschaftlichem Regelwissen und ihrer Anwendung konstituierende Beratung, wie sie Schmalohr für die psychologische Beratung reklamiert, ist deshalb nicht nur unpraktikabel, sie ist eben durch die Dynamik, die wissenschaftliches Wissen in der Lebenswelt als Diagnose und Testergebnis entfaltet, durch ihre Art der Verobjektivierung äußerst vorsichtig zu sehen. Jeder Test, jede Prognose produziert notwendig unverstandenes Material, bestimmte wichtige Dimensionen der Personen werden nicht zu den Testergebnissen passen. Sie stellen, wie Gabriele Rosenthal es in ihren Forschungen zur Biografie gesagt hat, unverstandenes Material dar (Rosenthal 1995). Rosenthals gestalttheoretischer Forschungsansatz zur Biografieforschung ist deshalb interessant für die Entwicklung einer Beratungstheorie, weil dieser Ansatz das unverstandene Material nicht wegstrukturiert, sondern in die Gestalt des Falles integrieren will. Bezogen auf Beratung hieße das, alles was z. B. ein psychometrischer Test nicht aufklärt, was an Fragen bezogen auf den Fall übrig bleibt, darf nicht wegstrukturiert werden, sondern ist in den Fall zu integrieren. Notwendig ergänzen dann verstehende und qualitative Verfahren die Tests und Diagnoseinstrumente. Auf deutliche Weise gilt dann das, was Hans Bude über das pädagogische Handeln allgemein gesagt hat, dieses verwirklicht sich nach Bude (1985, S. 528) in der Vermittlung von allgemeinem Regelwissen und individuellem Fallverstehen. Beratung als ausschließliche Anwendung akademischen Regelwissens wäre demnach nur eine halbierte professionelle Praxis, weil sie unverstandenes Material nicht in den Einzelfall integriert, sondern unter den Tisch sich fallen lässt und sich statt dessen auf die Vermittlung in Maßnahmen konzentriert. Streng genommen handelt es sich beim so verstandenen Vorgehen in Beratungsstellen (insbesondere in der Erziehungsberatung, in der Berufsberatung, insofern die psychologischen oder ärztlichen Dienste involviert sind, und in ähnlichen Beratungsformen unter dem Dach des SGB) dann nicht um Beratung, sondern um eine Psychotechnik. Besonders giftig wäre diese Psychotechnik, die sich Beratung nennt dort, wo sie sich zum einen aus der Anwendung von wissenschaftlichem Wissen in Form von Tests und Diagnosen/Prognosen zusammensetzt und auf der anderen Seite eine manipulative, normative und an Maßnahmen und normativen Vorstellung orientierte Gesprächsführung aufweist. Umgekehrt kann die These aufgestellt werden, dass jede Form des Beratens Elemente der Kunst und der Pädagogik aufweisen muss, die eben, wie Hans Bude es sagt, in der Vermittlung von allgemeinem Regelwissen und pädagogischen Fallverstehen liegen. Bude weist darauf hin, dass das individuelle Fallverstehen in der Praxis in Form von Deutungen wirksam wird. Diese Deutungen stellen immer Gegenhorizonte zum Denken und zu den Realitätskonstruktionen des Klienten dar. Es geht also bei der Beratung auch um das Verhandeln von Horizonten und Wirklichkeitsauffassungen, was wiederum eng mit Bildung und Aufklärung verbunden ist.

Die Therapeutisierung der pädagogischen Beratung

Dass Beratung, auch die pädagogische Beratung, mit einer kleinen Therapie, einer Form der Therapie oder gar einer trivialisierten Therapie gleichgesetzt wird, ist auf verschiedene Faktoren zurückzuführen: Zu nennen ist der enorme Erkenntniszuwachs der Psychologie in den 1960er und 1970er Jahren. Insbesondere die Popularisierung der Methoden und der Erkenntnisse der Humanistischen Psychologie haben die Bedürfnisse der Professionellen in verschiedenen sozialwissenschaftlichen Berufen zum einen nach wirksamen Methoden befriedigt, zum anderen ist die Psychologie aber auch den professionellen Interessen und Aufstiegsinteressen von Lehrerinnen, Sozialarbeiterinnen und Pädagogen entgegen gekommen. Gleichzeitig hat die „psychologische Erzählung" die „gesellschaftskritische Erzählung" teilweise ersetzt. Am Beispiel der Supervision lässt sich die Entwicklung von der Gesellschaftskritik zur Psychologie u. a. gut nachzeichnen.

In seiner Habilitationsschrift zur Gruppensupervision reflektiert in diesem Zusammenhang Adrian Gaertner das theoretische Selbstverständnis der Supervision, seit sie in Deutschland Ende der 1950er Jahre bekannt geworden ist (vgl. Gaertner 1999). Dabei beschreibt er die erste Phase der Etablierung der Supervision in Deutschland als vom beruflichen Laufbahngedanken und von der Vorstellung einer professionellen Autorität geprägt: Supervision als Hilfestellung zur Erlangung beruflicher Reife, als permanente Reflexion im Dialog mit einer fachlichen und professionellen Autorität. „Reife" ist dabei konzipiert als Summe verschiedener professioneller und moralischer Tugenden wie Einfühlungsvermögen und Hilfsbereitschaft, Verantwortung, Entscheidungsfreudigkeit, Geduld und Vorurteilsfreiheit. Diesem Modell der Supervision wohnt implizit die Vorstellung permanent geistiger und seelischer Führung der Professionellen durch die Klasse von Supervisoren inne, wodurch das Arbeitsleben zur Abstammungslinie, zur scheinbar natürlichen Abfolge von Generationen wird. Die nächste Generation kann nach diesem Modell in dem Maße selbst entscheiden und handeln, in dem sie die Regel der Vorgängergeneration verinnerlicht hat – für die sich international öffnende und modernisierende westliche Gesellschaft kein Erfolg versprechendes Modell. Schon aus reinen Modernisierungsgründen musste dieses patriarchalische Konzept der Supervision scheitern. Eigentümlicherweise ist dieses Modell, so Gaertner, aber weder an der politischen Dekonstruktion in den 1970er Jahren noch an der ökonomischen Modernisierung zugrunde gegangen, sondern an einem höchst eigentümlichen kulturellen Phänomen. Die Supervision geriet in den Sog des Psychobooms, eine die Intellektuellen der Bundesrepublik zunehmend prägende Kultur. Im Gegensatz zur politisch geprägten Generation der 68er wird der Psychoboom der 1970er Jahre als Rückzug von der Politik in die Psychologie, in die Innerlichkeit bewertet. Die politische Auseinandersetzung mit der Generation der Väter, mit der Adenauer-Republik und mit der Entwicklung der Bundesrepublik zerbrach unter dem Einfluss zunehmender Radikalisierung, insbesondere unter dem Einfluss des Terrorismus. Suche nach Spiritualität, mehr Kulturkritik als Gesellschaftskritik, vor allem aber die Geschlechterfrage und der Feminismus – das Private ist politisch – traten an seine Stelle.

Gleichzeitig formulierte sich die seit Mitte der 1970er Jahre abzeichnende ökologische Frage und das „Nord-Süd-Problem" wiederum oft als spirituelle Suche.

Gaertner skizziert die Konsequenzen dieser Entwicklung der 1970er-Generation in eine Kultur des Psychologischen deutlich. Eine Generation, die seiner Ansicht nach die Botschaft der politischen Aufklärung und der Psychoanalyse weder ausgehalten hat noch transformieren konnte. Die Angst vor dem Negativen der Mündigkeit, die relative gesellschaftliche Isolation als politisch „Linke", die Askese als Anforderung an die Intellektuellen war offensichtlich zu wenig attraktiv. Statt dessen trat die 1970er-Generation eine Flucht in eine kindliche Haltung an, die sich in der Psycho-Kultur ihren symbolischen Ausdruck verschaffte: „All you need is love." Gleichzeitig – und dies ist das eigentliche Ziel von Gaertners Kritik – verbirgt sich im juvenilen Habitus der Post-68er-Generation des Psychobooms vor allem Narzissmus und ein eigentümlicher Wille zur Macht, wobei die Machttechnik eine individualisierende und psychologisierende ist. Das hat den Vorteil, dass sie sich dem Diskurs verschließen kann. Wie schrieb Fritz Perls: „Ich bin ich und du bist du. Ich gehe meinen Weg und du gehst deinen Weg, etc., etc." Für Gaertner ist es diese Kultur des Psychobooms, welche der Beratung ihren politischen Kern raubt und sie deshalb als reflexive Methode misslingen lässt.

Insbesondere das Kaleidoskop von Dutzenden Schulen der Humanistischen Psychologie erscheint seitdem sowohl bei Beratungskonzepten, als auch bei den Methoden bestimmend. Nachdem 1974 Carl Rogers mit seinem Buch über „non-direktive Gesprächstherapie als Beratung" Beratung mit Therapie gleichgesetzt hat, als sei Beratung in der Therapie aufgegangen, als sei Therapie das Tiefere, Professionellere und als sei jeder Psychotherapeut auch ein guter oder doch zumindest gut ausgebildeter Berater, entsteht der Eindruck, als orientierten sich sozialpädagogische Praktiker in ihren beruflichen Weiterentwicklungswünschen und Selbstverständnissen am Modell des (kleinen) Therapeuten.

Neben den berufspolitischen Interessen der Sozialpädagogen und Sozialarbeiter kommt den therapeutischen Konzepten aber vor allem eine inhaltliche, hochbrisante Bedeutung zu: zu eigen ist ihnen die Hinwendung zum Ich des Ratsuchenden, die Abstraktion von seinen sozialen Problemen, die Umdefinition von sozialen und ökonomischen Mängeln zum inneren Erleben, zur Lebensgeschichte, zur Vergangenheit.

Ungeachtet der Kritik der Therapeutisierung (Halmos/North 1975) haben therapeutische Ansätze, Denkweisen und vor allem Anordnungen ihre Orte längst verlassen und sich in therapiefremden Kontexten, insbesondere im Arbeitsleben als Fortbildung oder Fachberatung einen Platz verschafft (vgl. dazu auch Bude 1988). Sie entfalten hier eine schwierige, teilweise klientelifizierende Wirkung, weil die Freiheit des therapeutischen Kontraktes als seine zentrale Säule durch die Arbeitspflichten unterlaufen bzw. aufgehoben wird. Schließlich wird Kritik an beruflichen Gegebenheiten mit den Mitteln psychologischer Definitionsmacht individualisiert (vgl. dazu auch Selvini-Pallazzoli 1984, Leuschner 1988), indem Mitarbeiter, nicht mehr Organisations- bzw. Institutionsstrukturen, als krank und veränderungsbedürftig definiert werden.

Die psychologische Beratung

Probleme der psychologischen Beratung beschreiben Enno Schmitz, Hans Bude und Claus Otto (1989) in einem Aufsatz über Beratung als „Praxisform angewandter Aufklärung". Sie problematisieren den Beratungsprozess in einer öffentlichen Erziehungsberatungsstelle, welcher aus Klientelifizierung, Pädagogisierung und Ausnutzung des institutionellen Status gegenüber den Ratsuchenden besteht. Als handlungsleitendes Moment tritt dabei das eigene berufliche Ideal des frei praktizierenden Therapeuten auf, sowie die Realität institutioneller Abhängigkeiten des Beraters, die eine unheilvolle Allianz eingehen. Besonders da, wo berufliche Realitäten mit persönlichen Idealbildern und beruflichen Zukunftsmodellen auseinander klaffen, bedeutet der professionell gering gesicherte und normativ wenig buchstabierte Begriff von Beratung einen Freiraum für berufliche Illusionen über die eigene Aufgabe, an deren Ende ein destruktives Zusammenspiel zwischen den professionellen Interessen von Beratern und den Hegemonieinteressen von Institutionen steht. Die Ausführungen der Autoren Schmitz, Bude und Otto beziehen sich auf einen Fall von Beratung (1989, S. 125), der aus einer öffentlichen Beratungsstelle für Erziehungsberatung stammt. Es berät ein Sozialarbeiter mit familientherapeutischer Zusatzausbildung i.A.

eine alleinstehende Mutter, 36 Jahre alt, Pharmaziestudentin, die wegen Schwierigkeiten mit ihren beiden pubertierenden Kindern eine Beratungsstelle aufsucht, die ihr von der Schule empfohlen worden war. Wegen seines undisziplinierten Verhaltens werde vor allem der 13-jährige Sohn nicht an einer Klassenfahrt teilnehmen. Aber auch die 15-jährige Tochter scheint in einer schweren Adoleszenzkrise zu leben. Ein Abschiedsbrief und ein Röhrchen Valium sind bei ihr (mit Zeitabstand) gefunden worden. Die Mutter, die neben dem Verdienst des Lebensunterhaltes, neben dem Studium und der Reproduktionsarbeit wenig Möglichkeiten sieht, auf ihren Sohn aufzupassen, trifft nun auf einen Berater, der schnell mit der systemischen Metapher des Mobiles den Fall interpretiert. Die Probleme, die der Sohn in der Schule hat, werden familiendynamisch gedeutet, die Klientin kann sich hier nur anschließen oder den Kontakt abbrechen. Die Therapie wird mit Sätzen wie „Das betrifft Sie sicherlich alle drei, jeder tut ein Stückchen mit dazu, dass das irgendwo hakt", „Die Möglichkeit ist, dass sich da jemand dazusetzt und das noch mal ganz frei sieht, ohne dass er beteiligt ist" (vgl. Schmitz, Bude, Otto 1989, S. 133) begründet. Diese Andeutungen ziehen sich durch das Erstgespräch, ohne dass vor allem der ratsuchenden Mutter selbst klar wird, wie der Berater über ihr Problem denkt, außer dass es „irgendwo hakt". Es wird nicht eine gemeinsame Interpretation für diesen individuellen Fall und ein auf den Fall abgestimmter Handlungsvorschlag entwickelt, sondern die Ratsuchende wird, so die Autoren, zum Problemträger gemacht, für die die Institution dann das richtige Problemlösungsprogramm – nämlich systemische Therapie anzubieten hat. Der Berater sei vom Handlungsprogramm der Institution bestimmt und die Klientin geht mit der Unklarheit nach Hause, zu wissen, dass sie an den Problemen ihrer Kinder irgendwie beteiligt ist, jedoch ohne die Denkweisen und die Diagnosen der Berater zu kennen und ohne dass über diese Diagnosen verhandelt werden könnte. Die Autoren kommen zu dem Ergebnis, dass die Klientin in der Beratung dazu gebracht werden müsste, anzuerkennen, die Probleme zu haben, für die die Institution die Lösung bereit stellt (Schmitz, Bude, Otto 1989, S. 142). Demgegenüber betonen die Autoren, dass Beratung in der Beschaffung und Begründung von lebenspraktischen Entscheidungen bestünde. Eine Person begebe sich in Beratung, weil ihr plausible Begründungen für drängende Entscheidungen fehlten. Die Leistung des Beraters bestünde darin, die „Welt des bisher Erkannten, hin auf eine Welt des noch Erkennbaren zu öffnen" (Peirce 1967/70 n. Schmitz, Bude, Otto 1989, S. 142). Dieser Anspruch an Beratung als Aufklärung wird professionell konterkariert, wenn von den Klienten quasi verlangt wird, dem Berater in der ersten Phase der Beratung zu folgen und später die Denkweisen des jeweiligen Therapiegebäudes quasi zu assimilieren. Und noch einen weiteren Punkt merken die Autoren kritisch an. Der Berater habe nicht das Recht quasi im Beratungsprozess selbst die Zustimmung des Klienten zum Vorgehen einzufordern. Eine Grenze zwischen der Situation der Beratung und der Lebenspraxis müsse gezogen werden. Die Übersetzung der Ergebnisse der Beratung in die Lebenspraxis obliege dem Klienten, da die Umsetzung der Beratung in die Lebenspraxis stets eine riskante Entscheidung sei.

Die Widersprüche der amtlichen Beratung

Unter jenen, die im Bereich der pädagogischen Beratung theoretisch tätig sind, hat sich in den letzten zehn Jahren ein gemeinsames Verständnis des Kontextes von Beratung als besonderes Problem der Qualität pädagogischer Beratung entwickelt. Diese Kontextbedeutung bezieht sich zum einen auf empirische Studien zur pädagogischen Beratung, insbesondere auf Studien im amtlichen Zusammenhang der Jugend- und der Sozialhilfe. Zum anderen sind sozialstaatskritisch-theoretische Einsichten hier maßgeblich, die unter anderem auch auf Foucault zurückgehen. Dazu gehört die so genannte Expertokratiedebatte und die Debatte um die Besonderheit der sozialen Dienstleistungen, die seit den 1980er Jahren geführt wird. Im Folgenden sollen die Ergebnisse der empirischen Studien sowie die theoretischen Diskussionen zu diesem Problemkreis wiedergegeben werden.

Beim Stichwort pädagogische Beratung zuerst an personenbezogene und institutionell gering determinierte, einfühlende Interaktionsformen zu denken, wie es einem professionellen pädagogischen Selbstverständnis nahe kommt, entpuppt sich bei näherer Betrachtung durchaus nicht als die Regel. Quantitativ und qualitativ bedeutende Beratungstypen finden in solchen institutionellen Kontexten statt, in denen Selbstfindung und Selbstentscheidung eine schlecht bestimmbare Größe sind, in denen staatliche Kontrolle im kustodialen wie im überwachenden Sinne qua Gesetz festliegen. Insbesondere die Sozialgesetze Bundessozialhilfegesetz, Arbeitsförderungsgesetz, Kinder- und Jugendhilfegesetz räumen ihrem Klientel einen Beratungsanspruch ein, der sich als personenbezogener ausgibt. Gleichzeitig wird gerade in diesen Einrichtungen die Beratung besonders kritisiert. Hier finden sich Bürokratismus, Wirkungslosigkeit, Übergriffe und Kontrolle. Im amtlichen Kontext zu beraten, bedeutet demnach in einem besonderen Kontext, der Grundidee pädagogischer Beratung zuwiderlaufenden Kontext zu beraten. Eine wichtige Untersuchung zur Beratung im amtlichen Zusammenhang hat Ende der 1980er Jahre Gerda Kasakos durchgeführt. Mehrere Monate lang hat sie die Beratung im Jugendamt teilnehmend beobachtet, genau protokolliert und war auch in Teamgesprächen anwesen, als die Beratungen reflektiert wurden. Gerda Kasakos ist es mit ihre Studie gelungen einen tiefen Einblick in die Mikrostrukturen von Beratungsprozessen, ihre

Widersprüche und „Fußangeln" zu geben. Sie zeigt einmal mehr, dass Beratung einer besonderen Ethik bedarf und dass die von Brumlik entwickelte Theorie der advokatorischen Ethik konkret auf die Arbeitsbedingungen d. h. den Kontext der pädagogischen Institutionen heruntergebrochen werden muss.

Als zielloses Hin und Her, als scheinbar oberflächlicher Plausch über Lebensprobleme, geprägt von Unverbindlichkeit erscheint Beratung nach Beobachtungen von Kasakos (1988) in der Familienfürsorge. Dominiert durch die Zwitterstellung zwischen vertraulichem Gespräch und amtlicher Strategie sei alles, was in der Sprechstunde geschehe, mit einer fundamentalen Doppeldeutigkeit belastet. Am Ende der Beratungen würden Gesprächsresultate als Daten über die Ratsuchenden festgehalten, wodurch jede Antwort und Äußerung der Ratsuchenden sich als mögliche Gefahr gegenüber ihrer eigenen Interessenlage entwickeln kann. Nach den Beobachtungen von Kasakos hält der Berater das Gespräch in der Schwebe. Seine Haltung ähnle der eines Verkäufers, der Töne der Mitmenschlichkeit von sich gebe, ohne wirklich persönlichen Anteil zu nehmen. Gleichzeitig mit der angewandten Technik des mitfühlenden Zuhörens würden die anfallenden Informationen aktengerecht registriert und fällige Maßnahmen geplant. Kasakos begreift diese Doppelstruktur mit anschließenden berufstypischen Affekthandlungen, gemeinsam mit den Berufskollegen gegen das Klientel, als Ausdruck des strukturellen Konfliktes der Sozialarbeiter/Familienfürsorger zwischen situativem und amtlichem System. In Anlehnung an die Bezüge der Systemtheorie entwirft die Verfasserin die verschiedenen interdependenten Ebenen von Handlung im amtlich institutionellen Kontext, die betroffene Sozialarbeiter/innen mit der Umschreibung „dazwischengelagert" treffend kennzeichnen. Persönliche Identifikation oder auch Abgrenzung zu Klienten liegt strukturell quer zur Ebene des gesetzlichen Auftrages, zur Ebene der öffentlichen und/oder internen Handlungsnormen, zur beruflichen Sozialisation, zu professionellen Werten und berufsspezifischen Orientierungen. So entsteht eine Kommunikationsstruktur, die geprägt ist von *double-binds,* von Andeutungen, von Phrasen und Ritualen.

Festgehalten wird ferner ein zwischen Beratern und Ratsuchenden existierender struktureller Interessensgegensatz, wobei sich die Abhängigkeit des Ratsuchenden vom Berater nicht nur auf die Möglichkeit der Leistungskürzung bezieht, sondern auch in Bezug zu der Entwicklung einer immer komplexer werdenden Umwelt zu sehen ist. Dass die Beratung zudem auch dann stattfinden kann, wenn der Ratsuchende gar nicht beraten werden will, bedeutet nur einen weiteren Faktor, der die Beratung in amtlichen Kontexten zur Inszenierung mit immanenten *double-binds* werden lässt.

Beratung und Therapie als Seelenführung

In seinen philosophischen Arbeiten zur Mikrophysik der Macht und zur Hermeneutik des Subjektes hat Michel Foucault (1982, 1984) sich zum Verhältnis des Einzelnen und des staatlichen, auch wohlfahrtsstaatlichen Apparates, theoretisch positioniert. Foucaults Überlegungen zur Person und zur Subjektivität gründen auf der Vorstellung einer Ethik der Freiheit, die als gelebte Selbstsorge, als Fähigkeit, sich um sich selbst zu kümmern, praktisch wird – eine Fähigkeit, die sich aber erst in der Beziehung mit anderen entfalten kann, weshalb Menschen den Dialog, die Zuwendung und das Gespräch brauchen. Gleichzeitig hat Foucault vor allem die christliche Idee des Selbstverzichts in verschiedenen seiner Arbeiten scharf kritisiert, da die Idee eines auf sich selbst verzichtenden Lebens vor allem eine umfassende psychische Abhängigkeit anderen gegenüber bedeute. Bereits die Idee des Selbstverzichts wird in den Arbeiten Foucaults als Machttechnik beschrieben. Am deutlichsten hat Foucault sich mit dem Dilemma der psychischen Abhängigkeit in seiner Arbeit zur Pastoratsmacht, als einer besonderen Form der psychischen Machtausübung und der Seelenführung befasst. Foucaults ethische Kritik ist für jede Beratung wichtig, denn die Beratungsinhalte, die Formen des Explorierens, des Fragens, der Führung des Gespräches können im Sinne der Selbstreflexion ausgeübt werden und zur Mündigkeit führen, sie können aber auch zum Schuldgefühl, zum Geständnis, zur Abhängigkeit werden. Methodisch unterscheidet sich die Fragetechnik der offenen Fragen, die Anregung zur Narration, das Warten des Beraters, die Regressionsförderung durch Spiegeln und Verbalisieren der Gefühle nicht von einer Machttechnik. Lediglich der Rahmen, die ethische Bindung und die Verpflichtung des Beraters dem Klienten gegenüber bewirken den Unterschied. Foucaults Theorie der Pastoratsmacht wirft deshalb ein anderes Licht auf Beratungsprozesse und kontrastiert das Setting der Beratung.

Unter Pastoratsmacht versteht er eine auf das Individuum gerichtete Machttechnik, mit dem Ziel, dieses beständig und stetig zu lenken. Leitbild dieser Macht ist das Verhältnis zwischen dem Hirten und der Herde insbesondere in der christlichen Kirche. Den antiken Gesellschaften des Orients sei diese Machtkultur fremd gewesen, sie findet sich im pharaonischen Ägypten, auf den Pharao wie auf den Gott Ra bezogen. Sie findet sich im Alten Testament; hier führt Gott seine Herde durch Moses, und sie findet sich im Neuen Testament. Hier ist Christus der gute Hirte, der nach einem einzelnen Schaf sucht, welches sich verirrt hat. Für die christlichen Institutionen sei das Bild des Hirten bindend. Es ist Bestandteil des karitativen Leitbildes in den diakonischen Institutionen. Der Hirte versammelt, leitet und führt die Herde. Seine unmittelbare physische Präsenz ist notwendig, sonst zerstreut sie sich. Der Hirte ist der Erretter seiner

Herde, ohne ihn ist sie verloren. Die Beziehung des Hirten zu seiner Herde ist eine hütende, eine unmittelbar verantwortliche, sie ist eine individualisierende, weil jedes Mitglied der Herde beschützt und versorgt werden muss. Der Hirte kennt das Ziel seiner Herde, seine Führung ist Pflicht. Was der Hirte auch tut, es ist zum Wohl der Herde. Festgegossen im Bild des Hirten ist, dass der Mensch zur Erlangung seines Heils einer umfassenden Führung bedürfe.

Für die Herde und ihre Mitglieder gilt der Wille zum Gehorsam. Aus dem pastoralen Machtmodell begründet sich eine, wie Foucault es ausgearbeitet hat, auf den einzelnen Menschen richtende Macht. Der Wille des Hirten wird befolgt, nicht weil er den Gesetzen entspricht, sondern weil Gehorsam eine Tugend ist und Selbstzweck. Die Pflicht zum Gehorsam bestimme sich aus einem dreifachen Verhältnis zur Wahrheit: erstens Wahrheit als Dogma, zweitens Wahrheit als Erkennung des Einzelnen und drittens Wahrheit als spezifische Kommunikationstechnik, eine, wie Foucault es sagt, polizeiliche Technik, die zunächst als Verhörtechnik, später als explorative therapeutische Technik die Herstellung der Katharsis zum Ziel hat. Aus der hellenischen Welt übernimmt das Christentum die dort üblichen Instrumente der Selbst- und Gewissenslenkung. Gehorsam, Selbsterkenntnis und Beichte werden verbunden, denn die Fähigkeit des Einzelnen, sich seinem Hirten bis in die Seelentiefen zu offenbaren, sich völlig zu öffnen ist Ziel der Selbsterkenntnis. Die christlichen Prüfungen, die Beicht-, Lenkungs- und Gehorsamstechniken haben das Ziel, die Individuen zu veranlassen, auf die Welt zu verzichten – eine Art Distanz zur Welt herzustellen. Diese Weltdistanz ist Bestandteil christlicher Identität. Übertragen auf die Beratung geht es hier um das Problem der eigentümlichen Abhängigkeit vom Berater, des Klienten/der Klientin vom Berater/der Beraterin durch das Besondere des Beratungsprozesses. In jeder Beratung werden bedingt durch die hermeneutische Gesprächführung bestimmte Übertragungen des Klienten/der Klientin stimuliert. Anders als bei der Diagnose, die quasi auf wissenschaftlicher, häufig empirisch-analytischer Verobjektivierung beruht und damit potenzielle soziale Beschämung auslöst, ist die Hermeneutik geeignet, die Tür zur Seele eines Menschen quasi zu öffnen. Das ist letztlich auch der Kern der personenzentrierten Gesprächsführung nach Carl Rogers. Die Anwendung der hermeneutischen Methode macht den Klienten verletzlich, gerade weil er sich dem Berater öffnet. Vor allem wenn Diagnostik wie zum Beispiel Intelligenztests, Eignungstests und ähnliches mit Maßnahmen und Gesprächsführung verkoppelt werden, entsteht ein ethisches Dilemma in der Beratung. Der Klient wird quasi regiert. Dies ist der Kern der Beratungskritik in der Pädagogik der 1980er Jahre, die sich entsprechend mit Antworten auf das Dilemma der Seelenführung, der Therapeutisierung und der Expertokratie befasst hat und zum Ergebnis gekommen ist, dass nur die Gestaltung des Rahmens in der Beratung und das Überdenken der Methode der Beratung aus dem Problembündel von beraterischer Bevormundung herausführt. Mit diesem Problem der Gestaltung des Rahmens und der Methode pädagogischer Beratung, seinen Konjunkturen und Rückschlägen befasst sich das folgende Kapitel.

Eine Lösung des ethischen Dilemmas: Pädagogische Beratung als Parteilichkeit

Aus der Kritik an der schlecht getarnten Bevormundung der Rat- und Hilfesuchenden in Ämtern und Behörden und der ihnen eigenen Umdeutung ökonomischer Mängellagen in persönliches Versagen sind Beratungstypen wie Sozialhilfeempfängerberatung, Arbeitslosenberatung, Schuldnerberatung und Beratung für einkommensschwache Gruppen hervorgegangen. Ziel dieser Beratungen ist die Vermittlung von Informationen darüber, wie Anspruchsberechtigte sich gegenüber Ämtern voll durchsetzen können, aber auch Informationen über die institutionellen Wirklichkeiten von Ämtern, die den Ratsuchenden verborgen sind, sowie die Übermittlung einer ideologiekritischen Haltung gegenüber den hegemonialen Deutungsmustern über die Ursachen von Armut und Unterversorgung. Zum Beratungskonzept gehört das systematische Anzweifeln der Selbstdarstellungen von Behörden und der offiziellen Verlautbarungen zur gesetzlich vorgeschriebenen Beratung, wie sie in Wegweisern und Informationsbroschüren für Rat- und Hilfesuchende zu lesen sind, genauso wie das Aufgreifen und Persiflieren von Presseveröffentlichungen in populären Zeitungen. Als Bezugspunkte dieses Beratungskonzeptes werden folgende Elemente sichtbar:

- Umdefinitionen und Umdeutungen: z. B. der Erfahrungen der Ratsuchenden in den Ämtern;
- Moralisches Legitimieren der Ansprüche und der vollen Ausschöpfung des gesetzlich Zustehenden;
- Politisieren: z. B. bezogen auf die Kritik der Rüstungsausgaben;
- Anbieten alternativer Deutungsmuster: z. B. werden Sachbearbeiter, die nicht voll über Ansprüche aufklären, als Rechtsbrecher tituliert;
- Schaffen einer Gegenkultur.

Ziel der Beratung ist es, Auswege aus den materiellen Notlagen der Ratsuchenden gemeinsam mit ihnen zu entwickeln, indem rechtliche und sozialstaatliche Möglichkeiten voll ausgeschöpft werden. Für die Beratung spielt es keine Rolle, wie die Ratsuchenden in ihre Notlage kamen. Es hat den Anschein, als würde grundsätzlich von einer Unverschuldetheit ausgegangen und als seien die Ratsuchenden vor dem Zugriff der Behörden in Schutz zu nehmen. Weiterhin wird ihr

Selbstwertgefühl dadurch angesprochen, dass ihre Interessen und Motive positiv konnotiert werden.

Der hier vorgestellte Ansatz legt das Mandat in der pädagogischen Beratung radikal aus. Beratung ist hier eine Art angewandte Gesellschaftskritik, eine Form des Protestes. Am deutlichsten ist diese Kultur der Beratung in den feministischen Zusammenhängen entwickelt worden.

Die zweite Lösung: „Tu dem dir Anvertrauten nichts Schlechtes" – Beratungskontrakt und Professionsethik

Berufsethische Fragen haben in den letzten Jahren in der Beratung eine große Bedeutung gewonnen, zumal die Beratungskritik Praktiker verunsichert und den Wunsch verstärkt hat, professionell „richtig" zu handeln. Gleichzeitig sind die Handlungsdilemmata in der Praxis durch Prozesse sozialer Beschleunigung größer geworden. Den Beraterinnen und Beratern ist es vielfach nicht mehr möglich, ihren eigenen professionellen Ansprüchen gerecht zu werden. In der theoretischen Debatte spielt die Frage nach ethisch legitimen Übergriffen bzw. Maßnahmen in der sozialen Dienstleistungsarbeit insgesamt und in der Beratung eine wichtige Rolle. Anfang der 1990er Jahre publizierte Micha Brumlik seine Reflexion zur advokatorischen Ethik, in der er sich für die Soziale Arbeit explizit der Problematik der ethischen Fundierung zuwandte. Es handelt sich hierbei um eine gründliche und beachtete philosophisch-sozialwissenschaftliche Arbeit zum Problem der Übergriffe in sozialen Dienstleistungsberufen. Micha Brumlik hat seine Position zur Professionsethik pädagogischer, sozialer und pflegender Berufe an verschiedenen Stellen ausgeführt. Im Folgenden sollen wichtige Überlegungen seiner Theorie einer advokatorischen Ethik vorgestellt und für das pädagogische Beratungshandeln diskutiert werden.

Ausgangspunkt von Brumliks Überlegungen zur advokatorischen Ethik ist die Moraltheorie von Immanuel Kant. Dieser stehe für eine moralische Theorie, die einerseits davon ausgeht, dass Menschen autonome vernünftige Wesen sind, und die andererseits diesen autonomen vernünftigen Wesen unterstellt, alle anderen Menschen nicht als dinglich, also vom Nutzen her zu betrachten und ihnen utilitaristisch, auf der Basis von Eigennutz zu begegnen, sondern als Selbstzweck. Personen sind mit Würde ausgezeichnet und so zu behandeln. Weiterhin besagt die kantianische moralische Tradition, dass der Respekt vor der Würde des Anderen eine unbedingte Pflicht aller Menschen ist, die wiederum allen Menschen ohne Ansehen ihrer Person zukommt, eine Pflicht, die eben alle bindet. Von dieser moralischen Grundeinstellung wird in der philosophischen Theorie der Begriff der Ethik unterschieden. Während die Moral dasjenige beschreibt, was geboten, verpflichtend und gerecht ist, befasst sich die Ethik mit der Idee des guten, richtigen Lebens. So wie Moral die Lehre von den Pflichten ist, die allen Personen auferlegt sind, ist die Ethik die Lehre von dem, was gutes Leben in seinen unterschiedlichen Formen heißen kann.

Was Micha Brumlik nun als advokatorische Ethik bezeichnet, ist eine Ethik, die die Ungleichheit, auch die moralische Ungleichheit von Personen berücksichtigt, da man nicht sagen kann, dass wir aus einer Gruppe vernünftiger, gleichberechtigter Subjekte bestehen, die einander frei, gleich und geschwisterlich in einer politischen Gemeinschaft Rechte zubilligen. Die Wahrheit sei, so Brumlik, dass wir von unterschiedlichen Kategorien der Mündigkeit auszugehen hätten. Eine advokatorische Ethik steht demnach vor dem Problem, mit welchen Argumenten man über die Lebenswege von Menschen bestimmen kann, die selbst de facto oder de jure nicht mündig sind – sei es im juristischen Sinne, sei es in einem psychologischen Sinne, dass sie nicht mehr wissen oder noch nicht wissen, was sie denn tun oder unterlassen sollen, was sie vielleicht nach naturalistischen Kriterien tatsächlich noch können.

Die advokatorische Ethik beschäftigt sich, so Brumlik, ganz spezifisch mit einer Frage: Mit welchem Recht und nach welchen Kriterien jemand und noch einmal speziell ein Professioneller, der keinerlei persönliche Bindung an einen Klienten hat, nach welchen Kriterien darf dieser Professionelle zum Beispiel über Lebenswege von Menschen verfügen, die einen anderen artikulierten Willen haben, als den, den dieser Professionelle vorschlägt? Das, was Brumlik als advokatorische Ethik bezeichnet, unterscheidet sich von der Moral insofern, als dass es hier nicht nur um das geht, was jedem Menschen gegenüber verpflichtend ist. Dies ist, so Brumlik, vor allem negativ definiert, als etwas, was vermieden werden muss, jemanden zu erniedrigen zum Beispiel, jemanden instrumentalisieren, jemanden wie eine Sache behandeln, jemanden verächtlich machen. Die Moral ist in der modernen Gesellschaft vor allem eine negative Moral, die uns sagt, was wir nicht tun sollen. Sie sagt uns aber nicht, was wir tun sollen. Advokatorische Ethik ist insofern mehr als Moral, als das natürlich mit der Frage konfrontiert ist, was wir in entsprechenden Entscheidungssituationen tun sollen.

Interessanterweise hat sich die Professionsethik den Fragen der fürsorglichen Mächtigkeit, den Fragen der verantwortlichen Übergriffe lange nicht gestellt. In der sozialpädagogischen Theoriebildung wird diese Lücke darauf zurückgeführt, dass die pädagogisch und pflegerisch Handelnden im engeren Sinne keine Professionellen sind, sondern auf Anweisungen handeln. Sozialarbeiter(innen), Lehrer(innen), Krankenschwestern unterstehen in ihrem Handeln den Weisungen mächtigerer Instanzen, die ihrerseits Professionsethiken formuliert haben. Die klassischen Beispiele für die Professionen sind die Ärzte, die Rechtsanwälte und die Pfarrer. Die Soziologie sagt uns – auch wenn das sehr umstritten ist –, ein wesentliches Merkmal sei die Selbständigkeit der klassischen Professionen und damit die wechselseitige Autonomie sowohl der Professionellen als auch ihrer Klienten.

Im Regelfall werden diese Professionellen freiwillig aufgesucht und es entsteht zwischen den Klienten und den Professionellen ein Kontrakt. Im Professionsmodell stehen sich Klient und Professioneller von gleich zu gleich gegenüber nach einem Marktaustauschmodell von Autonomie.

Gleichzeitig gehört es zum Regelwerk des Wohlfahrtstaates, dass immer mehr Professionelle zwangsweise aufgesucht werden müssen, die Konsultation ist quasi vorgeschrieben. Nichtbefolgen bedeutet den Verlust von Ansprüchen. Damit ist der Autonomieanspruch des Klienten gebrochen oder doch zumindest vermindert. Hinzu tritt der Aspekt des „Kampfes mit dem Fachmann", d. h. einer Entwertung des lebensweltlichen Wissens, der Lebenspraxis durch die wissenschaftlichen Sichtweisen der Institutionen und der dort tätigen Professionellen. Jeder Experte verfügt über ein geprüftes und vorgeschriebenes Maß an sozialwissenschaftlichem oder naturwissenschaftlichem Wissen. Jeder Experte sollte zudem in der Lage sein, sein professionelles Wissen auf den konkreten Einzelfall anzuwenden, das heißt, sein Wissen ganz und gar in den Dienst der Klienten zu stellen. Dabei ist die Einzigartigkeit des Klienten zu berücksichtigen.

Professionsethik und pädagogischer Takt

Schließlich ist für das professionelle Handeln eine professionsethische Haltung bedeutend, d. h. einer Vorstellung vom guten und gerechten Leben für den Klienten. Im Mittelpunkt dieser Professionsethik steht der Grundsatz „Tu dem dir Anvertrauten nichts Schlechtes", am deutlichsten formuliert im hippokratischen Eid. Das heißt, der Eid darauf, diesen einen Klienten, Patienten, Ratsuchenden, Auszubildenden, der vor einem steht, zum Zentrum seiner Bemühungen zu machen und sich ausschließlich seiner Entwicklung zu widmen. Brumlik nennt das Prinzip der Professionsethik eine „dünne Ethik". Respekt – die angemessene Ausübung der professionellen Kompetenz – mehr nicht, aber haben Professionelle das Recht, sich eine Vorstellung davon zu machen, wie das gute Leben eines Klienten aussehen sollte? Zunächst nicht, so Brumlik, denn dies ginge über die Bewandtnisse der Professionellen hinaus. Brumlik thematisiert in diesem Zusammenhang eine gewisse Selbstberechtigung der Professionellen, über das Leben der ihnen Anvertrauten zu entscheiden – ein Thema, welches in der pädagogischen Beratungsforschung eine beachtliche Rolle spielt. Hier wird das Dilemma der pädagogisch Tätigen als „zwischen Beratung und Zwang" beschrieben. In Bezug auf das konkrete situative Handeln in beruflichen Problemsituationen ist Brumlik immer wieder gefragt worden, wie denn Sozialarbeiter und BeraterInnen mit Klientinnen umgehen können, die sie gleichzeitig auch kontrollieren müssten. Brumlik hat in diesem zusammenhang vor allem in der Debatte um Pädagogik als Kolonisierung an das Prinzip des pädagogischen Taktes erinnert.

1967 publizierte zu diesem Thema Jakob Muth eine kleine Schrift zum pädagogischen Takt und seiner Bedeutung für das erzieherische und didaktische Handeln, die als ausführlichste Rezeption des Themas gelten kann, denn obwohl Brumlik sich auf den pädagogischen Takt bezieht, führt er das Thema nicht aus. Die 128 Seiten umfassende Monografie von Muth entwickelt die Geschichte des erzieherischen Taktes vor allem aus der geisteswissenschaftlichen Pädagogik, insbesondere aus dem Denken Herbarts, aber auch Martin Bubers. In der Monografie fehlen sozialwissenschaftliche und kritische Bezüge, z. B. zur Theorie des Benehmens und der Ehrerbietung von Goffman (1984) oder auch Norbert Elias, Georg Simmel, Max Schelers Beitrag zur Scham. Diese soziologische und sozialwissenschaftliche Abstinenz hat ggf. mit dazu beigetragen, dass der Takt in der Erziehung so wenig gewürdigt wird. Dem Prinzip des pädagogischen Taktes quasi gegenüber steht eine strukturfunktionalistische, behavioristische Auffassung von Pädagogik, welche pädagogisches Handeln aus der Konditionierung, der Funktion von Erziehung und aus Anpassung begründet. Diesen Auffassungen, die in der Pädagogik und auch in der Beratung einen großen Einfluss ausüben, haben gemeinsam, dass sie den Menschen, vor allem das Kind und den Jugendlichen kaum als Selbstzweck ansehen, sondern funktional auf gesellschaftliche Ziele hin erziehen wollen. Sie übersehen die Problematik der Beschämung, die den funktionalistischen Theorien innewohnt und die darin liegt, dass Menschen, die wie ein Zweck behandelt werden, ab einem bestimmten Alter, wenn sie in der Lage sind, die sozialen und moralischen Dimensionen der Interaktion zu verstehen, fast automatisch Scham erleben müssen.

In den 1980er Jahren hat es wie erwähnt in der deutschen Erziehungswissenschaft im Rahmen der Debatte „verstehen oder kolonialisieren" eine kurze Rezeption des Taktes als Gegengewicht zur Kolonisierung der Lebenswelten gegeben, die angesichts der Bedeutung der Theorie von Jürgen Habermas zur Kolonisierung der Lebenswelt aber randständig geblieben ist. Gleichwohl ist das Argument, dass in einer Gesellschaft, die sich funktional und als System versteht, wo zwischenmenschliche Begegnungen sich entritualisieren, wo Ehrerbietung, Anerkennung und Takt verschwunden oder bedroht sind, Aggression entsteht, ein Argument, welches in der 1990er Jahren auch von Sighard Neckel in seinem Bestseller „Status und Scham" vertreten wird. Dies ist u. a. Neckels Argument des Zusammenhangs von Moderne und Scham.

Im Kontext der Pädagogik und der pädagogischen Beratung wird Takt als Grundeigenschaft des Beraters immer wieder erwähnt, z. B. bei Mollenhauer (1965, S. 89). In der Monografie von Jakob Muth (1967) wird Takt in engem

Zusammenhang mit dem Verstehen, quasi als dessen Voraussetzung gefordert. Beraterische Rücksicht in Bezug auf die Verletzlichkeit, die Bedürftigkeit des Ratsuchenden bestehe nicht nur im Bemühen, den Ratsuchenden zu verstehen, sondern in jener Zurückhaltung und jenem Feingefühl, die es den Ratsuchenden ermöglichen, sich einem Dritten zu öffnen. Jakob Muth (1967, S. 15) beschreibt den Takt als ein innerliches feines Gefühl und ein Gefühl der Zurückhaltung. Die Zurückhaltung, so Muth, sei deshalb pädagogisch bedeutsam, weil sie auf ein Nichtverändern des anderen abziele (Muth 1967, S. 22). Takt stehe im Gegensatz zur pädagogischen Aufdringlichkeit, zu Veränderungswillen und Aggressivität. Takt äußert sich bei Jakob Muth in der Verbindlichkeit der Sprache, in ungekünsteltem Verhalten, in der Vermeidung der Verletzung des anderen und in der Wahrung der Distanz. Muth beschreibt (1967, S. 67) den Takt als eine Form der Empathie, die dem Erzieher den rechten Weg weist: er sei eine innere Stimme, die zur pädagogischen Zurückhaltung mahnt und weder Beschämung noch pastorales Moralisieren erlaubt.

Die dritte Lösung: Alltagsorientierung in der pädagogischen Beratung

In einer ähnlich kritischen Perspektive, wie vorher schon Adrian Gaertner und Wilhelm Mader, diskutiert auch Frank Nestmann, einer der wichtigen Beratungsforscher der Bundesrepublik, das Problem der Expertokratie und der Therapeutisierung von Beratung. Dazu muss erläutert werden, dass in den 1980er Jahren in der Erziehungswissenschaft eine wichtige metatheoretische Diskussion über den „Abschied vom Experten" geführt worden ist. Die Erziehungswissenschaft hat sich in dieser Epoche ihrer Theoriebildung sehr systematisch mit nicht beabsichtigten Effekten des disziplinären Handelns auseinandergesetzt. Neben der Kritik an den hierarchischen amtlichen Strukturen wurde vor allem das expertenhafte und bürokratische Gehabe von Professionellen kritisiert und zu mehr ethischer Reflexion und Vorsicht aufgerufen. Stichworte waren „Kolonisierung", „Expertokratie", „Wirkungslosigkeit" und ähnliches. Hervorgegangen ist aus dieser Debatte eine Neubestimmung pädagogischer Diagnostik. Nicht mehr objektiv und vom Hochsitz des Experten sollte der Pädagoge sich den Problemen der Klienten nähern, sondern verstehen und reflektieren sowie die Lebenswelt der Klienten beachten. Weiche und expressive Fähigkeiten wie Aufmerksamkeit, Einfühlung und insbesondere Takt wurden zu wichtigen pädagogischen Kompetenzen erklärt. Diese Selbst-Kritik der Disziplin mündete in Prozesse der Theoriebildung, die noch heute für die Pädagogik und für die pädagogische Beratung wesentliche orientierende Bedeutung haben und sie von anderen Nachbardisziplinen unterscheiden. Pädagoginnen und Pädagogen diagnostizieren zumeist auf der Folie einer Theorie des Alltags und der Lebenswelt ihrer Klientinnen und Klienten. Dabei hat die Lebenswelt- und Alltagsorientierung in der Pädagogik verschiedene Wurzeln und Strömungen. Sie stellt einerseits das Fundament einer pädagogischen Diagnostik auf der Basis eines lebensweltlichen biografischen Eigensinns dar. Dieser Ansatz nimmt vor allem die phänomenologischen Wurzeln der Lebenswelttheorie auf. Sie ist zum Zweiten beschäftigt mit dem Problem alltäglicher Lebensbewältigung, insbesondere im Zusammenhang mit sozialer Ungleichheit. Hier verknüpft sich die Theorie der Lebenswelt mit dem sozialpolitischen Ansatz der Lebenslage, der besonders die Armutsforschung und die sozialpolitische Forschung prägt. Sie hat zum Dritten das Problem der Modernisierung gesellschaftlicher Verhältnisse zum Gegenstand. Hier wird der Einfluss von Individualisierung und Pluralisierung auf den Alltag und die Lebenswelt untersucht. Dies ist auch Gegenstand der empirischen Alltagsforschung. Und schließlich ist die Alltags- und Lebensweltorientierung für die soziale Ressourcenforschung bedeutend.

Alltagsorientierung und Eigensinn: theoretische Fundamente eines pädagogischen Zugangs zur Lebenswelt

Der Ursprung des Lebensweltkonzeptes findet sich in der von Edmund Husserl (1859-1938) entwickelten phänomenologischen Theorie über „die Krise der europäischen Wissenschaft und die transzendentale Phänomenologie" Husserl spricht hier von einer Krise der Wissenschaft, deren Ursache in einem falschen, weil rationalistischem Selbstverständnis begründet sei. Husserl kritisiert die selbstverständlich angenommene Objektivität der wissenschaftlichen Forschung und beginnt von hier aus seine Überlegungen zur Lebenswelt. Dass Wissenschaft nicht wirklich objektiv sein kann, steht für Husserl deshalb außer Frage, weil der Wissenschaftler selbst ein Teil der subjektiven und damit relativen Lebenswelt ist. Dahinter steht die Behauptung, dass wirkliche Objektivität nicht möglich ist. Wissenschaft müsse sich stattdessen um das Verstehen des Zusammenhanges von Lebenswelt und Wissenschaft bemühen. Sie müsse reflexiv werden im Hinblick auf die Beziehung zur Lebenswelt. Für Husserl nimmt jede Erkenntnis ihren Ausgang auf dem Boden der Lebenswelt. Hinsichtlich des Lebensweltbegriffs unterscheidet er zwischen einer Leitfadenfunktion der Lebenswelt und einer Bodenfunktion. Die Wissenschaft solle die Lebenswelt als Leitfaden nutzen. Die Lebenswelt stellt für Husserl weiterhin die subjektive Welt des Individuums dar. Dabei definiert er diese subjektive Welt jedoch als eine objektive Erlebenswelt. Mit der Lebenswelt verbunden seien sinnliche Erfahrungen.

Alfred Schütz (1899-1959) griff die Überlegungen Husserls auf und führte sie im Rahmen seiner Theorie einer verstehenden Soziologie weiter. Schütz'

Theorie wird heute als phänomenologische Sozialtheorie eingestuft. Im Gegensatz zu Husserl, der von einer transzendentalen Lebenswelt ausging, untersuchte Schütz empirisch messbare Strukturen der Lebenswelt und diskutiert auf dieser Basis zwei Begriffe, die für seine Forschungen tragend sind: den Begriff des Alltags und den Begriff des Milieus.

Das Handeln des Menschen in seinem Alltag wird dabei von Schütz als weder logisch noch systematisch angesehen – im Gegensatz zur Theorie des Homo oeconomicus, der utilitaristisch handelt und zweckrational, sei das reale lebensweltliche Handeln vor allem sinnhaft. Jede Handlung eines Menschen sei als Ergebnis bisheriger Erfahrungen und Erlebnisse zu verstehen. Die Erfahrungen werden in bewusste oder unbewusste Sinnzusammenhänge geordnet und konfigurieren sich zu einer Erfahrungswelt im Alltag. In seiner theoretischen Arbeit über den sinnhaften Aufbau der sozialen Welt entwirft Schütz eine Struktur der sozialen Wirklichkeit. Durch alltägliche Erfahrung hat sich der Mensch über den gesamten Zeitraum seiner Existenz sinnhafte Zusammenhänge alltäglicher Erfahrungen geschaffen. Diese Erfahrungswelt habe eine räumliche, zeitlich und soziale Struktur. Lebensweltliches Wissen wird nach Schütz auf eine bestimmte Weise organisiert: Stichworte sind Wissensvorrat, Typik und Relevanz. Die Erfahrungen des Menschen in seiner Lebenswelt werden subjektiv organisiert. Alltagserfahrungen werden typisiert und vor dem Hintergrund bereits gemachter Erfahrungen geordnet und bewertet. Erfahrungen werden vor allem hinsichtlich ihrer Glaubwürdigkeit, Vertrautheit, Bestimmtheit und Widerspruchslosigkeit anhand des jeweiligen lebensweltlichen Wissensvorrates geprüft. Mit diesen Definitionen des Lebensweltkonzeptes wird der Alltag nicht funktional angesehen, sondern als eigensinnig bestimmt betrachtet.

Die Beschreibungen zur Lebenswelt und zum Alltag von Alfred Schütz sind in Bezug auf eine pädagogische Diagnostik vor allem von Hans Thiersch aufgegriffen worden. Die Lebensweltorientierung ist vor allem in der Sozialpädagogik formuliert worden gegen die zuweilen strukturell gewaltförmige klinische Einvernahme der Lebenswelten von Heimkindern und die Verwandlung ihres Alltags in ein behavioristisches Dauertraining. Insofern steht der Lebensweltbegriff in einer bestimmten Spannung zu Konzepten der klassischen Rehabilitation, sowohl im Bereich der Behindertenarbeit, der Altenarbeit und der Arbeit mit psychisch Kranken und Abhängigen.

Der Beratungsansatz der Lebenswelt- und Alltagsorientierung kann weiterhin als einer der wesentlichsten Ansätze für die pädagogische Beratung beschrieben werden. Insbesondere Thiersch (1991) verbindet mit dem Konzept der Alltagsorientierung eine Rückkehr zur Pädagogik und zur pädagogischen Haltung. Hans Thiersch reagiert mit der Alltagsorientierung neben der Kritik am Experten auch auf alternative Phänomene im pädagogischen Feld, vor allem in der Sozialpädagogik: So richtet sich seine Theorie gegen bestimmte Praxen der alternativen Beratungskultur, die in der Beratung von Hilfsbedürftigen eine besondere Form des politischen Widerstandes sehen. Die Alltags- und Selbsthilfeorientierung in diesem Verständnis meint die Übernahme einer anti-staatlichen Haltung. Staatliche Sozialpolitik hat danach ihren Klassencharakter nicht eingebüßt, sondern nur im Sinne einer infamen Fürsorglichkeit verfeinert.

In der Sozialen Arbeit oder in der Sozialpädagogik gilt der Lebensweltbegriff weiterhin als allgemeines Rahmenkonzept und stellt ein Gegenstück zur Expertenhaftigkeit und zur Bürokratie dar. Er ist konzeptionelle und normative Orientierung im professionellen Handeln der SozialarbeiterInnen. Als Anwälte sollen sich Sozialarbeiter und Sozialarbeiterinnen an der Lebenswelt ihrer Klienten orientieren, nicht expertenhaft durch sie hindurch sehen, wie dies zum Beispiel Foucault in seiner Arbeit über die Geburt der Klinik für den „ärztlichen Blick" beschrieben hat, oder sie bürokratisch in eine Sache verwandeln, wie dies zum Beispiel Dörner als typisch für den Umgang mit Kranken und Behinderten beschrieben hat. Dörners Analyse über „die institutionelle Umwandlung von Menschen in Sachen" zeigt auf, dass die utilitaristische zweckrationale Sichtweise auf das behinderte Leben eine Form von Gewalt darstellt.

Lebenswelt und Lebenslage

„Lebenslagen repräsentieren gesellschaftlich definierte, fördernde und behindernde Lebensumstände und Ressourcen zur Lebensgestaltung und Lebensbewältigung. Diese Ressourcen liegen für die von bestimmten Lebenslagen betroffenen Personen und Gruppen in Lebensbedingungen, die sich als Lebensumgebungen (z. B. Architektur, natürliche Umwelt), Lebensorte (Gesellschaften, Kulturen, Religionen ...), Lebensbereiche (Familie, Freunde, Arbeitsplatz ...), Lebensentwürfe (Ideologien), und Lebensmittel (Recht, Einkommen, Status ...), konkretisieren (Niepel 1989, S. 185 zit. n. Nestmann 1997, S. 24).

Der Begriff der Lebenslage geht zurück auf den Volkswirtschaftswissenschaftler Otto Neurath (1909), der sich zunächst mit dem Phänomen befasst hat, dass neben dem Markt, insbesondere in Zeiten wirtschaftlicher Krisen, weitere gemeinschaftlichere Formen des Austausches von Waren und Gütern vorhanden sind und die Ökonomie fast ohne Geld auskommt. Für die Situation der Bevölkerung fand er heraus, dass deren Lage relativ unabhängig vom Zugang zum Geld analysiert werden kann. Einkommen sei nur ein Faktor von verschiedenen möglichen Faktoren, mit denen man Wohlbefinden, Kompetenz und Zufriedenheit messen könne. Otto Neurath entwickelte zum Zweiten eine erste Theorie der

Lebenslage als qualitativen Begriff sozialer Ungleichheit: Neben dem Einkommen werden die Wohnverhältnisse, Lage und Ausstattung von Wohnungen, Gesundheit und der Zugang zur sowie die Qualität von medizinischer Versorgung und der Zugang zu Bildungsgütern als Faktoren und Indikatoren der Lebenslage aufgezählt. Otto Neurath schlug vor, zur Erfassung der sozialen Lage der Bevölkerung Lebenslagekataster zu erstellen. Dabei ist die Lebenslageforschung vor allem Vergleichsforschung. Die Daten der einzelnen Faktoren der Lebenslage werden gemessen am Durchschnitt der Bevölkerung. Auf diese Weise kann der Zugang zu Ressourcen ermittelt werden. Hans Weiser hat in den 1970er Jahren die Entwürfe und Ansätze Neuraths weitergeführt. Heute spielt der Lebenslagebegriff in der sozialpädagogischen Armutsforschung eine wichtige Rolle und wird vor allem von August Chassé vertreten. Hans Weiser kam es in den 1970er Jahren darauf an, den Lebenslagebegriff auszuweiten und in Zusammenhang zu bringen mit Ressourcen für die Lebensbewältigung und mit der psychologischen Forschung. Zur Lebenslage zählte er auch die innere Realität, das psychische Befinden, die Einstellung zum Leben und umgekehrt den Grad der Verelendung. Dabei wird zwischen Verarmung, Verelendung, zwischen gefährdeten Lebenslagen und prekären Lebensverhältnissen unterschieden.

Der Beratungsbegriff, der aus der Theorie der Lebenslage folgt, ist vor allem der einer solidarischen Sachberatung im Sinne der Aufklärung des Klienten über seine Rechte und die Möglichkeiten sozialstaatliche Unterstützung in Anspruch zu nehmen. Lebenslageorientierte Ansätze grenzen sich von psychologischen Beratungsbegriffen ab. Der Klient ist hier mündig, aber sozial benachteiligt. Die Beratung ist häufig parteilich und advokatorisch im direkten Sinn. Zur lebenslageorientierten Beratung gehören die Beratung von Sozialhilfeempfängern und Arbeitslosen, die Beratung von sozial benachteiligten Klienten wie alleinstehenden Müttern, Migranten etc. Bereits in den 1980er Jahren hat sich Frank Nestmann mit dieser Beratungspraxis befasst und aus dieser Praxis eine erste Theorie pädagogischer Beratung jenseits psychologischer Modelle entwickelt. Richtungsweisend war für ihn hier die Alltagstheorie, die Theorie der Lebenswelt und der Lebenslage.

Lebenswelt als soziale Ressource – die modernisierungstheoretische Neuformulierung

> „Sich einen Rat, Tipp von einem Kollegen oder Freund zu holen, wird nicht als Eingeständnis der eigenen Unfähigkeit, als eine Form von Manipulation oder Machtausübung empfunden." (Nestmann/Tappe 1979, S. 160)

Insbesondere Frank Nestmann hat in verschiedenen Arbeiten (1988, 1991) sein

Konzept von alltäglicher Beratung in Anlehnung und Auseinandersetzung mit der Social-Support-Forschung entwickelt (Sarason/Sarason 1985, Gottlieb 1978, House 1987). Diese Forschungsperspektive nimmt an, dass jede Gemeinschaft über ein soziales Immunsystem auf der Basis von gegenseitigem, altruistischem, informellem und tagtäglichem Geben und Nehmen verfügte, welches in seiner hilfreichen Wirkung das offizielle Hilfesystem bei weitem überhole. Während aus professionellen und berufsständischen Interessen heraus Experten vor allem Pathologien und Fehlentwicklungen sozialer Gemeinschaften herausstrichen, blieben die stabilisierenden Faktoren sozialer Gemeinschaften verborgen. In einer gemeinsamen Arbeit mit Christiane Schmerl (vgl.: Nestmann/Schmerl 1991) bringen die Autoren die Kultur der Abwertung dieses informellen Helfens in Verbindung mit der gesellschaftlichen Geringschätzung von Frauen und ihres Arbeitsvermögens.

Zwar skizziert Nestmann (1991) die Ambivalenz der von ihm so positiv angesehenen sozialen Gemeinschaftlichkeit, die sowohl stabilisierende als auch destruktive Wirkungen für das einzelne Individuum entfalten könne – diese Einsicht, eigentlich ein Standard, wird aber nicht zum konzeptionellen Bezugspunkt seines Beratungsansatzes. Dieser denkt Social Support implizit und ausschließlich stabilisierend. So wird ein Beratungskonzept entworfen, welches nicht nur die wünschenswerte Einbeziehung des sozialen Umfeldes der Ratsuchenden mitdenkt, sondern dieses ausschließlich als Beziehungsnetz ansieht, dessen Wert den Ratsuchenden ggf. in der Beratung nahe gebracht werden muss und dessen sie sich bedienen lernen sollen. In dieser Perspektive versucht Beratung, die „Unterstützungsbarrieren" auf Seiten der Ratsuchenden zu beheben. Als Hindernisse für die Erschließung ungenutzter Support-Quellen treten entsprechend ein zu niedriges wie auch ein zu hohes Selbstwertgefühl der Ratsuchenden auf.

> „Es ist zu fragen, ob nicht die gesellschaftlichen Unabhängigkeits- und Selbstständigkeitsideologien auch über herkömmliche Therapie- und Beratungskonzepte verstärkt werden, die sich auf individuelle Bewältigungskompetenzen kaprizieren, statt Suche und Annahme von Unterstützung als wichtigen Bestandteil gelungenen Copings zu betrachten." (Nestmann 1991, S. 54)

Netzwerkorientierte Beratung wird so verstanden als ein Typus von Diagnose und Intervention, der abzielt auf die Aktivierung sowohl „alltäglicher" als auch „künstlicher" Netzwerke, wobei mit ersteren eher Familien, Nachbarschaften und Verwandtschaften, mit letzteren Selbsthilfegruppen und *peer support groups* gemeint sind. An dieser Stelle wird deutlicher, worauf sich der Social-Support-Ansatz letztlich bezieht – auf die (Wieder-)herstellung der Funktionsfähigkeit von Gemeinschaften.

Ressourcenaktivierung

In seinen verschiedenen Arbeiten hat Nestmann diesen Ansatz ausgearbeitet und ausformuliert. Beratung versteht er hier zunehmend als soziale Ressourcenförderung. Im Mittelpunkt dabei steht die Idee der Ressourcenaktivierung (vgl. Nestmann 1997, S. 21). Die theoretische Grundannahme lautet hier, dass die Alltagsgestaltung, die Lebensführung, das Wohlbefinden abhängig sind von den jeweiligen Ressourcen, die die Person zur Verfügung hat. Unter Ressourcen werden all jene Dinge verstanden, die jemand für seine Lebensgestaltung wertschätzt. Ressourcentheoretiker gingen davon aus, dass in jeder Kultur, Gesellschaft und Epoche ein abgrenzbarer Set an bedeutenden Ressourcen identifizierbar sei: Unterschieden werden Objekte, Lebensbedingungen, Personenmerkmale und so genannte Energieressourcen. Nestmann bezieht sich einerseits auf den Lebenslagenansatz, formuliert die Lebenslage aber nicht problemorientiert, wie dies vor allem in der Lebenslageforschung selbst und der Armutsforschung der Fall ist, sondern dreht die Lebenslage quasi um und definiert sie als Ressource. Dabei betont er, dass insbesondere ein befürchteter Ressourcenverlust einen wichtigen Anlass zur Beratung darstellt. Menschen würden anfällig, verletzlich und erlebten Stress, wenn sie vom Verlust von Ressourcen bedroht seien, da der Verlust von Ressourcen auch bedeute, dass eingeschliffene Routinen und Alltagsnormen sich verändern müssen. Nestmann problematisiert auch das Problem der Verlustspiralen insbesondere bei schwierigen Lebenslagen und verweist hierzu auf eigene Forschungen. Verlustspiralen mündeten häufig in psychische und physische Überlastung. Nestmann fordert aber von Beratung, dass sie neue Ressourcen erschließen hilft. Gleichzeitig fordert er Ressourcenorientierung statt Defizitorientierung und sagt, dass dieser Ansatz sich auf den vollen Teil des halbvollen Glases richte und bewusst einen Gegenpol zur Defizitorientierung und Risikoorientierung der aktuellen Ansätze bilde. Wie die humanistischen Beratungsansätze sich auf das persönliche Wachstum der Klienten und auf ihre Entwicklungspotenziale bezogen hätten, so müsse sich auch die pädagogische Beratung auf die schützenden, heilenden und hilfreichen Effekte der sozialen Beziehungen richten. Die Ressourcenperspektive kontrastiere den Defizitblick auf Personen und Umweltkontexte und befreie von der nahe liegenden Fixierung professioneller Hilfen auf Probleme, Fehler im Denken, Störung und Krankheit etc. (vgl. Nestmann 1997, S. 29)

Diagnostische Fragen in diesem Zusammenhang sind nach Nestmann:

- Wo liegen potenziell ausgleichende, bewältigungsfördernde, Gegengewicht schaffende Ressourcen neben den diagnostizierten Defiziten und Fehlern?
- Warum kamen sie bisher nicht zur Geltung?

- Wo sind sie im Beratungsprozess zu entwickeln?
- Wo stecken in Risiken, Belastungen, Krisen, Verlusten bisher nicht erkannte Ressourcen von Menschen?
- Stellen Krisen auch wertvolle Erfahrungsmöglichkeiten bereit?
- Fordern Verluste mögliches Engagement heraus?
- Bieten Schwierigkeiten Möglichkeiten zur Identifikation, zur gemeinsamen Erfahrung Gleichbetroffner?
- Verweisen institutionelle und gesellschaftsstrukturelle Defizite auf die Möglichkeiten solidarischer Aktionen?

Frank Nestmanns Verdienste für die pädagogische Beratung als Ressourcenorientierung liegen zuerst in seinem Bemühen, einen nicht-klinischen Beratungsansatz innerhalb der Pädagogik zu profilieren und zu entwickeln. Dieses Bemühen kennzeichnet sein gesamtes wissenschaftliches Werk. Er zeigt auf, dass pädagogische Diagnose sich von psychologischer Diagnose deutlich unterscheidet, ebenso wie pädagogische Professionalität sich von psychologischer Professionalität deutlich unterscheidet. Insofern ist sein Verdienst nicht nur ein disziplinärer, sondern auch ein professioneller. Gleichzeitig versucht Nestmann ein praktisches Konzept pädagogischer Diagnose und Beratung zu skizzieren. Hier fehlen indessen die Empirie und Beratungspraxis, die für die Gültigkeit des Ansatzes erheblich sind. Theoretisch bezieht sich Nestmann vor allem auf Forschungen und Erfahrungen aus den Vereinigten Staaten von Amerika. Das theoretische „Dach" der US-amerikanischen Forschungen legt vor allem die Idee der Bürgergesellschaft zugrunde und ist einer Tradition verpflichtet, die als staatsskeptisch zu beschreiben ist. Die liberale amerikanische Tradition findet sich in weiten Teilen Europas explizit in Deutschland und Frankreich so nicht. Die Kultur ist hier staatsorientierter, wobei sich gleichzeitig eine andere Kultur des Staates ausgebildet hat, die als typisch sozialstaatliche beschrieben werden muss. Insofern enthält die Idee von Beratung als Ressourcenaktivierung auch ein Dilemma, denn die Aktivierung und Einvernahme gesellschaftlicher Ressourcen liegt im Interesse all jener, die den Sozialstaat weiter abbauen wollen und seinen Rückzug vorantreiben.

Lebenswelt, gesellschaftliche Modernisierung und alltägliche Lebensführung: Ergebnisse der empirischen Alltagsforschung

Der heute in den Sozialwissenschaften wohl bedeutendste Entwurf gesellschaftlicher Strukturentwicklung beschreibt den Zivilisationsprozess als Prozess zunehmender Individualisierung. Vertreter der Modernisierungstheorie sind davon überzeugt, dass im Kern der Gesellschaft Auflösungsprozesse stattfinden, die in der Dynamik der Moderne selbst begründet und unumkehrbar sind. Die vom Modernisierungsprozess ausgehende gesellschaftliche Dynamik wird dramatisch beschrieben und zwar insbesondere hinsichtlich zweier in den Sozialwissenschaften brisanter Fragestellungen: der Zukunft von Schicht und Klasse und der Zukunft des Geschlechterverhältnisses, wodurch diese Theorie eine gewisse Faszination bekommt: Drei Dimensionen gesellschaftlicher Modernisierung werden dabei beschrieben: die Dimension der Freisetzung, die Dimension der Entzauberung und die Dimension der Reintegration. Empirisch geht der Modernisierungsansatz von einem Ende der Solidarität aus und von der Durchsetzung der Individualisierung als übergreifendem Prinzip. Explosive Konflikte breiteten sich vor allem in der Familie aus. Das Prinzip der Individualisierung münde in eine Art „französischer Revolution in der Familie". Als Familien- oder Beziehungskonflikt würden in der Familie die Widersprüche deutlich, die in den Voraussetzungen der Strukturen einer moderneren Gesellschaft eingelagert seien. Auf den Theorien von Individualisierung und Modernisierung baut sich ein ganzes Theoriegebäude zur Zukunft der Familie auf. Empirisch geht die Modernisierungstheorie vor allem von zwei Veränderungen der Familie aus: dem Geburtenrückgang und der Scheidungszahl. Bezogen auf das Individuum sind die Prognosen nicht minder schwerwiegend. Jeder Mensch werde bedingt durch den Zuwachs an Freiheiten wo etwas wie sein eigenes biografisches Planungsbüro und werde zum Architekten seiner Biografie. Im Zusammenhang mit der Diskussion um gesellschaftliche Modernisierung sind Forschungen zur Veränderung des Alltages durchgeführt worden. Dies haben drei Lebensmuster im Alltag identifiziert: das Lebensmuster des traditionalen Alltages, das Lebensmuster des strategischen Alltages und das Lebensmuster des situativen Alltags oder der Alltagskunst. Der traditionelle Alltag richtet sich dabei vor allem auf den Erhalt des Alten, der strategische Alltag richtet sich auf Erfolg und ist im Kern die Übersetzung des Individualisierungsprinzips in den Alltag, während die Alltagskunst als dritter Typus der Idee der Ressourcenorientierung am nächsten kommt (vgl. dazu auch Engel 1997, S. 187).

Ein Zwischenfazit

Wertet man die besprochenen Diskurse zum Verhältnis von Pädagogik und Beratung aus, so zeigen sich zwei konzeptionelle Entwicklungslinien. Die erste Entwicklungslinie betrifft das Spannungsfeld von Macht und Mündigkeit. Therapeutisierung, Klientelifizierung, Diagnose etc. haben die Erziehungswissenschaft dazu inspiriert sich einem ethischen Beratungsmodell zu verpflichten, welches aus den Elementen Verstehen, Bildung/Aufklärung und Verhandlung besteht. Die dazu gehörenden Diskurse sind sowohl jene zur historischen Entwicklung von Beratung als auch jene zur Therapiekritik, zur Ausdehnung der Psychologie in amtliche und betriebliche Kontexte als auch Probleme der Ethik von Beratung. Die ethische Frage hat vor allem zur Forderung nach einer kontraktuellen Begründung der Beratung geführt. Der Berater soll mit dem Klienten die Beratung nicht nur formal vereinbaren und sich an ethische Regeln wie z. B. Vertraulichkeit, Fairness, Abstinenz halten. Er soll die Ratbedürftigkeit seines Klienten als moralisches Gut respektieren.

Neben diesem Konzept der pädagogischen Beratung, welches in sich schlüssig ist und von einer allgemeinen Ratbedürftigkeit der Klienten im Feld der pädagogischen Beratung ausgeht, hat sich als zweiter Strang die sozialpädagogische Beratung platziert. Ihr Kontext sind Widerstände der Klienten gegen die Beratung und anderen Formen der Hilfe. Um aus den alten Diagnosen herauszutreten, hat die Theorie der Sozialen Arbeit das Konzept der Lebenswelt favorisiert. Damit implizit verbunden ist die Erfahrung, dass gerade in der sozialen Arbeit Beraterinnen und Berater es mit Fremdheiten zu tun haben. Diese Fremdheit zu den Denkweisen, zum Habitus und zur Psychodynamik der Klienten wird schwer ausgehalten, weil auch der Berater/die Beraterin immer wieder Schamgefühle erlebt. Die schwierige Beziehung verführt dazu, sich dem Klienten doch wieder mit Diagnosen zu nähern. Vor allem Hans Thierschs Vorschlag, sozialpädagogische Arbeit lebensweltlich und alltagsorientiert zu begründen, ist anschlussfähig an psychoanalytische und tiefenhermeneutische Sichtweisen, wie sie zum Beispiel von Burghard Müller (Innensicht/Außensicht 1995) vertreten werden. Anstelle von Diagnosen wie z. B. Borderlinepersönlichkeit soll der Berater sich mit Biografie, Lebenswelt und Lebenslage auseinandersetzen und so anstelle einer Diagnose zum Fallverstehen kommen. Dieser Aspekt wird im Kapitel über Beratungskunst vor allem im Kontext der psychoanalytischen Beratungskunst erläutert. Gleichzeitig zeigt vor allem Hans Thiersch auf, dass sich die Lebenswelt von Klientinnen und Klienten durch Modernisierungsprozesse verändert und die Risiken zunehmen. Neue Lebenslagen, Entstandardisierung und Pluralisierung von Lebensformen treffen auf alte Benachteiligungen und erhöhen die Unsicherheit. Die Sicherheit, die ggf. früher von sozialen Milieus ausging, die das Individuum gehalten und Sorge in Krisen übernommen haben, brechen zunehmend weg. Klientinnen und Klienten der Sozialen Arbeit waren immer schon ratbedürftig und materiell hilfebedürftig. Der gesellschaftliche Modernisierungsprozess mündet nach Thiersch in eine Zunahme sowohl der Ratbedürftigkeit als auch der Hilfebedürftigkeit. Gleichzeitig sind gesellschaftliche Entwicklungen vor allem auf der Ebene des Sozialstaates zu verzeichnen die Beratung innerhalb der Sozialen Arbeit als Dienstleistung zu verstehen oder sie marktförmig in eine Kunden/Dienstleisterbeziehung umzuformen.

Aus Ratbedürftigkeit, Hilfebedürftigkeit oder bei Kindern und Jugendlichen auch Sorgebedürftigkeit ist ein neuer Kontrakt geworden. Die Klientinnen und Klienten werden als selbstverantwortlich gesehen, ihre Ratbedürftigkeit nicht als Angelegenheit von professionellen Pädagogen, sondern als Angelegenheit von Alltag und sozialer Unterstützung in ihrer Lebenswelt. Berater, die früher vor allem im Kontext Sozialer Arbeit für die Ratbedürftigkeit ihrer Klienten zuständig gewesen sind, werden heute zunehmend zu Coaches und Case-Managern, die mit dem Klienten gemeinsam soziale Ressourcen erschließen sollen. In diesem Zusammenhang bedeutsam ist eine neue Begründung von Beratung, die in ihren Wurzeln zunächst eng mit der funktionalistischen Soziologie verbunden war, Beratung wird hier als Rollenlernen und Teil der Sozialisation definiert. Sie wird über den gesamten Sozialisationsprozess hinweg entworfen und zum wichtigen Bestandteil der Erwachsenensozialisation. Mit dieser soziologischen Fundierung von Beratung wird gleichzeitig ein ganz neues Beratungsfeld definiert: die berufsbezogene Beratung.

IV Beratung, Sozialisation, Erziehung und Bildung – zum professionellen Spannungsfeld in der pädagogischen Beratung

Bereits 1983 schrieb Enno Schmitz, dass er bei dem Versuch, therapeutisches, beratendes und erwachsenenpädagogisches Handeln von einander abzugrenzen, auf größere Schwierigkeiten gestoßen ist und legt dar, dass es sich bei diesen drei Formen des professionellen Handelns um eine Interdependenz handelt, also etwas, was nicht nur benachbart, sondern verknüpft und verknüpfbar ist. Der Aufsatz von Schmitz ist deshalb für die Studierenden der Erziehungswissenschaft beachtenswert, weil sie immer wieder die Frage stellen, welcher Unterschied Beratung und Therapie, pädagogischem und psychologischem Handeln innewohne. Die These, die der folgenden Argumentation zugrunde liegt, ist jene, dass es nicht das genuine Handeln an sich ist, welches Therapie von Erziehung und Beratung unterscheidet, sondern der professionelle und institutionelle Kontext. Enno Schmitz verfasste seinen Aufsatz aus der Perspektive der interpretativen Soziologie und bezieht sich bei seiner Begründung von Therapie, Beratung und Bildung auf die Sozialpsychologie George Herbert Meads (vgl. Abels 2007, S. 13-45), auf den Sozialkonstruktivismus nach Peter Berger und Thomas Luckmann (1967, Abels 2007) und deren Begriff von Identität, auf Alfred Schützens Theorie der Lebenswelt (vgl. Abels 2007, S. 59-86) und der Lebensweltanalyse sowie auf die Methode der Objektiven Hermeneutik von Ulrich Oevermann (1993).

Therapie, Beratung und Bildung widmeten sich Problemen der Lebenspraxis, so Schmitz. Die Lebenspraxis nennt er ein sinnhaftes Handeln innerhalb einer objektiven Wirklichkeit, in die der/die Handelnde bereits durch seine/ihre körperliche Existenz eingebunden ist. Menschen müssten ständig in diese, sie umgebende Wirklichkeit eingreifen, ihre Probleme lösen und handeln – dies sei der Zwang der Lebensbewältigung (Schmitz 1983, S. 61). Der Handlungsbegriff von Schmitz unterscheidet sich von Reiz-Reaktions-Konzeptionen oder Handeln als Funktion, die aus der behavioristischen und systemischen Therapie bekannt sind. Sinnhaftes Handeln heißt, dass das Eingreifen in die Wirklichkeit von symbolischen Vorstellungen über diese Wirklichkeit gesteuert wird. Diese

Vorstellungen hat der Mensch in seiner Biografie und Lebenswelt erworben und verinnerlicht. Sie haben sich zu einer sinnhaften Gestalt zusammengefügt und verfestigen sich zu einem System von Regeln und Interpretationsmustern, die Schmitz der Identität zuordnet. Dieses System von Mustern wird vor allem in der alltäglichen Kommunikation verfestigt, stabilisiert und reproduziert. Umgekehrt bedeuten Lern- und Reflexionsprozesse eine Veränderung dieser relativ stabilen Muster. Dies ist der Ort der Pädagogik, aber auch der Therapie, sofern diese Lernen und Reflexion in ihre Konzepte einschließt. Immer wieder kämen auch in der Biografie diese symbolischen Vorstellungen des Menschen (Selbst- und Weltbild), die Regelsysteme und Ordnungsmuster ins Wanken. Dies ist die Erschütterung in Lebenskrisen, biografischen Wendepunkten und kritischen Lebensereignissen. Wie Schmitz es ausdrückt, erleben Menschen, dass ihnen die zur Verfügung stehenden Begründungsfolien abhanden kommen, ihre Standards von Moral und Wahrheit wanken und ihre Handlungen nicht mehr sinnvoll erlebt werden. Ratlosigkeit, manchmal auch umfassende Hilflosigkeit entstehen und mit ihr zusammen die Suche nach Bildung, Beratung oder Therapie (vgl. Schmitz 1983, S. 68).

Identität, Wahrheit und die Bedeutung der interpretativen Soziologie für Bildung, Beratung Therapie

Enno Schmitz sieht die professionelle Basis von Therapieren, Beraten und Bilden in den Dimensionen Identität, Wahrheit und Moral begründet (Schmitz 1983, S. 62). In modernen Gesellschaften, so Schmitz, dominieren zunehmend Standards für moralisch richtiges und sachlich angemessenen Handeln. Diese Standards werden außerhalb der Lebenswelten, zumeist wissenschaftlich und expertenhaft erzeugt, wenn man nur an die gegenwärtige Erzeugung der Standards einer richtigen Erziehung in der Familie denkt, an Standards über die richtige Ernährung, den richtigen Lebensstil etc. Das so erzeugte Wissen kommt curricular als Bildungsangebot in der Lebenswelt der Menschen an, die dieses Wissen, so wiederum Bourdieu, wie Kapital in einem sozialen Feld nutzen. Haben die Subjekte zu Bildungsgütern und Begründungssystemen für Moral und Wahrheit keinen oder nur unzureichenden Zugang, entsteht unter Umständen Ratbedürftigkeit, vor allem dann, wenn das Individuum in Situationen gerät, in denen seine Entscheidungen, wie Schmitz sagt, mit Risiken belastet sind, ein objektives Verhältnis zu sich selbst ggf. verloren gegangen ist und die eigenen Handlungen nicht mehr oder nur unzureichend verstanden werden. Dies ist dann Anlass für Beratung (z. B. Rechtsberatung, Erziehungsberatung etc.)

Für Schmitz ist der Schwerpunkt der Therapie das Themenfeld der Identität, weil hier innere Geltungssysteme u. a. neu aufgebaut werden müssen, wobei der

Therapeut/die Therapeutin dem Klienten auch die Wahrheit sagen wird, ihn also mit ihrem Expertenwissen konfrontiert und auf diese Weise eine Ratschlag gibt oder sie /er wird den Klienten/die Klientin über allgemeinen Normen und Prinzipien des sozialen Lebens quasi aufklären und seine moralischen und sozialen Kompetenzen ansprechen. Umgekehrt wird jeder Berater und Erwachsenenbildner Momente in seiner Arbeit haben, in denen er die biografischen Identitätsstrukturen der HörerInnen oder Ratsuchenden berührt etc. Schmitz' Entwurf begründet demnach Therapie, Beratung und Bildung nicht nur als Interdependenzen, wie zu Anfang gesagt, sondern sozialwissenschaftlich quasi außerhalb des klinischen Systems. Seine gründliche sozialwissenschaftliche Fundierung von Therapie, Beratung und Bildung im Kontext einer sozialwissenschaftlichen Handlungstheorie macht es möglich, Beratung nicht als „trivialisierte Therapie" zu verstehen, sondern als professionelles Wissenssystem im Kontext der Dimensionen Identität, Wahrheit (jemandem die Wahrheit sagen) und Moral (soziales Lernen, soziale Kompetenzen bilden).

Die sozialtheoretische Begründung für Beratung, Bildung und Therapie, so wie sie Enno Schmitz formuliert hat, stammt aus dem Jahre 1983 und bezieht sich wie schon bemerkt vor allem auf den Theoriekontext der interpretativen Soziologie. Zu erkennen ist ein für diese Zeit typisches Bemühen, das menschliche Handeln aus der Subjektperspektive zu beschreiben, also nicht von einem professionellen Hochsitz zu diagnostizieren. Da das Handeln damit erklärt wird, ein als sinnvoll erkanntes Muster über die eigene Biografie hinweg zu stabilisieren und zu reproduzieren, müssten Berater, Erwachsenenbildner und Therapeuten die Innenwelt ihrer Klienten vor allem verstehen wollen, um sich auseinanderzusetzen und verändern zu können. Dieses Verstehen der Lebenswelt ist das, was alle drei professionellen Handlungstypen Beraten, Therapieren und Bilden, verbindet. Heute hat sich das Verständnis zur Therapie und Beratung deutlich verändert und erweitert. Lösungsorientierte, ressourcenorientierte und systemische Ansätze konkurrieren mit den verstehensorientierten Konzepten und haben diese zu Teil verdrängt. Verstehen als Grundsatz von Beratung ist dem „Fördern und Fordern" gewichen. Politisch hat diese Entwicklung mit dem Umbau des Sozialstaates hin zu einem aktivierenden Staat und der in den 1980er Jahren deutlich werdenden Krise der verstehenden Hilfeformen zu tun. Den Kritikern des Sozialstaates erschien das therapeutische, das pädagogische und sozialarbeiterische Handeln zu wenig effizient, es schien zu lange zu dauern und ihm wohnten erhebliche Qualitätsdefizite inne. Auf der Ebene des Denkens/des Diskurses wuchs die Bedeutung der Modernisierungstheorie und floss in politische Programme ein, wie z. B. die bayerisch-sächsische Zukunftskommission in den 1990er Jahren. Für die Studierenden der Erziehungswissenschaft heißt dies auch, sich mit neuen Methoden wie NLP, lösungsorientierter Beratung und Grundsätzen wie Fördern und Fordern auseinandersetzen zu müssen. Die Methoden gelten als suggestive und manipulierende Methoden und setzen an anderen Theoriegebäuden an als jenes, welches Schmitz zum Beispiel benutzt und welches in der Erziehungswissenschaft bis heute eine große Bedeutung innehat. Die sozialkonstruktivistische Metatheorie, die mit den eben erwähnten Namen von Berger/Luckmann, Mead, Schütz etc. verbunden ist, wird heute vielfach durch psychologischen Konstruktivismus ersetzt. Hier wird davon ausgegangen, dass es Strukturen und Institutionen quasi überhaupt nicht gibt, sondern die Welt in den Köpfen jeweils neu erfunden wird. Noch ist es jedoch Konsens in der Erziehungswissenschaft, dass auf die Analyse von Strukturen nicht verzichtet werden kann.

Beratung als kulturelles Kapital – die Bedeutung von Pierre Bourdieu

Seit den 1990er Jahren hat die Sozialwissenschaft und die Erziehungswissenschaft deshalb die Bedeutung von Pierre Bourdieu für die Erklärung des sinnhaften und sozialen Handelns wiederentdeckt und berücksichtigt dessen Theorien stärker. Bei Pierre Bourdieu sind Bildung, Beratung und Therapie bedeutende kulturelle Kapitale in einer Gesellschaft, die ihre Güter sehr unterschiedlich verteilt. Gebildet zu sein ist eine notwendige Voraussetzung für den sozialen Aufstieg. Bildung hat die Bedeutung der Geburt quasi ersetzt, wobei Bourdieu nachgewiesen hat, dass Geburt und Bildung sich zumeist zu einer Figur im sozialen Raum verbinden, die dann für die soziale Position, die jemand einnimmt, zentral ist. Bildung als kulturelles Kapital wie Bourdieu es versteht, bedeutet, dass der Inhaber/die Inhaberin von Bildungskapital in der Lage sein kann, ihre soziale Position günstig zu verändern und aufgrund des Bildungskapitals sozial aufzusteigen. Gleichzeitig hat Bourdieu aber aufgezeigt, dass es zum sozialen Aufstieg mehr bedarf als der Bildung in Form von Bildungsabschlüssen. Er spricht von den „feinen Unterschieden" und zeigt in einer älteren Forschungsarbeit auf, wie privilegierte und weniger privilegierte Menschen in einer Gesellschaft Bildung benutzen. Bourdieu kann aufzeigen, dass Bildung sich soziale Stile in Geschmack und in Lebensweisen umsetzt, die dann erst wirklich den sozialen Unterschied zementieren. Die Bildung geht quasi unter die Haut. Sie wird zum Habitus (Bourdieu 1982, 1997). Und hier stellt sich nun die Frage des Verhältnisses von Bildung und Therapie noch einmal aus soziologischer Sicht. Ganz ohne Zweifel hatte die Bedeutung von Carl Rogers in der Bundesrepublik Deutschland auch damit zu tun, dass Rogers' therapeutischer Ansatz, wie viele verwandte Ansätze der Humanistischen Psychologie auch, den Menschen halfen, die Brüche und Ungleichzeitigkeiten ihrer Biografie zu verstehen. Der Ausbau des Sozialstaates in den 1960er und 1970er Jahren, die Bildungsreform, der Ausbau der Universitäten hatte vielen Menschen Bildungskapital beschert, welches habitualisiert werden, also unter die Haut gehen musste. Diese Habitualisierung hat in großem Umfang die Therapie geleistet, so dass es in den 1970er Jahren zu einer Art „Psychoboom" (Gaertner 1995, Nagel/Seifert 1979) kam und von einer Inflation der Therapieformen gesprochen wurde. Die Therapie veränderte sich im Hinblick auf ihre gesellschaftliche Funktion und wurde vor allem durch Gruppendynamik und Selbsterfahrung eine Anlaufadresse für Gesunde. Sie bildete zu den bis dahin klassischen Therapien zunehmend eine Gegenhorizont, da diese die Habitualisierungsbedürfnisse ihrer Klienten nicht mehr wirklich abdecken konnte. Sie waren zu sehr in alten klinischen Deutungsmustern verhaftet.

Vor allem medizinisch akzentuierte Therapien bringen für die Klienten nur einen geringen Zuwachs an kulturellem Kapital, wohingegen Beratung und bestimmte Formen der Therapie zu einem bedeutenden Träger des kulturellen Kapitals geworden sind und sowohl zur Aufrechterhaltung von Entscheidungs- und Handlungsfähigkeit benutzt werden als auch zur sozialen Unterscheidung. Beratung, die im Allgemeinen Ratbedürftigkeit voraussetzt, kann auch als reflexiver Raum verstanden werden, in welchem der Ratsuchende vor allem seine soziale Position mit Hilfe eines entsprechend ausgebildeten Beraters betrachtet, um erfolgreicher zu handeln. Dies ist insbesondere bei den arbeitswelt- und professionsbezogenen Beratungen der Fall. Auch Bildungsprozesse haben in den letzten Jahren einen Bedeutungszuwachs erfahren, wenn sie mit entsprechenden Zertifikaten und im Kontext entsprechender Institutionen absolviert werden. Diese neuen Formen von Beratung und Bildung setzen nicht mehr unbedingt an der Ratbedürftigkeit und Bildbarkeit der Klienten an, sondern sind strategisch und funktional begründet. Sie wollen durch und durch gesunde, erfolgreiche Personenkreise erreichen und ihnen bei der Gestaltung ihrer Karrieren, bestimmter beruflicher und berufsbiografischer Probleme und bei der Lebensführung behilflich sein. Dieser Personenkreis der neuen Ratsuchenden ist nicht, wie Schmitz es annimmt, in einer Situation, in der ihnen quasi der Vorrat an Deutungsmustern ausgegangen ist und sie in ihrem Handeln überfordert sind, sondern die gesuchte Hilfe dient der Vergewisserung der eigenen Entscheidungen. Coaching, philosophische Beratung, Karriereberatung – um nur einige zu nennen – zählen zu diesen neuen Beratungstypen. In diesem Kontext hat das Rollenlernen als Konzept auch Einzug vor allem in die arbeitsweltbezogene pädagogische Beratung gehalten, die dort ebenfalls als Bildungscoaching, als Bildungsberatung oder als Sozialberatung im Rahmen der Jugendberufshilfe, der beruflichen Rehabilitation und der Berufsberatung angeboten wird. Bildungs- und Berufsberatung sind so zu neuen Formen der pädagogischen Beratung geworden, die im Kontext des Prinzips der Employability, also der Vermittelbarkeit von z.B. Jugendlichen und Arbeitslosen in den Arbeitsmarkt die alten Formen der sozialpädagogischen Beratung ablösen.

Schließlich: Es war in den 1980er Jahren nicht das Anliegen von Schmitz, Fragen zur pädagogischen Beratung zu beantworten. Schmitz ging es um das Phänomen Beratung im Allgemeinen. Schmitz gehört eigentlich eher zu den Sozialwissenschaftlern, die sich immer wieder durch eine starke Beratungskritik hervorgetan haben (vgl. Schmitz 1989). Die Bedeutung seines Beitrages für die pädagogische Beratung liegt in der sozialwissenschaftlichen Begründung des professionellen Handelns. Beratung wird damit wie Bildung und Therapie zu einer Strategie der Lebenspraxis und kann nicht mehr ohne Weiteres ausschließlich klinisch oder amtlich begründet werden. Die gerade in der pädagogischen Beratung aus der zum Teil recht autoritären Historie entstandenen Beratungsformen und Beratungssettings, die den Klienten zwingen, sich der Beratung zu unterwerfen, wie dies zum Beispiel bei der Berufsberatung, bei der sozialpädagogischen Beratung oder bei der Beratung zum §218 der Fall ist, können dementsprechend eigentlich nicht mehr professionell begründet werden. Bedauerlich ist deshalb, dass der beratungswissenschaftliche Beitrag von Schmitz so wenig außerhalb der Erziehungswissenschaft bekannt ist. Schmitz' Beitrag selbst ist geeignet, Beratung sozialtheoretisch zu bestimmen. Die Rollentheorie, der symbolische Interaktionismus, die Theorie der Anerkennung stellen jenen sozialtheoretischen Rahmen auch für die pädagogische Beratung dar, der sowohl über das alte Konzept von Beratung als trivialisierte Therapie hinausweist als auch über das neue Konzept von Beratung als Funktion gesellschaftlicher Modernisierung, so wie es zum Beispiel die Gruppe um Frank Nestmann vertritt. Im Folgenden wird deshalb ein ausführlicher Überblick über jene Sozialtheorien gegeben, mit denen pädagogische BeraterInnen arbeiten können.

Beratung und erfolgreiches Handeln. Zur Bedeutung der Rollentheorie in pädagogischen Beratungsformen

Rollenlernen, Rollenidentifizierung, Rollengestaltung, Rollenentwicklung, Rolle und Identität sind wichtige Stichworte zur Beschreibung rollenbezogener Beratungsverständnisse, wie sie derzeit vor allem als Formen von Coaching diskutiert werden. In Supervisionen und Organisationsberatungen wird das Konzept der Rolle seit langem angewendet, um Konflikte in Organisationen diagnostisch zu fassen: Stichworte sind hier Rollen- und Aufgabenvielfalt, Statusinkonsistenz, Rollendiffusion, komplementäre und symmetrische Rollen und nicht zuletzt das Konzept der Schnittstelle. Insbesondere Teamberater und Teamsupervisoren und -supervisorinnen arbeiten mit dem soziologischen Konzept der Rolle. Eine ganze Anzahl von praktischen Übungen und Methoden zur Rollenentwicklung oder

Rollenklärung in Teams und Gruppen werden in supervisorischen Aufsätzen und Büchern vorgestellt. Bekannt ist insbesondere die Arbeit von Fatzer/Eck (1993) zur Supervision und Beratung. Im Rahmen von Teamentwicklungsprozessen werden Erwartungen interaktiv erhoben und Teamentwicklung wird als Rollenentwicklung und funktionale Differenzierung in Supervisionsprozessen unterstützt. Diese Methode ist vor allem in sozialen Dienstleistungsorganisationen bedeutend geworden und steht in direkter Verbindung zur Teamkultur in verschiedenen explizit auch pädagogischen Arbeitsfeldern und so genannten „alternativen Teams". Es ist kein Zufall, dass sich Supervision als eigene Profession besonders hier erfolgreich verorten konnte. Seit den 1980er Jahren befördert der funktionale supervisorische Blick auf pädagogische und alternative Teams und Organisationen deren fehlende funktionale Differenzierung ans diagnostische Licht. Im Gegensatz zu ökonomischen Teams in profitorientierten Unternehmen waren die pädagogischen Teams lange von einer anderen Kultur geprägt. Team wurde hier ideell verstanden (vgl. Leuschner 1989) – als Form angewandter Demokratie. Die Gleichberechtigung aller Teammitglieder, die Mitbestimmung, Rituale der Entscheidungsfindung und Machtabstinenz prägen die Teamkulturen in pädagogischen Institutionen (vgl. Bauer/Gröning 1995, Pühl 1995). In Verbindung mit einer ungesicherten ökonomischen Zukunft und direkter Abhängigkeit von staatlichen Subventionen traten zum hohen demokratischen Ideal pädagogischer Teams existenzielle ökonomische Ängste ihrer Mitglieder und verbanden sich zu einer Kultur der Regression, die wiederum Pühl 1993 in seiner Dissertationsschrift beschrieben hat (vgl. Pühl 1993, Angst in Gruppen und Institutionen). Pühls These ist dabei, dass vor allem die Kultur der Hierarchie den Mitgliedern in Unternehmen und Organisationen existenzielle Sicherheit bietet, ein politisch konservativer Rückschluss. Kreativ ist dagegen seine Forschungsannahme, dass Aggression und Krieg in Teams Ausdruck von Angst sein kann, die nicht ausgedrückt und als solche nicht benannt werden kann und darf, wenn die jeweilige Ideologie in den Teams und ein institutioneller Mythos die Denkweisen und Überzeugungen bestimmen und die Teammitglieder auf eine bestimmte Ideologie und einen Mythos verpflichtet sind. Hierzu gehört die Verklärung „hierarchiefreier Arbeit" auch um den Preis kaum existenzsichernder Entlohnung und Unsicherheit, die Beschwörung von Gleichheit und Solidarität, das Verleugnen von Unterschieden bezüglich Ausbildung, Qualifikation, Erfahrung und Kompetenz. Die Supervision hat in den pädagogischen Teams vor allem alternativer Prägung erkannt, dass Gleichheit ein ähnliches Tabu war wie die Hierarchie und der Dienstweg in klassischen Organisationen.

Die rollenorientierte Restrukturierung, die Definition von funktionalen Rollen und Funktionen, Festlegen von Verbindlichkeit und Sanktionen, die Einführung klarerer Hierarchien und Dienstwege, vor allem die Aufforderung zu funktionalem Handeln haben in den 1980er Jahren dazu geführt, dass Supervision als angewandte Rollenberatung sich zunehmend auch als Organisationsberatung verstanden hat, eine Entwicklung, die dem Professionalisierungsinteresse der Supervisoren entgegen kam. Supervision verließ ihr Feld als Form pädagogischer Beratung und begann ihren „Flirt mit der Industrie", eine Tendenz, die durch die Gründung der Deutschen Gesellschaft für Supervision 1989 beschleunigt wurde. Von Supervisoren und Supervisorinnen wird Supervision heute zunehmend als Instrument der Personalführung, nicht mehr als pädagogische Beratung verstanden, wodurch sich ihr ethisches Dilemma: „Tu dem dir Anvertrauten nichts Schlechtes", verschärft hat (vgl. Gröning 2004).

Bei dieser Entwicklung zu berücksichtigen sind die diagnostischen Grenzen des Konzeptes der Supervision als Rollenberatung, weshalb es sinnvoll ist, insbesondere in Bezug auf das in Beratung und Supervision anzutreffende Problem der sozialen Kompetenz, der Fähigkeit, die eigenen Wünsche und Interessen sprachlich auszudrücken und nicht zuletzt der hohen Emotionalität und Affektivität bei Konflikten im beruflichen Alltag, solche Konzepte und Theorien hinzuzuziehen, die, ohne zu therapeutisieren, auf die moralischen Dimensionen sozialer Konflikte Rücksicht nehmen. Allerdings setzt die Einbeziehung solcher Theorien, etwa die Theorie sozialer Kompetenz von Mead und/oder Kohlbergs Verfahren der „just community" voraus, dass Institutionen demokratisch sind.

Zum Verhältnis von Gesellschaft und Gefühl

Rollen müssen subjektiven Motiven der Persönlichkeit entsprechen, es muss in einer Gesellschaft Wertmuster geben, die es den Akteuren ermöglichen, Rollen zu verinnerlichen. Für Parsons stellen entsprechend moralische Pflichten ein wichtiges Bindeglied zwischen innerer und äußerer Realität dar, wodurch die soziale Integration gesichert werde. Das Schamgefühl steht hier an herausragender Stelle. Scham bildet auch in der funktionalistischen Soziologie einen wichtige Humus der sozialen Integration (vgl. dazu auch Neckel 1991). Institutionen können zwar Sanktionen aussprechen, jedoch erst die Entsprechung des Normen- und Sanktionskonzeptes im Gewissen der Personen macht die gesellschaftliche Struktur für den Einzelnen verbindlich. Das Schamgefühl ist für Parsons die entsprechende, nach innen geleitete soziale Kontrolle. „Durch das selbstreflexive Gefühl der Scham beobachten und kontrollieren sich die Individuen in ihren Handlungen mit Hilfe einer eigenen persönlichen Instanz, die auch dann anwesend ist, wenn externe Kontrollen abwesend sind" (Neckel 1991, S. 199). Jede soziale Kontrolle sei vor allem Selbstkontrolle und nichts könne das eigene Selbst erfolgreicher kontrollieren als die Verurteilung, die die Person sich selbst zu teil werden lässt. Es ist die brennende Erfahrung der Scham, zumeist in

Kindheitssituationen traumatisch hergestellt, die dann ein für allemal zur Konformität führt. Sighard Neckel (1991) hebt an dieser Stelle hervor, dass nicht nur der vollzogene innere Dialog zur Konformität führt, sondern die öffentliche Beschämung, die Degradierung, die in den pädagogischen Institutionen vorgenommen wird. Alle Menschen kennen Schamsituationen in ihrer Kindheit: man hat als Kind einmal geklaut, sich sexuell oder libidinös angeboten oder intellektuell völlig versagt und ist dafür öffentlich degradiert und von einer Gruppe verlacht und ausgestoßen oder auch rituell bestraft worden. Scham und Peinlichkeit vereinigen sich zu einem Gefühl persönlicher Wertlosigkeit, und es entsteht eine ausweglose Situation. In solchen signifikanten Situationen der Scham erlebt die jeweilige Person eine Introjektion gesellschaftlicher Werte, das heißt, unter dem Einfluss potenziell traumatischer Bedingungen wird die Rolle, werden Verhaltenserwartungen gewaltförmig verinnerlicht. Was für die Pädagogik und die Psychologie Anlass zur Reflexion und (therapeutischer) Wiedergutmachung ist, ist aus Sicht der Soziologie ein effizienter und effektiver Prozess, um Anpassung und Konformität zu erzeugen. Für die Sozialisationstheorie des Funktionalismus ist deshalb interessant, dass Scham und Beschämung als informelle Mechanismen der sozialen Kontrolle zu verstehen sind und hier Wirksamkeit und Nachhaltigkeit entfalten. Jeder gute funktionalistische Soziologe wird auf solchen sozialen Mechanismen bestehen und ihre sozialisatorische Bedeutung hervorheben. Aus Angst vor dem Verlust der Ehre und Achtung werden Menschen dazu angehalten Normen zu befolgen. Der Alltag ist deshalb die Domäne der Scham. Die Missbilligung vor allem öffentlicher Stellen und Institutionen erzeugt Scham und wird auf diese Weise zur praktischen Selbstsanktion. Scham ist funktional zur Gesellschaft und ihren Normen zu verstehen. Kontrastierend dazu soll der psychoanalytische Blick auf die Rolle vorgestellt werden, formuliert von einem der bekanntesten Ethnopsychoanalytiker, Paul Parin.

Das Ich und die Anpassungsmechanismen

Im Jahr 1975 hat der Ethnopsychoanalytiker Paul Parin eine eigene psychoanalytische Ergänzung zur Rollentheorie erarbeitet, die sich ebenfalls mit dem Einfluss von Gefühlen auf die Konformität befasst. Parin stellt als besonderes Medium der Sozialisation die Angst vor der Ausstoßung aus der sozialen Gruppe heraus. Danach ist das Individuum bereit, die Regeln der Gruppe bzw. der Gemeinschaft oder Gesellschaft zu akzeptieren, wenn seine Integration in die Gruppe dadurch gesichert ist. Rollen werden durch Anpassungsmechanismen verinnerlicht, die auf der Angst vor der Verstoßung beruhen. Die unbewusste Gewissheit, allein nicht überlebensfähig zu sein, führen dann dazu, dass Individuen sich den Gruppenzwängen anpassen. Die Akzeptanz der Rolle wird demnach auf einer Urangst aufgebaut, die verdrängt wird. Mit dieser Idee der Anpassungsmechanismen knüpft Parin an die Idee der konventionellen moralischen Erziehung von Durkheim an: der neben dem Anschluss an die soziale Gruppe als wichtigstes Kriterium von Sozialisation die Regelmäßigkeit und die Disziplin hervorhob (vgl. Durkheim 1973)

Soziologische Kritik der Rollentheorie

Zum Sozialisationskonzept der Rollentheorie ist eine große sozialwissenschaftliche Debatte in den 1960er, 1970er und 1980er Jahren in Gang gekommen. Eine wesentliche Kritik an der Rollentheorie ist, dass sie auch bezogen auf ihr Sozialisationskonzept von einer statischen Gesellschaft ausgeht, die relativ konfliktfrei ist. Sozialisation wird vorwiegend als Anpassungsvorgang verstanden. In demokratischen und dynamischen Gesellschaften sei, so die Kritiker, dieses Statische und Konfliktfreie aber nicht vorhanden. Jürgen Habermas hat zur klassischen Rollentheorie einmal gesagt, sie tauge allenfalls für den Sozialisationsprozess in totalen Institutionen. Sozialisation müsse weniger auf die Übermittlung von Rollen abheben, als vielmehr auf die Übermittlung von Regeln, die hinter den Rollen liegen. Eine demokratische Gesellschaft sei mehr als ein technischer Zusammenhalt, Sozialisationsprozesse sind nach Habermas immer auch moralische Prozesse, bzw. Prozesse des sozialen und moralischen Lernens. Das in den 1970er Jahren revidierte Modell des Rollenlernens geht davon aus, dass infolge der Vielfalt von Positionen in der Gesellschaft grundsätzlich wenige eindeutige Erwartungen vorhanden sind. Wegen der menschlichen Verschiedenheit könnten so auch Bedürfnisse nicht befriedigt werden. Allenfalls in Gesellschaften, in denen der Zwang dominiert, oder in totalen Institutionen fänden sich Phänomene, dass Bedürfnisse und deren Befriedigungsmöglichkeiten genau zusammen passten. In offenen, modernen und pluralistischen Gesellschaften, insbesondere in spätmodernen Gesellschaften mit hohem Individualisierungsgrad sei der Ruf nach Rollen und Hierarchien weder möglich noch politisch wünschenswert. Die Lösung der Probleme, die soziale Interaktion zu sichern, könne deshalb nicht lauten, vorgegebene Normen zu lernen, sondern vielmehr müssten die Menschen lernen, dass es eine ganze Facette von potenziellen Deutungsmöglichkeiten gibt, und sie müssten sich auf ein gemeinsames vernünftiges Verständnis einigen. Während also im Fall der konventionellen Rollentheorie in erster Linie vorgegebene Normen gelernt werden müssen, müssen im revidierten Rollenbegriff die Individuen jene sozialen und demokratischen Kompetenzen besitzen, die sich zum einen als Fähigkeit das Lernen gelernt zu haben und zum anderen als reflexive soziale Kompetenzen umschreiben lassen. In unklaren und sich widersprechenden Erwartungssituationen müsse man sich vorstellen können, wie das eigene Verhalten von den anderen potenziell interpretiert wird und welche Interpretationsmuster für ein bestimmtes Verhalten in einer Kultur überhaupt zur Verfügung stünden. Dies wird als Empathie bezeichnet. Hinzu tritt die kommunikative Kompetenz, also jene Fähigkeit sich sprachlich darüber zu verständigen, wie die eigene Rolle jeweils gesehen und erfüllt wird. Auf diesen Aspekt hat insbesondere Jürgen Habermas aufmerksam gemacht. Insbesondere Erving Goffman hat mit seiner Theorie der Rollendistanz beschrieben, dass es wichtig ist, früher einmal verinnerlichte Normen und Rollen auf neue Situationen hin anzupassen, also eine Verhaltensplastizität zu haben, die aus der Rollendistanz entsteht. Und schließlich geht es bei der Frage nach der Ambiguitätstoleranz um eine besondere Fähigkeit Widersprüche auszuhalten. Diese vier Kompetenzen, die als soziale Kompetenz für die Anwendung und auch die Transformation von Rollen und menschlichen Beziehungen verantwortlich sind, gelten als Bausteine des soziologischen Identitätsbegriffs, also jener Begriff, der die soziale Identität beschreibt. Rollen sind hier, das ist bereits gesagt worden, immer auch Masken und Maskierungen, mit denen wir uns in der Gesellschaft bewegen, der soziale Aspekt unserer Person. Mittels Rollen maskieren wir uns, gleichzeitig ermöglichen es die Rollen, verschiedene Aspekte unseres Selbst auszuleben. Die Masken sind also wichtig für unserer Selbst. Indem die Rollen in dieser Theorie des symbolischen Interaktionismus aber mit sprachlichem Verhandeln und Prozessen des Verstehens verbunden werden, wird aufgezeigt, dass es beim „Rollenspiel" um mehr geht als um Maskierung. Die Rollen sind zumeist lebendiger Teil unseres Selbst und unserer Biografie und wir verhandeln deshalb über sie oder verändern sie, nicht aus Gründen des Erfolgs, sondern aus Gründen der Moral. Wenn Männer und Frauen über ihre Beziehung und ihr Verhältnis zueinander streiten oder Eltern und Kinder, dann ist dies nicht einem instrumentellen Interesse geschuldet, sondern der Streit stellt einen Anerkennungskampf dar, d. h. er hat einen moralischen Kern, es geht nicht um den Abwasch oder die Kindererziehung, sondern um dich und mich.

Als ein besonderer Theoretiker und Sozialwissenschaftler, dessen Forschungsarbeiten dem Problem der Entstehung menschlicher Identität gewidmet sind, ist vor allem George Herbert Mead zu nennen. Hier ist der Gedanke, dass die Menschen ihre Identität der Erfahrung von Intersubjektivität, Kommunikation und Anerkennung verdanken, besonders formuliert. In Bezug auf die Identitätsforschung gilt Mead als ein Materialist, als jemand, der Identität aus den Sphären des Spekulativen und des Philosophischen herausgeholt und sozialwissenschaftlich begründet hat. Mead wird in der Regel in Zusammenhang mit dem Paradigma, also dem Theoriebündel und den theoretischen Auffassungen des Symbolischen Interaktionismus genannt. Er nennt den Kern der persönlichen Identität die Möglichkeit, Selbsterfahrung aus der Sicht anderer zu machen. In der Sprache wird der Einzelne sich selbst gegenüber Objekt und kann sich damit zum Gegenstand von Reflexionen machen. Diese Reflexionen werden dadurch in Gang gesetzt, dass das Kind unweigerlich die Erfahrung des Psychischen macht, die Erfahrung, dass es Dinge wahrnimmt, erfährt und erlebt, die andere so nicht erfahren, erleben und wahrnehmen. Diese Trennung von den anderen ist gleichzeitig ein Motor zur Reflexion.

Die persönliche Identität baut nach Mead auf einer ganzen Struktur von Haltungen auf, die er den Generalisierten Anderen nennt. Der Generalisierte Andere ist die abstrakte Summe verschiedener, in der primären Sozialisation erfahrenen Haltungen. „Taking the role of each other" heißt bei Mead, die erfahrenen organisierten Haltungen anderer hypothetisch auf sich selbst und auf andere anzulegen. Jede Rolle hat demnach vier unterschiedliche Perspektiven: meine Perspektive meiner selbst, meine Perspektive der anderen, die unterstellte Perspektive meiner selbst und die unterstellte Perspektive der anderen: Wie sehe ich mich, wie sehe ich die anderen, wie denke ich, dass die anderen mich sehen, wie denke ich, dass die anderen denken, wie ich sie sehe. Die Störung der wechselseitigen Perspektiven ist psychologisch gesehen eine wichtige Krankheitsursache. Soziales Handeln ist nicht das Ablaufen von Reaktionsketten auf bestimmte Reizklassen, sondern durch den Besitz der Idee über die Gesellschaft mit bedingt.

Mit seinem Projekt, das Phänomen der menschlichen Identität empirisch begreifen zu wollen, bricht Mead wie gesagt mit idealistischen Vorstellungen und nimmt handlungstheoretische Stränge in der Sozialwissenschaft, insbesondere von Dewey auf. Die Welt des Psychischen entsteht in dem Augenblick, in dem eingespielte Handlungen und Routinen Probleme verursachen und die bewährten Situationsdeutungen und -rollen nicht mehr greifen. Die eigene Rolle und die Deutung dieser Rolle wird dann nur noch die persönliche Vorstellung, abgetrennt von der Welt der anderen. Das Psychische sei dann die Erfahrung, die eine Person in gewisser Weise mit sich selbst macht, wenn es durch ein Problem am routinierten Handlungsvollzug gehindert würde. Der Mensch ist zur kreativen Überarbeitung seiner Deutung gezwungen. Im Gegensatz zur Rollentheorie ging Mead soweit, dass er die Gefährdung der Ordnung der sozialen Interaktion als gesellschaftlichen Regelfall annahm. Sozialisation und Erziehung muss entsprechend die Menschen also in die Lage versetzen, mit diesen Gefährdungen und Konflikten in der sozialen Situation umzugehen. Welche Perspektive also nimmt jemand ein, dessen Botschaften und Rollenangebote nicht verstanden oder zurückgewiesen werden? Um zur Kontrolle des Verhaltens anderer in der Lage zu sein, muss jemand Kenntnis von dem Sinn einer Handlungssituation besitzen. Er muss ein Gespür für die intersubjektive Bedeutung seiner Handlungen haben. Was bedeutet es für den Anderen, wenn ich dies und dies tue? Diese

Problematik, nicht das Lernen von Rollen durch Imitation und Identifizierung steht für Mead im Mittelpunkt seiner Theorie der Identität und damit auch seines Sozialisationskonzeptes.

Was meine Meinung, meine Geste, meine Handlung für den anderen bedeutet, kann ich mir bewusst machen, indem ich sein Antwortverhalten in mir selbst erzeuge. Diese Fähigkeit zur Selbstauslösung entsteht für Mead vor allem durch die Sprache, durch das Hören, indem man sich selbst zuhört. Durch das Sich-selbst-Zuhören entsteht die Fähigkeit, in sich Bedeutungen wachzurufen, die das eigene Handeln für den Anderen hat, womit der Mensch die Möglichkeit hat, sich selbst als ein soziales Objekt seiner Haltungen zu betrachten. Handeln ist dadurch reflexiv und Sozialisation besteht nun im Wesentlichen daraus, diesen Teil der Welt an die nächste Generation zu vermitteln, anderen zu helfen, sich selbst zuzuhören und darüber zu kommunizieren. Indem ich meine Stimme und Lautgebärde wahrnehme und auf mich so reagiere, wie es mein Gegenüber tut, kann ich aus der Perspektive des anderen ein Bewusstsein meiner eigenen Identität gewinnen. Diese Möglichkeit nennt Mead das Mich oder das „Me". Der begriff des Mich drückt eine Selbstbeziehung aus, wobei Mead davon ausgeht, dass das Ich nur ein Bewusstsein über sich selbst erhalten kann, wenn es sich in der Objektstellung betrachtet, sich selbst also aus der Perspektive des Gegenübers wahrnimmt

Unter dem Ich versteht Mead dagegen im Sinne seiner sozialbehavioristischen Auffassung ein Reiz-Reaktionsbündel, das Erfahrungen machen, mit Hilfe der Sprache Reaktionen antizipieren und Verhalten verändern kann. Dies stellt aber noch keine Identität dar. Das Ich ist aus sich selbst heraus nicht erfahrbar, es nimmt wahr, macht Erfahrungen, erlebt, aber es versteht sich nicht. Dieses Sich-selbst-bewusst-Werden ist dem Blick der anderen geschuldet. Die gesellschaftliche Kontrolle ist der Ausdruck des „Me". Sie bestimmt die Grenzen, sie liefert die Motive. Mittels des „Me" ist das Ich („I") fähig, zu so etwas wie einem Selbst-Bewusstsein zu gelangen. Beide „Me" und „I" treiben sich wechselseitig voran, im Sinne von Handlung und Reflexion. Die Genese des „Me" liegt in den ersten konkreten Erfahrungen des Kindes in seiner unmittelbaren Umgebung. Man muss sich Ich und Mich als innere Dialogpartner vorstellen. Im fortlaufenden Sozialisationsprozess entstehen mehrere Michs, wobei Mead das Mich als ein kognitives Bild versteht, dass das Subjekt von sich erhält, sobald es die Perspektive einer zweiten Person wahrnimmt bzw. gelernt hat diese wahrzunehmen, das heißt sobald das Kind die Mutter oder eine andre Bezugsperson als eigenständiges Objekt begreift. In dieser Intersubjektivität des Menschlichen liegt die Quelle der Ich-Identität. Doch zurück zum Vorgang der Sozialisation. Mead unterscheidet zwischen dem „I" als innerer handlungsorientierter und kreativer Instanz und dem „Me" als verinnerlichtem generalisiertem Anderen.

Das „Mich" ist demnach eine moralische und reflexive Instanz. Hier sind nach Mead die Potentiale zur demokratischen und intersubjektiven Konfliktlösung enthalten. Mead versteht das „Me" dabei sowohl als kognitive Instanz, psychoanalytisch betrachtet damit als ein Teil des Ich. Wir können sagen, der kognitive Teil des Ich, der die Objektreflexion und Selbstreflexion verkörpert. Gleichzeitig versteht Mead das „Me" aber auch als Teil des Über-Ich, des Gewissens, als moralische Instanz, wobei Meads gesamte Sozialisationsvorstellung von einer Kernidee getragen ist, das Sich-Hineinversetzen in die Position des Anderen, die Übernahme der Rolle und der Situation des Anderen. Erweitert sich dieser Prozess im Sinne einer Matrix und eines kreisförmigen Reihum, erweitert sich die Handlungskompetenz des Kindes und es entsteht so etwas wie eine Matrix eines normativen Handlungszusammenhangs. Mit dem Hineinversetzen in die Situation des Anderen ist es immer auch möglich, dessen moralische Wertbezüge zu übernehmen. Das Mich verallgemeinert sich im Zuge des Heranwachsens des Kindes. Die Persönlichkeitsentwicklung besteht nun darin, sich aus der normativen Perspektive des Anderen begreifen zu lernen. Mead hat hier insbesondere auf das kindliche Spiel abgehoben. Für ihn ist die Spielentwicklung des Kindes zweiphasig. Er unterscheidet zwischen dem nachahmenden Spiel der frühen Kindheit ab ca. 4 Jahren und dem Wettkampf. Dazu sagt er:

> „Der grundlegende Unterschied zwischen dem Spiel und dem Wettkampf liegt darin, dass in letzterem das Kind die Haltungen aller Beteiligten in sich haben muss. Die vom Teilnehmer angenommenen Haltungen der Mitspieler organisieren sich zu einer gewissen Einheit, und diese Organisation kontrolliert wieder die Reaktion des Einzelnen."

Am Beispiel des Baseball-Spielers macht Mead deutlich:

> „Jede seiner eigenen Handlungen wird von den Annahmen über die voraussichtlichen Handlungen der eigenen Spieler bestimmt. Sein Tun und Lassen wird durch den Umstand kontrolliert, dass er gleichzeitig auch jedes andere Mitglied der Mannschaft ist, zumindest soweit, als diese Haltungen seine eigenen spezifischen Haltungen beeinflussen. Wir stoßen somit auf ein anderes, das eine Organisation der Haltungen all jener Personen ist, die in den gleichen Prozess eingeschaltet sind."

Aus dieser Zweiphasigkeit des kindlichen Spiels hat Mead eine Entwicklung angenommen, die für den Sozialisationsprozess eines Menschen entscheidend ist. Sowie das Kind mit dem Übergang vom Play zum Game die Fähigkeit erlangt, sein eigenes Verhalten an einer Regel zu orientieren, die aus der Synthese der

Perspektiven aller Mitspieler gewonnen wurde, so vollzieht sich im Prozess der Sozialisation eine Form der Verinnerlichung von Handlungsnormen, die aus der Generalisierung der Verhaltenserwartungen aller Gesellschaftsmitglieder hervorgehen. Indem der Einzelne lernt, die normativen Erwartungen einer immer größer werdenden Anzahl von Inneraktionspartnern soweit zu verallgemeinern, dass er zur Vorstellung allgemeiner Handlungsnormen gelangt, erwirbt er die abstrakte Fähigkeit, an den geregelten Interaktionen seiner Umwelt teilnehmen zu können, denn die verinnerlichten Normen sagen ihm, welche Erwartungen erlaubt und legitim sind, als auch welche Erwartungen er erfüllen muss. Für Mead ist dies nur über wechselseitige Anerkennungsprozesse möglich.

Die moralische Dimension der Regel

Die Perspektive George Herbert Meads stellt als besonderes Medium und als Konsequenz des Sozialisationsprozesses eine Form der Verinnerlichung von Regeln heraus, die mehr ist als die Angst vor Strafe. Die Verinnerlichung der Regel, die Orientierung an einer Regel, die gleichsam als Synthese der Perspektiven aller Mitspieler gewonnen wurde, die Generalisierung der Verhaltenserwartungen aller Gesellschaftsmitglieder, der Sozialisationsprozess als reflexiver Lernprozess – all dies verweist auf den Sozialisationsprozess als Prozess des moralisch-politischen Lernens. Das Modell Meads ist dabei klar umrissen: das Kind erlernt mit dem Übergang zum „Game" die Fähigkeit sein eigenes Verhalten an einer Regel zu orientieren und verinnerlicht Handlungsnormen, die aus der Generalisierung der Verhaltenserwartungen aller Gesellschaftsmitglieder hervorgegangen sind. Die verinnerlichten Normen sagen ihm, welche Erwartungen es an andere richten darf und welche Verpflichtungen es zu erfüllen hat. Dieser Prozess der Reziprozität wird von Mead Anerkennung genannt: „Das ist jene Identität, die sich in der Gemeinschaft halten kann, die in der Gemeinschaft insoweit anerkannt wird, als sie die anderen anerkennt." Der Sozialisationsprozess, der nach diesen Mustern verläuft, mündet in Anerkennungsverhältnisse, die als sittliche und demokratische gekennzeichnet sind. Diejenigen, die sich da anerkennen und ihre Identität in der Anerkennung erfahren, sind Rechtspersonen, Träger von Rechten und als solche ausgestattet mit einer unverwechselbaren Würde. Die unverwechselbare Würde wiederum ist an eine Mitgliedschaft in einem Gemeinwesen geknüpft. Eine Erfahrung der Anerkennung wird also durch Mitgliedschaften erworben, diese Mitgliedschaften wirken sich positiv auf die Selbstbeziehung des Subjektes aus, die eigene Identität erhält im sozialen Raum durch Mitgliedschaft einen gewissen Wert. Dieser soziale Wert der eigenen Identität begründet die Selbstachtung, die positive Einstellung gegenüber sich selbst, die jemand einnimmt, wenn er sich von anderen Mitgliedern anerkannt weiß.

Alter und Ego achten sich als Rechtssubjekte wechselseitig, weil sie gemeinsam um die sozialen Normen wissen, durch die in ihrem Gemeinwesen Rechte und Pflichten verteilt sind. In vormodernen Gesellschaften ist die Anerkennung als Rechtsperson mit der sozialen Hierarchie oder mit der sozialen Wertschätzung auf engste verschmolzen. Nur diejenigen werden als Träger von Rechten begriffen, die entsprechende gesellschaftlich anerkannte Leistungen erbringen. Die Moral dieser Gesellschaften ist in jeder Hinsicht konventionell. Die rechtliche Anerkennung ist abgestuft und entspricht der sozialen Wertschätzung einer Person bzw. der Statusgruppe, der diese Person zugehört. In modernen Rechtsverhältnissen spaltet sich die rechtliche Anerkennung von der sozialen Wertschätzung ab. Die öffentliche Moral wird postkonventionell. Die Idee des Respekts und der Achtung für die andere Person entspringt der Einsicht, dass jeder Mensch Zweck an sich ist. Daneben baut sich nun die Sphäre der sozialen Wertschätzung und der sozialen Zustimmung auf. Hier bemisst sich die soziale Achtung einer Person an ihrem Erfolg bzw. dem Erfolg seiner Leistungen. Die Achtung und die Wertschätzung stellen für die jeweilige Person die Quelle zu einer positiven Selbstbeziehung dar.

Sozialisationstheoretisch liegt dem Modell von Mead die Vorstellung zugrunde, dass insbesondere größere Kinder und Jugendliche durch die Erfahrung des Respekts die Möglichkeit erhalten, ihre eigenen Handlungen als etwas Autonomes und als Ausdruck ihres freien Selbst zu begreifen. In dem Rahmen, wie den Handlungen der Kinder, unabhängig ob man sie wertschätzt oder nicht, mit dem Respekt einer Person begegnet wird, die Träger von universellen Rechten und Ort einer Würde ist, in dem Maße können Kinder sich mit ihren Handlungen auseinandersetzen, identifizieren und sie als zu sich selbst zugehörig erleben. Sie werden im pädagogischen Sinn schuldfähig. Diese Trennung zwischen dem Kind/dem Jugendlichen als Ort der Würde und der Bewertung seiner Handlungen, die selbstverständlich auch kritisch sein darf und realitätsangemessen sein muss, stellt den Kern einer postkonventionellen moralischen Erziehung dar. Da man selbst nur Träger von Rechten sein kann, wenn andere dies auch sind, ist der Kern des Sozialisationsprozesses die Erfahrung, dass die eigene Anerkennungssphäre des Rechts zerstört werden kann durch missachtende Handlungen anderer gegenüber.

Von Durkheim zu Kohlberg: Theorien moralischer Sozialisation

Theorien moralischer Sozialisation sind vor allem mit den Forschungen Lawrence Kohlbergs und seiner Mitarbeiter verbunden. Kohlberg entwickelte seine

Theorie einer moralischen Entwicklung vor allem in den 1970er Jahren. Bedeutend für seine Forschungen sind die Arbeiten seiner Vorgänger: erstens die Arbeit zum moralischen Urteil beim Kind von Jean Piaget aus den 1930er Jahren , der die moralische Entwicklung von der Heteronomie zur Autonomie beschrieb. Heteronomie und Autonomie folgen zeitlich aufeinander und stellen zwei unterschiedliche Typen moralischen Urteilens dar. Dabei ist das heteronome Stadium vor allem durch einen moralischen Realismus gekennzeichnet. Piaget bezeichnet dies als die Neigung des Kindes, Pflichten und die hinter den Pflichten liegenden Werte als einerseits unabhängig vom Bewusstsein und andererseits zwingend zu betrachten. Der Übergang zur Autonomie im moralischen Urteil sei gekennzeichnet durch das Prinzip der Gerechtigkeit und wird im Kontakt mit gleichaltrigen Kindern durch die Erfahrung von Gegenseitigkeit und Gleichheit gefördert.

Mit dieser entwicklungspsychologischen Perspektive setzt sich Piaget vor allem von der Konzeptualisierung der moralischen Erziehung Emile Durkheims ab. Dessen Konzeptualisierung der Moral in seinen Vorlesungen zu Anfang des 20. Jahrhunderts war vor allem auf die individuelle Beherrschung des Verhaltens und auf die Reproduktion der gesellschaftlichen Verhältnisse gerichtet. Der Pädagogik kam die Aufgabe zu, jene moralischen Werte, die vorherrschend waren, von außen nach innen zu transportieren. Durkheims Entwurf moralischer Entwicklung endet denn auch bei der freiwilligen intellektuellen Unterwerfung des Individuums unter das Gesetz. Sein Entwurf der moralischen Erziehung war insofern konventionell. Regelmäßigkeit, Disziplin, die soziale Gruppe waren die entscheidenden Medien der moralischen Erziehung. Von ihnen ging jener strukturelle Zwang aus, der zur Akzeptanz der moralischen Regel führt. Durkheims Erkenntnisinteresse war es, bei der moralischen Erziehung ohne eine metaphysische Instanz, ein höheres Wesen, auszukommen. Moral war für ihn durch und durch diesseitig bestimmt und durch Erziehung zu verinnerlichen. Die Erziehung sollte sich nach seiner Ansicht nicht auf Gott beziehen, die Verletzung der moralischen Regel nicht als Beleidigung Gottes angesehen werden. Gleichzeitig lehnt Durkheim Gewalt als Mittel der Erziehung ab und beruft sich völlig auf eine Autorität, die als moralisch überlegen anerkannt wird und auf diese Wiese erzieherischen Einfluss ausüben kann. Autorität begründet sich für Durkheim immer als moralische Überlegenheit der pädagogisch Tätigen, der das Kind freiwillig folgt.

Die Idee des autonomen moralischen Urteils in der Theorie Kohlbergs stellt quasi ein Bindeglied zwischen den Vorstellungen einer politischen und einer moralischen Erziehung dar. Dadurch gewinnt die Theorie Kohlbergs für moderne Gesellschaften ein größere Bedeutung. Kohlberg kritisiert Durkheim, dessen Entwurf er einen traditionalen moralpädagogischen Ansatz nennt, der die Beachtung der Regel um ihrer selbst willen fordere. Gleichzeitig ist die Theorie Kohlbergs empirisch fundiert, auch hierin liegt ihre Bedeutung für eine moderne Erziehungswissenschaft. Die Theorie verbindet schließlich Perspektiven der Entwicklung mit denen der Sozialisation, sie ist somit auf den pädagogischen Alltag hin anwendbar. Die Erziehungswissenschaft hat sich lange Zeit ausschließlich mit der Problematik der Übermittlung von Tugenden als Problem der Erziehung befasst. Diese idealistischen Wurzeln der Erziehungswissenschaft haben dazu geführt, dass zum einen politische Verhältnisse, zum anderen die Erziehungspraxis weitgehend vernachlässigt worden sind. Als Antwort darauf hat sich insbesondere in der emanzipatorischen Erziehungswissenschaft die Auffassung durchgesetzt, dass moralische Erziehung als Tugendlehre verzichtbar sei und durch politische Erziehung ersetzt werden sollte.

Kohlberg unterscheidet in seinem Stufenmodell drei Entwicklungsstufen des moralischen Urteils, die von egozentrisch und ich-bezogen über konventionell auf Konformität bedacht bis zu ethisch und autonom begründet reichen:

- die präkonventionelle Stufe (Zustand der Heteronomie, Egozentrik nach dem Motto: gut ist, was mir nützt)
- die konventionelle Stufe (Stufe der Konformität und Gesetzestreue: es ist wichtig die Gesetze zu befolgen)
- die postkonventionelle Stufe moralischer Entwicklung (moralische Autonomie: das moralische Urteil bezieht sich auf hinter den Gesetzen liegende Ethiken).

Nach Kohlberg durchlaufen die Menschen bis zur Adoleszenz die präkonventionellen und konventionellen Stufen 1-4. die meisten Erwachsenen behalten ihre konventionelle moralische Einstellung bei und verpflichten zur Konformität und Gesetzestreue. Nur wenige Menschen erreichen die Stufe des autonomen moralischen Urteils. Kohlberg hat, um das moralische Urteil zu messen, seinen Probanden offene moralische Konflikte und Dilemmata vorgelegt und sie zum Diskutieren des moralischen Problems bewegt, insbesondere das Heinz-Beispiel ist berühmt geworden. Gemessen worden ist dabei allerdings nicht das moralische Urteil selbst, sondern seine Begründung und die argumentative Struktur. Aus den Forschungen Kohlbergs sind eine Reihe von Forschungen zur Entwicklung des moralischen Urteils, zur moralischen Erziehung und zum Zusammenhang von geistiger, psychischer und moralischer Entwicklung entstanden. Bedeutend sind insbesondere die Arbeiten von Döbert/Nunner-Winkler und Habermas zum Verhältnis von Adoleszenzkrise und moralischem Urteil. Die Autoren bewerten die Krise der Adoleszenz als Krise der Konformität, in der Adoleszenz liege beachtliches moralisches Potenzial verborgen, wenn es gelingt durch moralische

Erziehung Einfluss auf die Denkweisen und Überzeugungen von Jugendlichen zu nehmen.

Sozialisation und moralische Entwicklung

In den 1970er und 1980er Jahren gab es in der Pädagogik Positionen, dass Konzepte der Werte- und Moralerziehung sich vor allem gegen jene Pädagogik richteten, die sich als politisch, kritisch und emanzipatorisch verstanden hat. Werte- und Moralerziehung galt lange Zeit als konservativ. Von Tugenden und Werten in der Erziehung sprachen in der Regel jene gesellschaftlichen Kräfte, die sich eine Gesellschaft nur als streng hierarchisch vorstellen konnten. Für die Theoriebildung in der pädagogischen Beratung hat diese Vereinnahmung der Moralerziehung durch die politisch Konservativen die Konsequenz gehabt, dass in der pädagogischen Beratung lange solche Konzepte vorherrschend waren, die lediglich auf die Aufklärung der inneren Realität abzielten und hier zudem strikt verstehensorientiert waren. Die pädagogische Beratung verfügte nicht über ein wissenschaftlich fundiertes Konfliktmodell, ein Defizit, welches bis heute besteht. Dass die pädagogischen Beraterinnen und Berater parteilich waren, solidarisch und identifiziert, gehörte lange Zeit zu den professionellen Tugenden und hat die Konzepte und Leitbilder von Frauenberatungsstellen, Opferberatungsstellen, aber auch sozialtherapeutischen Einrichtungen stark beeinflusst. Die moralische und ethische Frage, der Standpunkt des Beraters als Problem spielte in der pädagogischen Beratung kaum eine Rolle. Mit der Entdeckung des Interessengegensatzes, besonders im Rahmen von Teamsupervisionen und Institutionsberatungen, sowie der Gewissheit, dass hier die meisten Konflikte über Macht gelöst werden, wurde die Frage nach Beratungskonzepten mit den moralischen Inhalten von Gerechtigkeit, Fairness, Aushandlung und Gegenseitigkeit bedeutender. Neben der Supervision und Organisationsberatung platzierten sich Beratungsmethoden, die genau den moralischen Kern von Konflikten fokussierten und Rechtmäßigkeit oder Gerechtigkeit als soziales und institutionelles Handlungsprinzip in die Beratung einführten. Diese Methoden heißen heute Mediation oder Fairnessprozesse oder Leitbildentwicklung. Sie alle zielen auf die kommunikative Erarbeitung einer orientierenden moralischen Regel, auf deren Basis dann konkrete Absprachen getroffen werden können. Gemeinsam ist ihnen die Einsicht, dass Institutionen – auch Familie und Ehe – keinen vordemokratischen Raum darstellen können, an dessen Grenze die Rechtmäßigkeit von Regeln nicht mehr gilt und durch Traditionen oder scheinbare Sachlichkeit ersetzt wird. Pädagogische Beratung heißt hier praktische moralische Sozialisation.

Für die pädagogische Beratung sind die Ansätze von Kohlberg und anderen zur moralischen Erziehung vor allem im Zusammenhang mit der Beratung von Gruppen und in Zusammenhang mit einer Methode der Konfliktlösung in Teamberatungsprozessen interessant. Zwischen den eher therapeutisierenden Methoden und den funktionalen Ansätzen bietet die Theorie Georg Herbert Meads und insbesondere Lawrence Kohlbergs eine konzeptionelle Perspektive und einen Rahmen für den Umgang mit Interessenkonflikten in der pädagogische Beratung, der insbesondere auch für die Supervision bedeutend ist, deren Lösungsvorschläge bei Team-, Gruppen- und Institutionskonflikten sich weitgehend an den therapeutischen Kanon anlehnen oder in letzter Zeit wieder vermehrt den Charme der Autorität und Hierarchie zu entdecken glauben.

Aufbauend auf der Theorie der sozialen und demokratischen Kompetenz sowie des moralischen Lernens ist es die Idee der Gerechten Gemeinschaft mit ihren praktischen Regeln, die geeignet ist, neben dem konzeptionellen Rahmen des Alltags und der Lebenswelt, stärker methodisch und auf Beraterverhalten hin orientiert, Bausteine für ein Konzept pädagogischer Beratung beizutragen. Dabei liegt der Fokus der Kommunikation bei den durchgeführten Projekten zur „just community" wie bei den alten Ansätzen der pädagogischen Beratung aus den 1960er Jahren auf Mündigkeit. Mündigkeit allerdings nicht verstanden als Wahrhaftigkeit und im Kontext der therapeutischen Regeln, wie sie Carl Rogers geprägt hat, sondern Mündigkeit verstanden als kommunizierte Gerechtigkeit, Produkt von Aushandlung und kommunikativer Mühe im Setting eines runden Tisches, in dem alle die gleiche Geltung beanspruchen können. Im Zusammenhang mit Supervision als Form pädagogischer Beratung ist dieses Setting gegenwärtig gefährdet und wird zunehmend durch ein rein technisches Verständnis von Supervision und berufsbezogener Beratung als Anpassung der einzelnen Akteure an gegebene Hierarchien und gegebene Organisationskulturen verändert. Im Mittelpunkt der Idee der „just community" steht die Idee einer gerechten Gemeinschaft. Gerechtigkeit in dieser Praxis heißt, dass alle Mitglieder der Gemeinschaft über ihre Interessen in Verhandlung treten können und das Argument jedes Beteiligten Geltung hat, insofern es sich am Maßstab der Gerechtigkeit messen lässt. Reziprozität, Rollenübernahme, kommunikative Kompetenz und nicht zuletzt Einfühlung und Identifizierung sind dabei wichtige Mittel des pädagogischen Lernens. In der Pädagogik hat sich bisher vor allem Micha Brumlik im deutschsprachigen Raum mit der Anwendung der „just community" im pädagogischen Feld befasst und Projekte vor allem mit jugendlichen Strafgefangenen durchgeführt.

V   Menschliche Entwicklung und Beratungskunst

Beratungskunst wird allgemein als Zusammenspiel von beraterischer Verstehenskompetenz, Handlungskompetenz und Selbstreflexionskompetenz definiert. Dabei ist es unterschiedlich, ob statt des Verstehens Diagnose, statt Handlungskompetenz Interventionskompetenz gemeint ist und ob Selbstreflexion oder Evaluation und Qualitätssicherung gefordert werden. Zwar stehen hinter den Begriffen sehr verschiedene Verständnisse von Beratung, aber sie ist immer ein Prozess nicht nur von Gesprächsführung, sondern zunächst einmal von Verstehen/Diagnostizieren, von Gestalten und Handeln und schließlich von der Auseinandersetzung über den gelaufenen Prozess bzw. das gelaufene Gespräch. Obwohl Beratung dezidiert Problemlösung, Hilfestellung und auch Rat sein will, bezieht sie sich in Bezug auf ihre Zugänge und Grundlagen auf die großen psychologischen Schulen: die Humanistische Psychologie, die Psychoanalyse und den Behaviorismus respektive die systemische Therapie. Die Mehrheit der Berater und Beraterinnen hat innerhalb dieser Richtungen ihre Ausbildung absolviert und das entsprechende Handwerk gelernt. Die großen psychologischen Schulen und Theorietraditionen verfügen jeweils über eine eigene ethische Fundierungen, eigene Verstehens- und Diagnosevorstellungen, eigene Interventionen und Methoden und eigene Formen der Reflexion. Wenn in diesem Kapitel von Beratungskunst die Rede ist, so geschieht dies, weil hinter Begriffen wie personenzentrierte Beratung, psychoanalytische Beratung oder auch systemische Beratung Forschung und Erfahrung stehen, im beraterischen Kontext zu handeln. Über die Grenzen und Verbindungen von Beratung und Therapie ist in den vergangenen Kapiteln viel gesprochen worden. Indessen muss jeder Berater über Kerne beraterischer Handlungskompetenz verfügen, über die Fähigkeit ein Gespräch zu führen, mit der Ratbedürftigkeit der Klienten professionell umzugehen und Perspektiven aufzuzeigen. In den folgenden Abschnitten werden unter dem Dach der Beratungskunst jene Theorien und „Schulen" referiert, die quasi das klassische Repertoire an beraterischer Performanz abgeben.

Psychoanalyse und pädagogische Beratung

Über die Bedeutung der Psychoanalyse für die Pädagogik und für die pädagogische Beratung wird viel gestritten. Mehrheitlich wenden sich insbesondere bezüglich der Beratung Pädagoginnen und Pädagogen den „moderneren Ansätzen" der Beratung zu, zu denen vor allem systemische, verhaltensmodifizierende, aber auch ressourcenfördernde, aktivierende und managerielle Beratungsformen gezählt werden. Sie gelten als effektiver und zeitgemäßer. Unter der psychoanalytischen Beratung verstehen viele Studierende und Praktiker(innen) Beratungsansätze, so wie sie vor ca. 30 Jahren aus der Sicht der traditionellen klinischen Psychoanalyse formuliert und auf die Pädagogik übertragen worden sind. Ein besonderes Beispiel hierfür ist Arbeit zur Beratung von Helmut Junker (1975), der das Modell der psychosexuellen Entwicklung – depressiver Klient, zwanghafter Klient, hysterischer Klient, angstneurotischer Klient – auf das Feld der Sozialen Arbeit übertragen hat. Vor allem die klinische Etikettierung hat viele Pädagoginnen und Pädagogen abgeschreckt und die Gültigkeit und Sinnhaftigkeit der Psychoanalyse für die pädagogische Beratung in Zweifel gezogen. Eine andere sehr bedeutsame Spannung ist das Verhältnis der Psychoanalyse zur Geschlechterforschung. Die Theorie der Weiblichkeit insbesondere in der klassischen Psychoanalyse hat besonders viele Pädagoginnen befremdet und aufgebracht. Die freudianische Annahme einer „organischen Minderwertigkeit der Frau", die Zentrierung der psychosexuellen Entwicklung um den Penis, die Konstruktion von Weiblichkeit als schwach, abhängig und narzisstisch gekränkt, hat die Psychoanalyse für die Pädagogik weitgehend entwertet. Seit den 1980er Jahren bemühen sich verschiedene PsychoanalytikerInnen um eine Reformulierung ihrer Theorien und eine bessere Unterfütterung durch empirische Forschung und Beobachtung.

Diese Innovationen haben die psychoanalytische Theorie für die pädagogische Beratung wieder bedeutender werden lassen, allerdings genießt sie längst nicht den Vertrauensvorschuss und die Begeisterung, die humanistische oder systemische Beratungstheorien oder auch suggestive Beratungsformen derzeit innehaben. Systematisiert man die Innovationen und Neuformulierungen der psychoanalytischen Theorie für die pädagogische Beratung, so sind verschiedene Neuerungen bedeutend:

- Die Selbstpsychologie und die Psychoanalyse des Selbst stellen eine wichtige Bereicherung für das pädagogische Verstehen dar. Dies gilt besonders im Hinblick auf die Theorie des Lebenslaufes und des Lebenszyklus sowie der Lebenskonflikte; die Psychoanalyse des Selbst knüpft an die anerkennungsethische Theorie an und legt einen sozialpsychologisch interaktiven Begriff vom menschlicher Identität zugrunde.

▨ Im Zusammenhang mit der Bindungstheorie, deren Bedeutung für die Sozialpädagogik und die pädagogische Beratung unumstritten ist, stellt die
Objektpsychologie der Psychoanalyse einen wichtigen Beitrag zur psychologischen Theorie der menschlichen Person dar. Die Bindungstheorie basiert
auf empirischen Formen der Forschung und stellt die ethischen Dimensionen der frühen Mutter-Kind-Interaktion in den Vordergrund (vgl. dazu auch
Stemmer-Lück 2004).

▨ Die psychoanalytische Theorie des Narzissmus hat zu einer wesentlichen
Neubewertung der Affekte beitragen. Bedeutend ist, dass diese Affekte
ebenfalls von benachbarten Disziplinen aufgegriffen werden. So wird vor
allem der Scham in den letzten Jahren eine neue wissenschaftliche Aufmerksamkeit zuteil. Für die pädagogische Beratung stellt das Wissen um Affekte
wie Scham, Schuld und Angst wesentliche Erweiterungen und Bereicherun-
gen für die Interaktion mit Klienten dar.

Die Psychoanalyse als Interaktionstheorie

Von Bedeutung für die pädagogische Beratung ist die Psychoanalyse als Interaktionstheorie sowohl in Bezug auf die persönlichen und familialen Bindungen,
als auch in Bezug auf die Beziehungen und Bindungen im Berufsleben. Den
Grundstein des psychoanalytischen Interaktionsmodells hat der Paartherapeut
Jürg Willi bereits in den 1970er Jahren gelegt, indem er ein Kollusionsmodell
(was soviel bedeutet wie Täuschung/Spiel) entwickelte und die verschiedenen
Bedeutungsdimensionen von Ehe- und Partnerkonflikten im Rahmen des Modells der psychosexuellen Entwicklung systematisierte. In den 1980er Jahren
folgte Stavros Mentzos mit seinem Modell der interpersonellen und institutionalisierten Abwehr. Mentzos erweiterte vor allem das Kollusionsmodell um den
von Freud in „Massenpsychologie und Ich-Analyse" (1921) entdeckten Aspekt
der Abwehr von narzisstischer Kränkung durch Identifizierung mit Idolen als
Phänomen von Masse und Institution.

Das von Stavros Mentzos in den 1980er Jahren entwickelte Modell der interpersonellen und institutionalisierten Abwehr geht von der Grundannahme
aus, dass Personen mit individuellen neurotischen Konflikten, mit Ängsten und
Schuldgefühlen ein neurotisches psychosoziales Arrangement mit anderen Personen und mit Institutionen eingehen, um sich von ihren Spannungen zu befrei-
en. So entsteht eine Verzahnung zwischen dem individuellen Bedürfnis nach
Entlastung von neurotischen Spannungen des einzelnen und bestimmten, dazu komplementären Angeboten eines anderen Menschen als auch innerhalb von Institutionen. Mentzos bezieht sich hier auf das von Anna Freud (1936)
entwickelte Modell der individuellen Abwehrmechanismen, welches diese in ih-

rem Buch „Das Ich und die Abwehrmechanismen" beschrieben hat. Ein innerpsychischer Konflikt, der nicht produktiv gelöst werden kann, wird mit Hilfe von Abwehrmechanismen quasi auf neurotische Art bearbeitet, indem er verdrängt, verleugnet, projiziert, abgespalten oder rationalisiert wird. Der Begriff des Abwehrmechanismus betont dabei das Automatische, das Stereotypenhafte der Abwehr, die das Ich vor unangenehmen Gefühlen zumeist der Angst, der Scham oder der Schuld schützen, zu dem Preis einer Pseudolösung (vgl. Bauer/Gröning 1995, S. 21-70). Das Konzept der Abwehrmechanismen ist für die psychoanalytische Persönlichkeitstheorie und für die Beratung immer noch zentral. Zu unterscheiden ist zwischen Abwehrmechanismen und Bewältigungsmechanismen oder „reifen Abwehrmechanismen", z. B. der Sublimierung, der gelungenen Intellektualisierung, die ein Stück Trieb- bzw. Bedürfnisbefriedigung zur Verfügung stellen. Mentzos überträgt das Konzept der Abwehr nun auf zwei oder mehrere Personen und spricht von Abwehrarrangements. Im Rahmen der Familientherapie, sowohl bei Horst Eberhard Richter (1963 u.1970) als auch bei Jürg Willi (1975), sind die interpersonalen Abwehrkonstellationen bereits bekannt. In Anlehnung an diese Autoren nimmt er eine Typisierung interpersonaler Abwehrkonstellationen vor und bezieht die Abwehrarrangements sowohl auf zwei Personen als auch auf kleinere oder größere Gruppen. Mentzos unterscheidet eine symptomorientierte von einer konfliktorientierten und einer strukturellen interpersonellen Abwehr. Weiterhin unterscheidet Mentzos symmetrische und komplementäre Abwehrkonstellationen, er übernimmt dabei von Watzlawick die Begriffe der symmetrischen und komplementären Interaktion. Die Begriffe stehen für Beziehungen, die entweder auf Gleichheit oder auf Unterschiedlichkeit beruhen. Die interpersonelle Abwehr kann sich auf libidinöse oder aggressive Dimensionen richten, dann geht es darum Frustrationen im Bereich der oralen Versorgung oder der sexuellen Bedürfnisse umzugehen. Möglich sind aber auch Kränkungen des Selbstwertgefühls also narzisstische Konflikte. In allen Fällen soll der Partner entschädigen, wiedergutmachen oder auch „herhalten". Horst Eberhard Richter hat in seinem Klassiker „Eltern, Kind und Neurose" von ähnlichen Mustern gesprochen. Er hat diese beiden Muster, den psychoneurotischen Konflikt und den narzisstischen Konflikt, am Beispiel der Position von Kindern in Familien erklärt: In einem Fall wird das Kind gewählt, um andere, oft frühere Partner zu ersetzen, im anderen Fall, um Teile des eigenen Selbst zu repräsentieren, entweder mehr negativ, indem man den realen Partner zum Sündenbock macht, oder positiv, indem man den Partner zum Bundesgenossen macht. Die aufgezählten klassischen Arbeiten zeigen das Bemühen auf, die Psychoanalyse vor allem als Interaktionstheorie zu verstehen.

In diesem Kontext ist auch Thea Bauriedels Erweiterung der psychoanaly-tischen Theorie und ihre Auffassung von Psychoanalyse als Beziehungsanalyse für die Pädagogik und ihre Beratung besonders hervorzuheben.

Thea Bauriedl stellt die Beziehungsklärung, die Beziehungsaufnahme, den Umgang mit Spannung in den Mittelpunkt ihres bereits 1980 erschienen Klassi-kers „Beziehungsanalyse".

Ihre Arbeit verdient besondere Aufmerksamkeit, denn auch sie verzichtet auf die klinische Diagnostik, die immer noch vielen Modellen der klassischen Psychoanalyse, aber auch der modernen Psychoanalyse anhaftet. Bauriedl will nicht das Pathologische einer Beziehung fokussieren, sondern definiert eine Beziehung als gegenseitige Relativierung, als „Infragestellung beider Struktu-ren", wenn daraus eine lebendige, sich fortentwickelnde Beratung entstehen soll (Bauriedl 1984, S. 46). Die Chance der Beziehung, so Bauriedl, bestehe darin, dass die Ambivalenzspannungen nicht vermieden, sondern kreativ aufgegriffen werden und zur erlebten Darstellung kommen. Bauriedl nennt dies den künst-lerischen Aspekt in der psychoanalytischen Beziehung und beschreibt auch die Kunst als Potenzial mit ängstigenden Spannungspolen umzugehen und diese kreativ aufzuheben.

Der emanzipatorische Akt der Kunst liege in der kreativen Aufhebung von Abspaltung, denn Kreativität und lebendiger Kontakt beruhten auf dem glei-chen Prinzip (vgl. Bauriedl 1984, S.46). In einer Beziehung treffen, so Bauriedl (1984, S.33), immer die Übertragungsmuster zweier Beziehungspartner zusam-men, welche durch ihre jeweiligen Normstrukturen und ihre spezifisch gestal-teten Ambivalenzspaltungen gekennzeichnet seien. Sich in Frage stellen, sich relativieren sei deshalb die Dynamik jeder Beziehung. Umgekehrt tendierten Beziehungen dazu, sich zu verfestigen und zu fixieren. Das Risiko von inter-psychischen Beziehungen, zu denen an dieser Stelle die Beratung ärztlicher/ psychologischer, seelsorgerischer und zuletzt pädagogischer Provenienz gezählt werden muss, kann potenziell den bisherigen Stellenwert und die Absolutheit von Normen in Frage stellen, womit eine gegenseitige Fixierung in Bewegung kommt. Bauriedl nennt deshalb ihr Modell dialektisch. Sie zeigt auf – hier kommt sie Winnicott sehr nahe –, dass in einer so gestalteten Beziehung etwas Drittes, eine Art Raum entsteht, quasi durch die lebendige Bewegung mit sich selbst und dem anderen. Umgekehrt sei die Beziehungsstörung Manipulation, deren Ursachen Bauriedl in der Angst sieht – hier kommt sie den ethnopsy-choanalytischen Deutungen sehr nahe. Angst führe in gestörten Beziehungen nicht zur Kontaktaufnahme, sondern zur Abwehr des Bezogenseins. Die eige-ne Normstruktur werde absolut gesetzt, entdialektisiert, abgewehrt – ich oder du! Um nicht aus dem Gleichgewicht zu geraten werde der andere und alles, was stört, aus dem Erleben verdrängt. Bauriedl verwendet hier den Begriff der

Manipulation und Beeinflussung normativ als gegenseitige Bedrohung und Machtausübung. In vielerlei Hinsicht kommt die Buchstabierung der Beziehung bei Bauriedl den Implikationen der Anerkennungstheorie sehr nahe (Honneth 1992). Auch Axel Honneth verwendet die psychoanalytische Objektbeziehungstheorie, um basale Formen der primären intersubjektiven Anerkennung zu beschreiben. Grundsätze wie: den anderen nicht verwenden und sich selbst nicht verwenden lassen, werden von ihm als Ausgangspunkt einer anerkennenden Beziehung formuliert. Dies bedeutet nicht Konfliktvermeidung, aber Reflexion auch der eigenen Abwehr. Den Kontrakt nennt Bauriedl einen Rahmen für den emanzipatorischen Prozess und definiert diesen als progressive Relativierung: Kontaktgrenzen werden ständig hergestellt und auf diese Weise in innerpsychischen Normgrenzen in Frage gestellt.

Seit den 1990er Jahren bemühen sich verschiedene psychoanalytische Berater, die Psychoanalyse auf Organisationen und Institutionen anzuwenden und Modelle der psychoanalytischen Supervisionen zu entwickeln. Im Mittelpunkt stehen hier das Unbewusste in Institutionen sowie die psychoanalytischen Abwehrtheorien. Gleichzeitig werden gruppenanalytische Erkenntnisse, insbesondere die Theorie der Matrix auf das Feld der Arbeit mit Teams und Institutionen angewendet. Entsprechend der psychoanalytischen Tradition stehen hier traditionelle Angstphänomene in Gruppen und Institutionen im Mittelpunkt des Erkenntnisinteresses, sowie weitere affektive Prozesse in Institutionen. Bedeutend ist in diesem Zusammenhang auch die psychoanalytische Sichtweise auf Gewalt in klinischen Institutionen.

Neben den Typen der intra- und interpersonellen Abwehr untersucht wiederum Mentzos Abwehrmechanismen in Institutionen. Er beschreibt diese als kollektive und institutionalisierte Formen der psychosozialen Abwehr. Psychosoziale Abwehr kann geschehen, indem interpersonale Arrangements gebildet werden, die die notwendige Abwehr leisten. Mentzos zentrale Annahme zur institutionalisierten Abwehr besagt nun, dass soziale Rollensysteme und Institutionen maßgebend beteiligt an Abwehrkonstellationen sein können und auch vielfach sind. Ihre Abwehrfunktion kann ein wichtiger Bestandteil ihres Sinns, ihrer Struktur und ihrer Systemaspekte sein. So nennt das Strafrecht, welches mit dem Ritual der Bestrafung des Bösen eine zentrale gesellschaftliche Ordnungsfunktion ausübt. Institutionen sind nach Mentzos nur vordergründig zweckrational aufgebaut, d. h. sie regulieren und sichern Arbeitsverteilung und Leistungsfähigkeit. Gleichzeitig haben sie noch andere Inhalte.

Institutionen stützen sich auf gemeinsame Werte, Einstellungen und gefühlsmäßige, oft nicht klar erkennbare und definierbare Motivationen. Institutionen stellen Handlungs- und Beziehungsmuster dar, die gekennzeichnet sind durch zentrale Ordnungswerte in der Antriebsstruktur der Gesellschaftsmitglieder

(Mentzos 1990, S. 80). Institutionen bieten die Möglichkeit zu interaktionell aufgebauter Abwehr durch Rollen, die durch ein Gesamtsystem beschrieben und analysiert werden können. Mentzos orientiert sich dabei an Gehlen (1964), geht aber gleichzeitig über ihn hinaus. Während Gehlen den positiven Charakter von Institutionen betont, dass diese für die menschlichen Bedürfnisse nämlich eine Stabilisierung von Verhalten garantierten, betont Mentzos, dass Institutionen auch infantile, „neurotische" Bedürfnisse konservieren. Sie tun dies, indem sie sie quasi zum Verschwinden bringen. In Institutionen können neurotische und regressive Triebbedürfnisse zu befriedigt werden, weil sie in Rollen und sozialen Positionen quasi verschwinden.

Die Psychoanalyse der Gruppe

In der psychoanalytischen Beratung stellt die Arbeit mit Gruppen einen eigenen Ansatz dar. Im Mittelpunkt steht hier die von S. H. Foulkes entwickelte Gruppenanalyse. Foulkes Erkenntnis war es, dass in Gruppen besondere und verdichtete Übertragungsprozesse stattfinden. Wie sein Kollege Wilfred Bion, der in der Gruppe eine Art Container für Übertragungen und Regressionen sah, war Foulkes davon überzeugt, dass neben der Arbeitsebene in Gruppen weitere unbewusstere Ebenen für Gruppenprozesse eine beachtliche Rolle spielen, die er für die therapeutische Arbeit nutzte und zu einem eigenen Konzept gruppenanalytischer Psychotherapie ausbaute. Bion unterscheidet zwei Ebenen der Gruppe: die Arbeitsgruppe *(work group)* und die Grundeinstellungsgruppe *(basic assumption group)*. Dabei wird die Arbeitsgruppe folgendermaßen charakterisiert (vgl. Heigl-Evers 1978, S. 38): Die Aktivitäten der Arbeitsgruppe sind realitätsbezogen, rational und von daher wissenschaftlich. Nach Bions Beobachtungen wird die Arbeitsgruppenkultur von mächtigen Affekten in Gruppen gestört, absorbiert oder auch gefördert, die durch andere seelische Aktivitäten bedingt sind und die mächtigen Gefühlen entstammen. Diese Aktivitäten führen zu einer gewissen Kohäsion der Gruppe, wenn sie bestimmten Grundannahmen entspringen, die alle Gruppenmitglieder teilen. Dieses Phänomen beschreibt Bion als Valenz, als die Fähigkeit des Individuums, sich spontan und unwillkürlich mit einem anderen Individuum oder mit mehreren auf der Ebene der Grundeinstellungen zu verbinden und entsprechend miteinander zu agieren.

Bion hat dabei drei Grundeinstellungen identifiziert: die Grundeinstellung der Abhängigkeit, das heißt die Bereitschaft der Gruppe, sich einem Führer anzuvertrauen, von dem sie Unterstützung und Zuwendung erwartet. Die zweite Ebene der Grundeinstellungen betrifft das Kampf/Flucht-Verhalten. Die Gruppe verhält sich so, als stünde sie einem gemeinsamen Feind gegenüber oder als befände sie sich in großer Gefahr. Die Gruppe verhält sich unzugänglich gegenüber verbaler Kommunikation und Verstehensversuchen. Hass, Wut, Trotz und Destruktivität werden teilweise frei ausgelebt. Eine letzte reifere Grundeinstellung ist die Paarbildung. Die Paarbildung schützt vor Ängsten und destruktiven Gefühlen.

Zu wichtigen Merkmalen der Grundeinstellungen gehören: sie sind zeitlos, sie kennen keine Entwicklung, das heißt die Gruppe kann sich monatelang in derselben Grundeinstellung bewegen, Veränderungen werden wenig zugelassen. Eine Dominanz der Grundeinstellungen, insbesondere Leiterabhängigkeit und Kampf/Flucht-Verhalten, lässt die Gruppe stagnieren und bedroht die Arbeitsebene.

Mit seiner Analyse der Grundeinstellungen hat sich Bion insbesondere mit Angstphänomenen in Gruppen befasst, wie sie nicht nur in klinischen Gruppen vorzufinden sind, sondern auch in Supervisionen vorkommen, überall dort eben, wo Realängste oder unbewusste Ängste das Erleben der Gruppenmitglieder nachhaltig beeinflussen. Es gehört zum Phänomen der Gruppen, dass diese ihre Ängste mit dem Leiter (Therapeuten) agieren und reinszenieren. Insofern sind die Gegenübertragungsgefühle des Leiters von Gruppen ein entscheidender Schlüssel zum Verständnis der jeweiligen Grundeinstellung. Die Gefühle, die innerhalb der Grundeinstellungen vorkommen, weisen ähnliche Züge auf. Wut und Hass finden sich also sowohl in der Grundeinstellung der Abhängigkeit, als auch in der Grundeinstellung von Kampf und Flucht. Insofern nahm Bion an, dass es sich bei den erlebten Gefühlen um Reaktionen auf frühere primäre Zustände handelt. Die von Melanie Klein beschriebenen frühen Phantasien des Kindes im Rahmen der Mutter-Kind-Dyade kommen also in der Gruppe als Grundeinstellung zum Zuge (vgl. Heigl-Evers, 1978, S. 41). Dabei handelt es sich im Kern um die primitiven Wahrnehmungen wie gut und böse, Ich und Nicht-Ich etc. (vgl. dazu auch Kennel/Reerink 1996).

Zur Arbeit mit Gruppen ist aus der Sicht der Psychoanalyse der Beitrag von Donald Winnicott wichtig. Gemeinhin gilt Winnicott als Entwicklungstheoretiker mit dem Schwerpunkt auf der frühen Kindheit. Begriffe wie Übergangsobjekt, Übergangsphänomen wurden von ihm geprägt und sind heute in den Sprachschatz einer breiten sozialwissenschaftlichen Öffentlichkeit eingegangen. Gruppentheoretisch bedeutend ist Winnicott zum einen wegen seines Konzeptes des potenziellen Raums für die Entwicklung von Menschen und wegen seiner Beobachtung eines interaktiven sozialen Vorgangs, den er das Spiegeln oder die Spiegelreaktion genannt hat. Beides, sowohl der potenzielle Raum wie auch das Spiegeln, entsteht im ersten Lebensjahr im Rahmen der Mutter-Kind-Interaktion und sind abhängig von einer Mutter, die gut genug (good-enough) ist. Die „good enough mother" schafft über Formen der anerkennenden Liebe und Kommunikation zwischen dem Kind und ihr selbst eine Gegenseitigkeit, in dem sie das Kind spiegelt. Dazu sagt Winnicott: In der individuellen emotionalen Entwicklung ist das Gesicht der Mutter der Vorläufer des Spiegels. In klassischen psychoanalytischen Arbeiten, insbesondere bei Lacan spielt der Spiegel bereits eine wichtige Rolle für die Entwicklung des Individuums. Winnicott – so Caroline Neubaur (1987) – unterstelle vom ersten Tage an, dass ein anderer mich verfehlen kann, dass ich mich als einen feststellen kann, der verfehlt wird. Wenn die mich spiegelnde Mutter mich nicht spiegelt, sondern starr und abweisend aussieht, kann ich dem natürlichen Gefälle meiner Äußerungen, meiner Bewegung nicht folgen. Das Gesicht einer drohenden, abgewandten und starren Mutter würde Vernichtung bedeuten. Dass Kind will sehen und dafür benötigt es die Haltung der Mutter gesehen zu werden. Ein nicht gespiegeltes Kind kann sich nicht manifestieren, fühlt sich unwirklich und teilweise wie abgestorben. Spiegelreaktionen *(mirror-reaction)* in Gruppen spielen vor allem in Balintgruppen und in der Gruppenanalyse eine sehr bedeutende Rolle. Die Balintgruppenleitung bzw. die gruppenanalytische Leitung versteht die Verhaltensweisen einer Gruppe nach einer Erzählung eines Gruppenmitglieds als Spiegel für das unbewusste Material der vorgestellten Erzählung. Die Spiegelreaktion ist ein Feed-back, aber sie ist gleichzeitig mehr, da sie nicht nur die Ebene des sozialen Lernens, sondern auch die Ebene der unbewussten Beziehungen umfasst. Gruppen spiegeln sich in der Regel spontan und zumeist auch feinfühlig. Winnicott hat mit seiner Forschung eine wichtigen Beitrag dazu geleistet, wie die Spiegelreaktionen in Gruppenprozessen zu bewerten sind. Eine Gruppe ist auf ihre reziproken Spiegelreaktionen angewiesen, fehlen sie, dürfte die Gruppe in Regressionen geraten, da eben ganz frühe Ängste, Schamgefühle und Gefühle der Leere aktualisiert werden.

Die zweite wesentliche theoretische Einsicht Winnicotts für die Arbeit mit Gruppen ist seine Theorie des intermediären Raumes, ein Raum zwischen der inneren psychischen Realität und der äußeren Welt, eine Erfahrungsbewegung, in der auch das Übergangsobjekt eine wichtige Rolle spielt. Anders als z. B. Melanie Klein, die Verinnerlichung immer als etwas ansieht, was sich unter Einfluss von Spaltung und Verdrängung vollzieht, argumentiert Winnicott, dass Lernen und Entwicklung, sich über einen intermediären Bereich zwischen Ich und Du, zwischen Innen und Außen, vollziehe, Erfahrungen, die in gleicher Weise innere Realität und äußeres Leben beträfen. Dieser intermediäre Raum, die Verbindung zwischen äußerer und innerer Welt vollzieht sich zeitgleich mit der Entwicklung, für die das Kind Übergangsobjekte benötigt. Das Übergangsobjekt gilt als Symbol für den Übergang von der Mutter zur Welt. Es ist aber weit mehr: das Übergangsobjekt erbringt synthetisierende Leistungen zwischen der inneren und äußeren Welt und hilft, beide Welten gleichzeitig zu erschaffen und zu stabilisieren. Das Übergangsobjekt gehört in den dritten Raum, den Raum zwischen der inneren und äußerer Welt.

Gruppentheoretisch ist mehr die Therapiegruppe als die Supervisionsgruppe ein solcher „intermediärer" Raum, Gruppen können ähnlich wie auch andere therapeutische Settings diese Bedeutung haben. Innerhalb des intermediären Raumes kann sich dann eine Interaktion vollziehen, die Vertrauen und seelisches Wachstum bedeutet. Winnicott hat diese Interaktion mit dem Spielbegriff umschrieben. Spielen ist für Winnicott eine zentrale Kategorie: nicht nur der Verarbeitung von Frustrationen und Triebspannungen geschuldet. Für den Erwachsenen ist Spielen kulturelles Erleben. Im intermediären Raum geht die Tätigkeit des Spielens von alleine vor sich. Die Bedeutung der Theorie von Winnicott für die Gruppentheorie liegt in der Definition der Gruppe als *potential space*. Die Gruppe wird zum intermediären Raum zwischen Ich und Welt. Hier können neue Beziehungen erprobt, Exploration und Neugierde ausprobiert werden. Dafür nötig ist eine haltende und stützende beziehungsorientierte Form des Gruppenleitens.

Für die Bereiche der psychoanalytischen Diagnose sind schließlich die ethnopsychoanalytischen Arbeiten zu nennen, in deren Mittelpunkt die Gegenübertragung und die Fähigkeit zum Verstehen des Fremden steht. Hinzu treten methodische Erkenntnisse, die im Konzept des „inneren Analytikers" ihren Ausdruck finden: Diese Einsichten bauen ebenfalls auf dem Übertragungsphänomen auf und differenzieren zwischen interpersoneller Wahrnehmung, kognitiver Strukturierung und sprachlichem Ausdruck, die für psychoanalytische Interpretationen von Fällen besonders bedeutend sind.

Übertragung, Widerstand und der Prozess des Verstehens

Jede tiefenpsychologische Beratung nimmt den Tatbestand der Unbewusstheit als besonderen Boden und als besondere Chance an. Die Unbewusstheit der Konflikte, die zur Beratung führen, machen sich fest an den Phänomenen des Widerstandes und der Übertragung als wesentliche Dimension jedweden Beratens. Konflikte werden hier nicht als Aufschichtung von Konditionierungen aufgefasst, auch wird der Prozess des Beratens nicht als sachlich-fachlicher Dialog oder Bildungsprozess verstanden. Vielmehr wird eine Disparität zwischen kognitiver Zustimmung und affektivem Widerstand typisch vorausgesetzt. Für die psychoanalytische Beratung wie auch für die psychoanalytische Sozialarbeit (vgl. Müller 1995) sind insbesondere, bezogen auf den Prozess des Verstehens, verschiedene Einsichten der Ethnopsychoanalyse in den letzten Jahren wichtig geworden.

Diese ethnopsychoanalytischen Einsichten nehmen ihren Ausgang an den Verunsicherungen, Gefühlen und Verstrickungen des Beraters/der Beraterin mit dem Klienten/der Klienten bzw. dem erzählten Material. Angenommen wird ein enger Zusammenhang von Verstricken und Verstehen als Grundtatsache in der beraterischen Beziehung. In der Beratungssituation begegnen sich zunächst einmal zwei oder mehrere fremde Menschen. Die normalen Alltagsroutinen sind außer Kraft gesetzt. Einstellungen, Meinungen, Verhaltensweisen werden hinterfragt, begutachtet, reflektiert. Die Situation ist unsicher. Zu dieser fremden Situation und zum Umgang mit dem Fremden hat sich theoretisch bezogen auf die Sozialwissenschaft vor allem der Ethnologe Devereux in seiner klassischen Arbeit zur Angst und Methode befasst (vgl. Devereux 1967). In dieser Arbeit schreibt Georges Devereux (1967) zum Verhältnis von Verstricken und Verstehen und zum sozialwissenschaftlichen Umgang mit dem Fremden, dass jede, damit auch jede pädagogische Erkenntnis die Voraussetzung habe, die affektive Verstrickung des Menschen mit dem Phänomen, das er untersucht, aufzuarbeiten. Das Phänomen der Verstrickung in den Gegenstand sei das wichtigste, das interessante Phänomen. Der Widerstand, also die Hindernisse gegen diese Aufarbeitung diskutiert Devereux als Angst, die als Grundbestand jeder sozialwissenschaftlichen Erkenntnis verstanden wird. In Anlehnung an Einstein sagt er, dass wir die Erkenntnisse nur am Beobachter erkennen können: „d. h. dass wir lediglich wissen, was an dem experimentellen Apparat, dessen wichtigste Komponente der Beobachter ist, und mit ihm geschieht ..." (1967, S.17). Zur traditionellen Ethnologie sagt Devereux, dass die Gegenübertragung, also die Ängste, die beim Kennenlernen einer neuen Kultur auftauchen, durch Gegenübertragungswiderstände bekämpft werde, „die sich als Methodologie tarnten" (ebenda). Devereux mutet dem Forscher zu, auszuhalten, dass seine Daten ebenso Angst erregen, Verunsicherung verursachen und Abwehr stimulieren. Der Forscher muss seiner Ansicht nach „der Angst ins Gesicht sehen, um der Versuchung zu widerstehen, Teile seines Materials zu verdunkeln" (1967, S. 127). Versuche des Forschers, sich in der Gesellschaft anzupassen und sich in sie zu integrieren, sind unter den Aspekten der ethnopsychoanalytischen Forschung kontraproduktiv. Übertragen auf die beraterische Situation bedeutet dies vor allem, dass Typisierungen, Interpretationen, Deutungen des Klienten nach Möglichkeit unterbleiben sollen. Typisierungen und Schematisierungen wie „neurotisch", „depressiv", „borderline", wie sie aus dem klinischen Bereich bekannt sind, zerstören die Diagnose und sind als Abwehr des Beraters gegen seine Angst vor dem Klienten zu verstehen. Die Art, wie sich der Klient dem Berater mitteilt, soll vielmehr beschrieben werden, die eigenen Gefühle dazu bewusst gemacht werden und der Weg einer „dichten Beschreibung" als diagnostische Methode gewählt werden. Damit verfügt der Berater nicht mehr so sehr über ein

feststehendes, typisierendes wissenschaftliches Wissen oder über sein besonderes methodisches Instrumentarium, sondern über seine Person, seine innere
Realität, die Welt seiner Gefühle, die er sich über den Prozess der Introjektion,
also der Selbstwahrnehmung bewusst macht. Psychoanalytische Beratung und
Diagnose als Prozess des Verstehens erfolgt so vor allem durch die Gefühle, die
der Klient in der Person des Beraters oder der Beraterin auslöst.

Zur besonderen Form der ethnopsychoanalytischen Erkenntnis haben sich
Evelyn Heinenmann und Maya Nadig geäußert. Angehörige verschiedener Kulturen (und wir können die Kultur des Klienten und die Kultur des Beraters/
der Beraterin hier gegenüberstellen) reagieren kulturspezifisch aufeinander
(vgl. Heinemann 1992, Nadig 1986). Es werden insbesondere in der ersten Begegnung, im ersten Kontakt Rituale und ritualisierte Erfahrungen, quasi verinnerlichte Szenen reproduziert. Dabei wird der Forscher bzw. die Beraterin/der
Berater zur Übernahme von komplementären oder konkordanten Haltungen gedrängt. Er/sie soll etwas in einer bestimmten Weise fühlen, erleben. Es entsteht
entweder eine Beziehung von Angst, Widerstand und Abwehr oder es entsteht
ein Sich-Einlassen, eine partielle Identifikation, die Selbstreflexion („Was löst
der andere in mir aus") und ein Verstehen von innen. Ergänzt durch ein Verstehen von außen, das heißt unter Zuhilfenahme verschiedener Theorien – und hier
ist der Ort des wissenschaftlichen Wissens – entsteht Erkenntnis.

**Der innere Analytiker. Selbstreflexion als Methode der psychoanalytischen
Beratung**

Eine besondere Bedeutung in der psychoanalytischen Beratung hat die Selbstreflexion. Wie der teils geheimnisvolle Prozess im einzelnen zwischen Analytiker und Analysanden funktioniert, wie „freischwebende Aufmerksamkeit",
„Introspektion", „Gegenübertragung" schließlich zur „Deutung" heranreifen
– mit diesem methodischen Instrumentarium haben sich ganze Generationen
von Beratern gequält. Kommunikations- und bindungstheoretische Erkenntnisse scheinen aber neue Schneisen in das Dickicht der psychoanalytischen
Beratungsmethode zu schlagen. Vor allem wird psychoanalytisch begründetes
Verstehen und Diagnostizieren durch neue Erkenntnisse der Bindungstheorien
aus dem Bereich des Spekulativen herausgeholt und in empirische Kontexte gestellt. Damit verändern sich auch die Gewichtungen innerhalb der psychoanalytischen Beratungsvorstellungen. Interessant ist dabei der psychische Prozess der
Selbstreflexion. So machen Zwiebel und Ritter (2002) auf eine Untersuchung
von Fonagy aufmerksam, in welcher die generelle Fähigkeit zur Selbstreflexion
genauer beschrieben und ein Manual entwickelt worden sei, mit dem man die
„reflecting function" an Interviewmaterial validieren kann. Zwiebel und Ritter

nennen die „reflecting function" ein Brückenkonzept, weil sie über die psycho-analytische Theorie hinausgeht und auch in anderen Schulen der Psychologie verwendet wird. Es geht dabei um die Fähigkeit, die eigene Person wie auch andere Menschen intentional und mental wahrzunehmen und zu verstehen, ihr Verhalten zu erfassen und ihre Absichten einzufühlen. Für das Modell der refle-xiven Funktion bedeutend sind Erkenntnisse der Bindungsforschung, denn es konnte gezeigt werden, dass die sichere Bindung eines Kindes von der Qualität der Metakognition der Mutter abhängig ist, also wie die Mutter über sich und das Kind und beider Beziehung denkt.

In seiner Theorie der Anerkennung ist Honneth davon ausgegangen, dass zwi-schen Mutter und Kind im ersten Lebensjahr Prozesse primärer Intersubjekti-vität stattfinden, in deren Mittelpunkt das Einüben von gemeinsamen Gefühlen und Erlebensweisen stehen. Auch die Forschung zur reflexiven Funktion nimmt einen solchen Prozess an, in dem sich die Subjektivität des Kindes über die Sub-jektivität der Mutter entwickeln kann. Der Prozess der Mentalisierung wird für fünf Bereiche als bedeutsam angesehen:

- Verhalten wird vorhersehbar,
- sie spielt eine wesentliche Rolle für das Herstellen von Bindungssicherheit beim Kind,
- sie erleichtert die Unterscheidung zwischen inneren Repräsentanzen und äu-ßerer Realität,
- sie fördert Kommunikation und
- ermöglicht das Herstellen bedeutungsvoller Bezüge zwischen innerer und äußerer Realität.

Im Zusammenhang mit klinischer Forschung werden gegenwärtig Instrumente entwickelt, die die Fähigkeit zur Selbstreflexivität messen und in Zusammen-hang zu den frühen Störungen bringen. Dabei wird davon ausgegangen, dass zwischen dem Ausmaß an Einschränkung der reflexiven Funktion und der Dis-position zu neurotischen Erkrankungen ein enger Zusammenhang besteht.

Ähnlich wie bereits Winnicott argumentiert hat, spielen die Affekte bei der Entwicklung des Selbst eine in der klassischen Psychoanalyse unterschätzte Rolle. Für Winnicott entsteht die Fähigkeit zur intentionalen Kommunikation mit dem Phänomen des Übergangsraums. Es hat den Anschein, als würde die Theorie Winnicotts über die Bedeutung der spiegelnden Haltung der Mutter heute durch die empirischen Bindungsforscher bestätigt (vgl. Zwiebel und Rit-ter 2002, S. 8), denn auch sie nehmen an, dass in der Entwicklung des Kindes die Affektivität und vor allem die affektive, spiegelnde Regulierung durch die

Eltern eine zentrale Rolle spielt, denn die ursprünglichen Affekte des Kindes, „die auch als primäre Emotionen, als Reaktionen auf Reize und als dynamische Verhaltensautomatismen aufgefasst werden, werden durch die Spiegelung der Affekte durch die Eltern in erste kognitive Repräsentanzen überführt, so dass sich ein sekundäres Regulations- und Kontrollorgan über diese Repräsentanzen entwickelt" (Zwiebel und Ritter 2002, S. 8). Zwiebel und Ritter übertragen nun diese bindungstheoretischen Einsichten auf ihr Konzept des Verstehens in der psychoanalytischen Beratung, welches sie mit Lehrerinnen und Lehrern in pädagogischen Situationen erproben.

Dabei orientieren sich beide an einer in der Bindungsforschung entwickelten Skala zur Messung der selbstreflexiven Funktion:

- Art und Häufigkeit der Erwähnung eigener innerer Befindlichkeiten oder der anderer,
- Einfühlungsvermögen für die Charakteristika, die Komplexität und Vielfalt innerer Befindlichkeiten,
- Bemühungen, beobachtbares Verhalten mit innerer Befindlichkeit zu verknüpfen,
- Fähigkeit, eine Änderung der inneren Befindlichkeit und daraus folgende Änderungen des Verhaltens in Betracht zu ziehen (Fonagy, zit. nach Daudert 1998).

„Der Prozess des Verstehens in der Psychoanalyse ist demnach die Fähigkeit des Menschen, unbewusste Erfahrungen über ihre bewussten Abkömmlinge wie Traumerinnerungen, Tagträume, Vorstellungen, Erwartungen, Assoziationen, Gefühle und Stimmungen wahrzunehmen, zu erleben und diese zu verarbeiten, d. h. sich mit ihnen denkend auseinander zu setzen, in Beziehung zu setzen, zu kommunizieren und handelnd umzusetzen." (Zwiebel und Ritter 2005, S. 12)

Insofern, sagen Zwiebel und Ritter, sei das Modell triadisch, bestehend aus den Polen Introspektion, Kognition und Kommunikation. Sie unterscheiden entsprechend einen introspektiv-empathischen Pol, einen extrospektiv-kognitiven Pol und einen kommunikativen Pol. Introspektiver, kognitiver und kommunikativer Bereich überschneiden sich, denn es handelt sich im Grunde um einen einheitlichen psychischen Prozess. Zwiebel und Ritter stellen sich das Verstehen in der Psychoanalyse so vor, dass der Berater/die Beraterin zunächst beobachtet und unmittelbar erlebt. Zum Zweiten ist sich der Berater/die Beraterin der Beziehung zum Klienten/der Klientin bewusst, offen und wach. Ein kontinuierliches Fließen zwischen Erleben, Denken und Kommunizieren soll in der Beratung möglich werden. Diese Art der Kommunikation führe zur Bildung eines psychischen Raums, der Erleben, Denken und Kommunizieren zulässt und ermöglicht. Nun wird in vielen Beratungstheorien diese Beziehung zwischen Berater/-in und Klient/in so oder ähnlich beschrieben. In Bezug auf die psychoanalytische Haltung sind beim Beraten jedoch vor allem „Unlusterfahrungen", die nicht selten mit der Heftigkeit der Affekte oder auch mit der Unverständlichkeit des Erzählten zu tun haben. Wahrnehmen und Nachdenken gehören jetzt zu den wesentlichen Schritten und Strukturierungen. Für Beraterinnen und Berater bedeutet dies demnach, dass sie lernen können mit ihren Unlusterfahrungen anders umzugehen, als sich für diese zu schämen, diese zu verleugnen oder zu verdrängen. Ihre Gefühle sind der Klientenbeziehung zuzuordnen und auf dieser Folie zu interpretieren.

Zur Psychologie des Selbst und seiner Bedeutung für die pädagogische Beratung

Im Kern der Selbstpsychologie steht die Annahme, dass die menschliche Identität durch Anerkennungsbeziehungen gestützt und geformt wird bzw. dass sich Identität erst durch diese Formen und Beziehungen bilden kann. Bindungen, Objekte und Beziehungen werden zu Symbolen des Selbst und verinnerlicht. Der Verlust dieser Selbstobjekte und Selbstsymbole wird umgekehrt traumatisch. Im Gegensatz zur psychosexuellen Entwicklungstheorie ist die psychoanalytische Selbstpsychologie interaktionsorientierter und fokussiert weniger die Triebkonflikte und den Umgang mit den Trieben und Triebansprüchen, sondern vielmehr die verinnerlichten Kommunikationen und Bindungserfahrungen. Die Selbstpsychologie ist mit dem Identitätsbegriff systematisch verbunden. In Bezug auf den Lebenslauf gehört zur Identität die Bewältigung von lebenszyklusspezifischen Entwicklungsaufgaben, wie sie zum Beispiel Erik Erikson beschrieben hat.

Die psychoanalytische Selbstpsychologie in der Theorie des menschlichen Lebenszyklus nach Erik Erikson

Erik H. Erikson gilt auch heute noch als einer der bedeutendsten Vertreter einer modernen Psychoanalyse. Zu seinen wichtigsten Arbeiten zählt die Theorie über die acht Stadien des menschlichen Lebenslaufes. Nach Erikson wird der Mensch von der Säuglingszeit bis ins hohe Alter mit spezifischen Entwicklungsaufgaben und Problemen seiner individuellen Existenz konfrontiert, von deren Lösung bzw. Nicht-Lösung sein weiteres Schicksal abhängt. Erikson hat die acht Stadien des Lebenslaufes mit antithetischen Überschriften versehen. Das heißt:

Jede Lebensphase birgt ganz bestimmte positive Entwicklungsmöglichkeiten in sich, aber auch ganz spezifische Gefahren und Konflikte, wie sie untrennbar mit dem Menschsein verwoben sind. Je mehr die positiven Erfahrungen überwiegen, desto eher wird die Lösung zukünftiger Krisen gelingen; überwiegen die negativen Erfahrungen zu stark, so werden Verletzlichkeiten und Defizite in der Persönlichkeit grundgelegt, welche sich in künftigen Entwicklungskrisen als Hypothek erweisen und zu Keimen neurotischer oder dissozialer Fehlentwicklungen werden können. Einen Teil der Entwicklungsaufgaben übernimmt Erikson dabei von Freud, übersetzt dessen triebtheoretische Akzentuierungen wie orale Phase, anale Phase, phallisch-ödipale Phase aber in objektbeziehungstheoretische, sowie ich- und selbstpsychologische Verstehenszugänge. Die gelösten Entwicklungsaufgaben ermöglichen es zunächst dem Kind, später dem Jugendlichen und Erwachsenen, sich mit sich selbst zu identifizieren. Diese Prozesse der Selbstidentifizierung bilden den Kern dessen aus, was Erikson unter Identität verstanden hat.

Das Säuglingsalter: Urvertrauen versus Urmisstrauen

Für Erikson ist es von schicksalhafter Bedeutung, ob das Neugeborene von seinen Eltern existenziell bejaht wird und diese in der Lage sind, das Kind physisch wie psychisch am Leben zu erhalten. Wenn das Kind eine verlässliche Umgebung vorfindet, entwickelt es in der Regel gemeinsam mit der Mutter Hoffnung und kann sich entsprechend auf das Leben einlassen. Die Ängste des Kindes werden durch die Kommunikation mit der Mutter in Bedeutungen übersetzt, seine Verhaltensweisen als Ausdruck von Bedürfnissen verstanden und nach Befriedigung gesucht. Sozialisationstheoretisch handelt es sich um den Prozess der Desomatisierung. Indem allen Äußerungen des Kindes kulturelle Bedeutung verliehen wird, kann das Kind später seinen Körperfunktionen ebenfalls Bedeutungen zuordnen und wird auf diese Weise ein objektiveres Verhältnis zu sich selbst gewinnen. Fühlen sich die Mutter oder der Vater aber von den Verhaltensweisen des Kindes bedroht oder in Frage gestellt, können sie jenen Prozess der Desomatisierung nicht beginnen. Das Weinen bleibt dann Weinen und nicht Ausdruck von Bedürfnissen, die gemeinsam entdeckt werden wollen. Mit Winnicott ließe sich sagen, dass im Regelfall die Eltern gut genug sind, um diese Interaktion mit ihrem Kind zu gestalten. Das keimende Urvertrauen des Säuglings wird im späteren Leben Voraussetzung jedes gesunden Selbstwertgefühls, jeder Kontakt- und Liebesfähigkeit, jedes ethischen oder religiösen Empfindens. Ein übermäßiges Misstrauen hingegen erweist sich für Erikson oft genug als „totgeborene Identität" und ist gerade in sehr frühen seelischen Störungen, Borderline- oder narzisstischen Störungen oder Psychosen, eines der hervorstechendsten

Symptome (vgl. Conzen 2005). Natürlich spielt in dieser Lebensphase auch die Oralität, die Brust der Mutter, das Stillen und Ernährtwerden eine wichtige Rolle. Mehr noch als diese der Triebtheorie entstammenden Einsichten dürften die Sozialisationsvorgänge von Bedeutung sein, die Winnicott beschrieben hat: das Halten, das Gesicht der Mutter, welches existenzielle Anerkennung ausdrückt und Bejahung des Kindes. Umgekehrt fehlt dem Kind der Spiegel, wenn der Blick der Mutter abwesend oder ablehnend ist.

Das Kleinkindalter: Autonomie versus Scham

Im zweiten Lebensjahr entdeckt das Kleinkind die Welt, und es kann angenommen werden, Freude an der Welt und Liebe zur Welt. Es ist von seinen neuen Fähigkeiten des Aufrechtstehens, Laufens und Sprechens wie berauscht, versucht, in oft nervenaufreibenden Machtkämpfen der Umgebung seinen Willen aufzuzwingen – so Conzen. Wesentlich ist, ob hieraus ein Gefühl von Selbstwert und Autonomie erwächst, oder ob das Kind sich zu häufig ohnmächtig, unterlegen und klein empfindet. Scham, so erläutert Conzen, ist für Erikson die typische Pathologie der zweiten Entwicklungsphase, wie sie sich hinter vielen Befangenheits- und Selbstwertproblemen des Erwachsenen verbergen kann (vgl. Conzen 2001). Freud ist davon ausgegangen, dass sich die Libido in dieser analen Phase der psychosexuellen Entwicklung auf die Ausscheidungsfunktionen konzentriert. In der Tat ist beobachtbar, dass kleine Kinder in dieser Altersstufe an Hundehaufen und weiteren Exkrementen ein besonderes Interesse entwickeln – zur Peinlichkeit ihrer Eltern. Allerdings hat bereits Paula Heimann, die sich als eher orthodoxe Analytikerin in den 1950er Jahren mit der analen Phase befasst hat, Freuds Annahme in Frage gestellt, dass Exkremente besonders narzisstisch besetzt werden. Sie teilt die eher ichpsychologische Auffassung, dass die Entwertung der Naturhaftigkeit und Körperlichkeit des Kindes, die sich vor allem in der Entwertung seiner Exkremente ausdrückt, dass eben jene Entwertung in Scham und Arbeitsstörungen münden kann. Analität nennt sie – im Gegensatz zur Oralität, die offen ist – vor allem ein geschlossenes System.

Das Vorschulalter: Initiative versus Schuldgefühl

Im dritten und vierten Lebensjahr wird die Gleichaltrigengruppe wichtiger, gehen Kinder oftmals in die neue soziale Umgebung des Kindergartens. Typisch sind hier eine Fragesucht und Wissbegier, die Tendenz, sich mit den Älteren zu vergleichen, in Verkleidungen und Rollenspiel die Welt der Erwachsenen nachzuahmen, bis hin zu vermessenen Phantasien, in die Partnerbeziehung der Eltern eindringen zu wollen. Wird diese naive kindliche Initiative zu sehr durch

Verbote gebremst, entstehen leicht übermäßige Schuldgefühle, wie sie im späteren Leben hinter vielfältigen sozialen, beruflichen oder sexuellen Hemmungen stehen können.

Freuds Theorie des männlichen und weiblichen Ödipuskomplexes ist geprägt von einer patriarchalischen Kultur. Nur so konnte der Satz zustande kommen, dass das Mädchen „irgendwann einmal die Entdeckung seiner organischen Minderwertigkeit mache". Ebenso kann der Ödipuskomplex als eine Ableitung eines männlichen Entwicklungsmodells auf die Frau gelten. Penisneid als für Frauen konstitutives Geschlechtsgefühl hat sich nicht nachweisen lassen. Jungen und Mädchen scheinen im Laufe ihrer Entwicklung viele Neidgefühle zu integrieren. Ebenso schwierig ist die von Freuds „Töchtern" formulierte Entwicklung zur „reifen Weiblichkeit". Insbesondere Helene Deutsch hat sich auf die schon zu ihrer Zeit kaum noch haltbare Theorie gestützt, dass zum Erleben eines reifen Orgasmus, also eines sogenannten vaginalen Orgasmus, die Frau ihre „phallischen Strebungen" aufgeben und sich mit passiver Weiblichkeit identifizieren müsse (vgl. ausführlich dazu auch die Habilitationsschrift von Christa Rohde-Dachser 1991). Gleichwohl finden während der ödipalen Phase eine ganze Reihe von bedeutenden Ich-Entwicklungen statt. Mit der These Initiative versus Schuldgefühl wird auch beschrieben, dass in dieser Phase bedeutende Individuationsprozesse stattfinden. Nach Erdheim regelt der sexuelle Modus die Hinwendung zum Fremden.

Das Grundschulalter: Werksinn versus Minderwertigkeitsgefühl

Nach dem „Untergang des Ödipuskomplexes" mündet die Entwicklung des Kindes in eine sog. Latenzphase und ist für Freud weitgehend abgeschlossen. Erikson dagegen differenziert die folgenden Phasen weiter und nennt die Phase der Grundschulzeit „Werksinn versus Minderwertigkeitsgefühl". Mit dieser Definition der Phase des Grundschulalters stellt Erikson die Ich-Entwicklung gegenüber der Triebentwicklung eindeutig heraus. Kinder, so Peter Conzen (2001), wollen etwas lernen, ihre Talente entdecken, ab und an mit Erwachsenen etwas basteln und konstruieren und dabei ernst genommen werden. Wird dieser, wie Erikson es nennt, „Werksinn", der Drang nach Leistung, Kooperation, Produktivität und Kompetenz nicht genügend gefördert, so entstehen – oft unabhängig von der realen Begabung eines Kindes – leicht Minderwertigkeitsgefühle, zu nichts zu taugen, nichts von Wert zustande zu bringen. Neben frühkindlichen Konflikten sind es häufig solche Insuffizienzgefühle, die im späteren Leben Konzentrations- und Arbeitsstörungen, unter Umständen auch Ängste vor öffentlichem Sprechen oder vor unbefangener Selbstdarstellung der eigenen Leistung nach sich ziehen. Sozialisationstheoretisch ist die Eriksonsche Zeit der „Werksinnphase" die wichtige Zeit des Rollenlernens und die Phase des „Game", des sozialen Lernens in Gruppen. Das klassische Rollenmodell nimmt an, dass die gespielten Rollen zunehmend verinnerlicht werden, weil das Kind ihre Bedeutung erfasst und sich mit ihnen in einer konformen Weise identifiziert. Rollen werden durch diesen Prozess der Identifizierung ein Teil der Persönlichkeit. In dieser Phase der Sozialisation lernt das Kind permanent eine Fülle von Rollen, nicht nur durch Spiel, sondern durch die konkrete Erfahrung mit den sekundären Sozialisationsinstanzen außerhalb der Familie: Schule, Hort, Vereine, Gemeinde etc. Dem Werksinn des Kindes steht die Vergesellschaftung durch verschiedene Institutionen gegenüber, in denen es etwas leisten muss, um Anerkennung zu erfahren.

George Herbert Mead hat in seiner Theorie der Sozialisation in dieser Lebensphase die Instanzen „I", „Me" und „Self" differenziert. Das Kind lernt für ihn nicht nur im technischen Sinn, wie das die Phase des Werksinns auf den ersten Blick nahe legt, sondern im moralischen Sinn. Das „Me" nennt er eine reflexive Instanz. Hier sind nach Mead die Potenziale zur demokratischen und intersubjektiven Konfliktlösung enthalten. Mead versteht das „Me" dabei kognitiv, psychoanalytisch betrachtet als einen Teil des Ich. Das „Me" ist jener Teil des Ich, der die Fähigkeit zur Objektreflexion und Selbstreflexion verkörpert. Gleichzeitig versteht Mead das „Me" aber auch als Teil des Über-Ich, des Gewissens, als moralische Instanz, wobei Meads gesamte Sozialisationsvorstellung von einer Kernidee getragen wird. Moral entsteht weniger wie im klassischen psychoanalytischen Sinn durch Tabus und Schuldgefühle, sondern durch die Fähigkeit, sich in einen anderen hinein zu versetzen und sich aus der Perspektive eines anderen begreifen zu lernen. Erweitert sich dieser Prozess im Sinne einer Matrix und eines kreisförmigen Reihum, erweitert sich die Handlungskompetenz des Kindes und es entsteht so etwas wie eine Matrix eines normativen Handlungszusammenhangs. Mit dem Hineinversetzen in die Situation des anderen ist es immer auch möglich, dessen moralische Wertbezüge zu übernehmen. Das Mich verallgemeinert sich im Zuge des Heranwachsens des Kindes. Mead hat hier insbesondere auf das kindliche Spiel abgehoben. Für ihn ist die Spielentwicklung des Kindes zweiphasig. Er unterscheidet zwischen dem nachahmenden Spiel der frühen Kindheit ab ca. 4 Jahren und dem Wettkampf ab dem achten Lebensjahr: Play und Game. Im einfachen Spiel übernimmt das Kind Rollen signifikanter Anderer und tritt sich so verdoppelt gegenüber, als Kind und als Mutter, Vater, etc. Indem das Kind diese beiden Rollen im Spiel nachahmend miteinander konfrontiert, sich abwechselnd in beide versetzt und beide Rollen in einen Dialog verwickelt, der dann zur Beurteilung von Verhalten (gut/böse) genommen wird, wird das Kind seiner gesellschaftlichen Umwelt Herr.

Anders im Wettkampf: hier kann das Kind nicht mehr tagträumerisch beliebige und ausgewählte Rollen wählen, sondern es muss eine von verschiedenen regelhaft aufeinander bezogenen Rollen übernehmen, die Unkenntnis nur einer Rolle würde den ganzen Spielplan gefährden. Das „Me" ist also eine Regelmatrix, die es erlaubt, das vom „I" ausgeführte Verhalten hinsichtlich einer Strategie zu bewerten (vgl. Brumlik 1973, S. 27ff). Das Game verlangt vom Heranwachsenden, sich in die Perspektive aller Spieler hineinzuversetzen und die Verhaltenserwartungen aller Mitglieder des Spiels zu verstehen und zu kennen. Gleichzeitig muss die Rolle in einem funktional organisierten Zusammenhang wahrgenommen werden.

Die Adoleszenz: Identität versus Identitätsdiffusion

Nach Freud verläuft die Entwicklung der Persönlichkeit – bezogen auf die inneren seelischen Strukturen – zweizeitig: in einer ersten Phase bis zum fünften Lebensjahr und in einer zweiten Phase – der Adoleszenz. In der Psychoanalyse wird der Begriff Pubertät für die körperlichen Reifungsvorgänge benutzt. Adoleszenz befasst sich dagegen mit der Verschränkung von seelischen, sozialen und gesellschaftlichen Vorgängen. Phasen der Entwicklung der Persönlichkeit nach dem Ödipus-Konflikt sind:

- die Latenzphase
- die Präadoleszenz,
- die Frühadoleszenz
- die Hochadoleszenz und
- die Spät- oder Postadoleszenz.

Die Latenzphase ist im Schwerpunkt durch ein Wachstum der Ich-Funktionen wie Sprache, Denken, Wahrnehmung, Gedächtnis etc. gekennzeichnet. Für Freud waren das eher die konfliktfreien Bereiche des Ich. Die Präadoleszenz zeigt sich an durch körperliche Veränderungen. Die Jugendlichen müssen sich mit den körperlichen Veränderungen auseinandersetzen und diese in das Selbstbild integrieren. Hier sind schon die ersten Turbulenzen und narzisstischen Krisen zu erwarten. Für viele Jugendliche verläuft die Entwicklung in der Präadoleszenz alles andere als gewünscht: Krisenherde sind zum Beispiel Geruch, Behaarung, Hautbild, Wachstum – um nur einige zu nennen. In der Frühadoleszenz kommt es zu ersten Ablösungsversuchen: Extreme Ablehnung und regressive Annäherung wechseln sich ab. Die narzisstischen Schübe in der Präadoleszenz ermöglichen die Ablösung. Die Hochadoleszenz ist gekennzeichnet durch einen endgültigen Bruch mit der Kindheit. Neue Objektbeziehungen werden gesucht. Die Peergruppe und jugendkulturelle Muster werden ins Ich-Ideal aufgenommen. Die Kritik an den Autoritäten ist oft hellsichtig und klug, aber oft radikal und ohne jede Ambivalenz. Altersspezifische Ohnmachtsgefühle werden durch Größenphantasien abgewehrt. Das Leben der Eltern erscheint auf einmal klein und albern. Die Jugendlichen brauchen Illusionen von Größe und Einzigartigkeit. Erst die Spätadoleszenz ermöglicht es, Ich-Funktionen zu stabilisieren und zu integrieren. Das für die Spätadoleszenz typische Suchen nach der eigenen Identität kommt aber erst zustande, wenn die Ablösung von den Eltern gelungen ist und die Adoleszenz ein realeres Verhältnis zu ihnen ermöglicht hat. Die zunehmende psychische Reife ist eine wichtige Voraussetzung, die Entwicklungsaufgaben der Spätadoleszenz in Angriff zu nehmen. Die Phase des Experimentierens mit unterschiedlichen Identitätsentwürfen, Rollen und Verhaltensweisen wird unter anderem auch durch die gesellschaftlichen Erwartungen abgelöst von einer Phase der Festlegung von Identität. Festlegung auf Partnerin/ Partner, Berufswünsche, Zukunftsentwürfe, Entwicklung von Wertvorstellungen – um nur die wichtigsten zu nennen.

Für Erikson stand während der Adoleszenz im Mittelpunkt, dass der Jugendliche sich aus kindlichen Bindungen herauslösen muss. Dazu gehört zunächst, Vorstellungen von sich selbst, seiner privaten und beruflichen Zukunft zu entwickeln. Erikson nennt die Phase für diese Entwicklungsaufgaben ein, „psychosoziales Moratorium", eine gesellschaftlich zugebilligte Experimentierphase, in dem die Jugendlichen sich selbst quasi noch einmal auf die Welt bringen können. Sind die mitgebrachten Kindheitskonflikte zu massiv, die gesellschaftliche Situation zu unübersichtlich, besteht die Gefahr einer Rollen- und Identitätsverwirrung, die mit verschiedensten dissozialen oder neurotischen Symptomen einhergehen kann. Erst wenn die Identität genügend gefestigt ist, kann man Menschen des anderen Geschlechts wirklich an sich und in sich hereinlassen, in Gespräch und sexueller Begegnung tiefe Nähe erfahren, ohne sofort den Ich-Verlust fürchten zu müssen. Im Sich-Einlassen auf eine verbindliche intime Beziehung, im Einüben einer festeren Partnerschaft sieht Erikson das Grundthema des jungen Erwachsenenalters. Gegenstück ist ein Gefühl der Isolierung trotz oder gerade wegen häufig wechselnder sexueller Kontakte. Man empfindet Ängste vor engeren Gefühlen einerseits, vor Alleinsein und Unergänztbleiben andererseits, wie sie sich hinter vielen Selbstwert-, Kontakt- und Sexualproblemen des erwachsenen Menschen verbergen können (vgl. Conzen 2005). Noch in der jugendsoziologischen Theorie von Helmut Schelsky (vgl. Tippelt 1995) wird die Jugendphase vor allem als eine Übergangsphase vom Status der Kindheit zum Status der Erwachsenen bezeichnet. Unter Erwachsensein wird in einer rollentheoretischen Perspektive die sozial endgültig gedachte Rolle des Erwachsenen konzipiert (vgl. Tippelt 1995, S. 359). Die Definition von Schelsky ermöglicht eine relative Eingrenzung der Entwicklungsaufgaben des Jugendalters. Jugendliche sollen sich auf die Entwicklung und die Merkmale der Erwachsenheit vorbereiten, also eine berufliche Selbständigkeit und soziale Mündigkeit anstreben. Insofern sind die Entwicklungsaufgaben schnell beschrieben: Ablösung aus dem Elternhaus, Gründung einer eigenen Familie und Aufnahme eines Berufs. Vor fünfzig Jahren war es dabei üblich, dass diese Ereignisse eng beieinander lagen. Zudem war es im Interesse der Jugendlichen, schnell erwachsen zu werden und den rechtlosen Status Jugendlicher schnell hinter sich zu lassen. Das Streben der Jugend nach früher Erwachsenheit hängt mit der Rechtlosigkeit der Jugend zusammen. Eine eigene Wohnung, Sexualität, Verfügung über das eigene Geld gab es nur bei Heirat. Das Erreichen der soziokulturellen und ökonomischen Jugendphase lief synchron.

Nach gegenwärtigem Konsens in der Jugendforschung lässt sich die Konzeption von Jugend als Übergang und Statuspassage nicht mehr halten. Im Lebenslauf stellt die Zeit der Jugend heute eine eigenständige und lange sowie abgegrenzte Phase dar. Sie setzt zum einen früher ein und hört später auf, weil die ökonomische Selbständigkeit später erreicht wird. Verantwortlich hierfür sind vor allem längere Ausbildungszeiten und komplexer und widersprüchlicher werdende Übergänge vom Bildungs- ins Beschäftigungssystem. Teilweise ist die Verlängerung der Jugendphase erzwungen und von negativen Effekten begleitet.

In den letzten Jahren hat in der Pädagogik die Adoleszenztheorie von Mario Erdheim (1984) eine deutliche Beachtung gefunden. In Anlehnung an die massenpsychologische Theorie Freuds nimmt Erdheim das Phänomen der gesellschaftlichen Produktion von Unbewusstheit auf und erklärt einen antagonistischen Gegensatz von Familie und Kultur. Die Jugend markiere nun den Prozess des Heraustretens aus der familialen Ordnung und des Übergangs in die Kultur. Dabei stehen sich Familie und Kultur mit ihren Werten, Mustern und Bedeutungen gegenüber. Da wo die Familie Geschlossenheit repräsentiert, bedeutet die Kultur Offenheit. Dort wo Familie für Abhängigkeit steht, steht Kultur für Freiheit. Dort wo in der Familie Intimität herrscht, herrscht in der Kultur eher Fremdheit usw. Für alle Gesellschaften sei die Adoleszenz deshalb eine sensible Phase, weil sich hier die Frage nach der Anpassung an die Kultur besonders stelle. Der gesellschaftliche Einfluss auf die Adoleszenz könne dazu führen, dass die Erfahrung der gesellschaftlichen Herrschaft dem kritischen Bewusstsein entzogen werde. Aufgrund der Bedeutung des Narzissmus für die Adoleszenz seien junge Menschen sowieso anfällig für Ideologien. Die Gesellschaft reagiere auf die Adoleszenz entweder durch Kontrolle. Hier unterschiedet Erdheim zwischen heißen und kalten Kulturen: kalte Kulturen neigten dazu die Adoleszenz durch

Rituale und Initiationen einzufrieren und zwar mit Hilfe von Initiationsriten und Tabus. Schmerz und Angst während der Initiationsriten führten dazu, dass die Tradition wie ein Tabu behandelt wird. So wird verhindert, dass die Geschichte als Geschichte bewusst werden kann. Rituale und Initiation als Muster der Erziehung haben in den letzten Jahren besondere Aufmerksamkeit erfahren und sind theoretisch für die Pädagogik noch zu erschließen. Interessant an Erdheims ethnopsychoanalytischer Auffassung über die Adoleszenz ist, dass er sich nicht vorwiegend auf das Thema Sexualität konzentriert, sondern im Verhältnis von Gesellschaft und Individuum die größte Herausforderung sieht. Die Kultur reagiert dabei auf das Individuum aggressiv und durch Initiationen potenziell traumatisierend. Das gilt auch für moderne Gesellschaften. Je mehr die demokratischen Formen in Gesellschaften jedoch vorhanden sind, desto geringer fällt der Anteil an Initiationen aus.

Die modernen Gesellschaften nennt Erdheim „heiße" Kulturen. Ihr Umgang mit der Adoleszenz sei widersprüchlicher, denn moderne Gesellschaften hätten die Adoleszenz als Träger der Veränderung entdeckt und stellten diese in ihren Dienst. Sei in kalten Kulturen Jugend quasi die Bedrohung der Tradition, so avancierten Jugend und heiße Kulturen zum Träger des Fortschritts. Dies bleibt aber problematisch in dem Maße, in dem Fortschritt nicht in den Dienst von demokratischer Entwicklung gestellt wird.

Erdheim unterscheidet weiterhin drei Pathologien der adoleszenten Entwicklung:

- die zerbrochene,
- die eingefrorene und
- die ausgebrannte Adoleszenz.

Unter zerbrochener Adoleszenz versteht Erdheim eine vorwiegend auf Konformität und Anpassung aufgebaute Adoleszenz. Dem Jugendlichen werden Rollen mit viel Prestige angeboten, sein Narzissmus wird bestärkt. Es zerbrechen die kritischen und reflexiven moralischen Potenziale der Adoleszenz insbesondere durch eine Kultur des Konsums. Die Jugendlichen verarmen psychisch. Insbesondere findet keine Entwicklung zur Generativität statt. Den Jugendlichen ist die Welt egal. Ihnen sind aber unter Umständen auch Mitmenschen und andere egal. Unter eingefrorener Adoleszenz versteht Erdheim eine durch Ritualisierungen vor die vorzeitige Übernahme von Erwachsenenrollen gestoppte Adoleszenz. Die Gesellschaft reagiert auf die Adoleszenz mit Institutionalisierung und Tradierung: Frühehe, frühe Elternschaft, kurze Ausbildungszeiten und der Verzicht auf Bildung sind typisch für die eingefrorene Adoleszenz. In der ausgebrannten Adoleszenz sind die Traumatisierungen der Kindheit das beherrschende Thema. Die Dynamik der Adoleszenz kann nicht für die Ablösung genutzt werden, sondern es bleibt die Fixierung auf die Traumatisierungen und damit einhergehend Rache und Hass das bestimmende Thema. Eine Teilhabe an der Welt verbietet sich. Während in der eingefrorenen Adoleszenz Schuldgefühle überwiegen, weil das Über-Ich nicht reifen kann und dementsprechend das unreife Über-Ich der Latenzphase für die Person bestimmend bleibe, wirft sich das Ich bei der ausgebrannten Adoleszenz vollständig auf die Seite der Triebe und entwickelt Techniken zur Vermeidung von Schuldgefühlen.

Das junge Erwachsenenalter: Intimität versus Isolierung

Erst wenn die Identität genügend gefestigt ist, kann man Menschen des anderen Geschlechts wirklich an sich und in sich hereinlassen, in Gespräch und sexueller Begegnung tiefe Nähe erfahren, ohne sofort den Ich-Verlust fürchten zu müssen. Im Sich-Einlassen auf eine verbindliche intime Beziehung, im Einüben einer festeren Partnerschaft sieht Erikson das Grundthema des jungen Erwachsenenalters. Gegenstück ist ein Gefühl der Isolierung trotz oder gerade wegen häufig wechselnder sexueller Kontakte. Man empfindet Ängste vor engeren Gefühlen einerseits, vor Alleinsein und Unergänztbleiben andererseits, wie sie sich hinter vielen Selbstwert-, Kontakt- und Sexualproblemen des erwachsenen Menschen verbergen können (vgl. Conzen 2005).

Das reife Erwachsenenalter: Generativität versus Stagnation

Der Psychoanalytiker Peter Conzen, einer der wichtigsten Forscher zum Lebenswerk Erik Eriksons, hat sich damit befasst, ob es so etwas wie ein Grundanliegen, ein verbindendes Thema von Erik Erikson gäbe. Er nennt Eriksons Forschungsarbeiten vielfältig und originell, weil dieser beispielsweise mit Indianern zusammenlebte und völkerkundliche Studien betrieb oder sich in mittelalterliche Quellen vertiefte, um die religiöse Krise des jungen Luther nachzuempfinden. Erikson forschte ebenfalls über Ghandi und besuchte Indien. Zu seiner Zeit galt er als engagierter Kämpfer gegen Rassismus, Totalitarismus und Militarismus und wurde zu einer Symbolfigur für Teile der Studentenbewegung in den 1960er Jahren. Dabei blieb Erikson Psychoanalytiker und beschäftigte sich mit unbewussten, aus der gestörten Eltern-Kind-Beziehung herrührenden Konflikten.

Aber neben dem Pathologischen und Missglückten suchte er, so Conzen (2005), nach dem Wesen der konstruktiven sozialen Beziehung, der, wie er es nennt, „wechselseitigen Regulation" zwischen Menschen, Gruppen, Institutionen und ganzen Volksgemeinschaften. Dabei sind für Conzen folgende Fragen bedeutend: Wie werden im Verhältnis zwischen älterer und jüngerer Generation immer wieder Potenziale der Fürsorge freigesetzt, ohne die kein Kind überleben, kein Gemeinwesen existieren könnte? Wie unterstützt die Gesellschaft den Erziehungsprozess und die Identitätsfindung des Einzelnen? Welche sozialen Tugenden stehen hinter Phänomenen wie Freundschaft, Solidarität, Einsatz- und Versöhnungsbereitschaft?

Selbst angesichts der furchtbaren Katastrophen, die das letzte Jahrhundert heimgesucht haben und denen Erikson selber aufgrund seiner jüdischen Abstammung ohne weiteres zum Opfer hätte fallen können, so Conzen (2001), könne es für ihn nicht sein, dass der Mensch von Natur aus ein egoistisches, destruktives Wesen ist, die Gesellschaft von vornherein ein finsterer Unterdrückungsapparat oder die Erziehung ein Vorgang der systematischen Ängstigung und Einschränkung des Kindes. Ursprünglich muss es im Individuum, im Verhältnis der Generationen zueinander wie in den gesellschaftlichen Institutionen eine Tendenz geben, menschliches Leben hervorzubringen, zu schützen, zu fördern und weiterzugeben. Dieser, wie Erikson es nennt, „generative Drang" ist natürlich ungleich vager und störanfälliger als das entsprechende instinktiv angeborene Sozial- und Brutpflegeverhalten höherer Tierarten. Jede Erziehung ist mit Ängsten, Konflikten und Einschränkungen verbunden. Und in jede gesellschaftliche Ordnung schleichen sich Ungleichheit, Ungerechtigkeit, Korruption und Gewalt ein. Der Mensch ist das einzige Wesen der Schöpfung, dem seine generative Verantwortung nicht nur gleichgültig zu werden vermag, sondern das sogar zur Misshandlung seiner Kinder bzw. zur Vernichtung seiner Artgenossen fähig ist.

Das heißt: menschliches Leben steht und fällt damit, inwieweit die Generationen bereit sind, Fürsorge füreinander zu übernehmen und inwieweit sie von ihrer Gesellschaft dabei unterstützt werden. Wesentlichste Aufgabe des erwachsenen Menschen – und zugleich auch wesentlichste Befriedigung – ist für Erikson, Verantwortung zu übernehmen für die eigene Nachkommenschaft und überhaupt für das Allgemeinwohl, d. h. in der heranwachsenden Generation Tugenden wie Vertrauen, Initiative, Treue oder Fürsorge zu erwecken, dass diese instand gesetzt wird, ihrerseits wieder den Kreislauf der Generationen fortzusetzen. Dabei steht das mittlere Erwachsenenalter häufig im Zeichen einer doppelten generativen Verpflichtung: zum einen ist man häufig noch mit den heranwachsenden Kindern befasst; zum anderen rücken die älter werdenden Eltern wieder näher, erfordern Zeit und Engagement. Hieraus kann sich die Chance zu einem neuen Dialog ergeben; hier können sich aber auch Sorgen, Überforderungs- und Schuldgefühle einstellen.

Wenn man sich in diesem Lebensabschnitt ganz aus der Verantwortung herauszuhalten sucht, sich weder von der Familie noch sonst von Gemeinschaftsaufgaben herausfordern lässt, führt dies, so Erikson, leicht zu einer seelischen Stagnation, die mit zu depressiven Verfassungen und neurotischen Zustandsbildern des mittleren Erwachsenenalters beitragen kann.

Wie das generative Motiv zu Verantwortung und Fürsorge in Kindheit und Jugend allmählich geweckt wird, sich im Erwachsenenalter konkret realisiert und beim älteren Menschen in eine Art abgeklärte Sorge um das Leben transformiert; welche Konflikte, Stagnationen und Fehlentwicklungen andererseits dabei auftreten können, zeigt Eriksons Modell des menschlichen Lebenszyklus, bis auf den heutigen Tag eines der bekanntesten Konzepte menschlicher Entwicklung aus psychologischer Sicht (vgl. Conzen 1997, 2005).

Aus der gemeinsamen Intimität ergibt sich für Erikson natürlicherweise der generative Wunsch, sich selber weiterzugeben, „das Interesse daran, die nächste Generation zu begründen und zu führen" (1981a, 141). Generativität ist die zeitlich längste Phase in Eriksons Entwicklungsmodell, umfasst die gesamte Elternschaft von der Geburt der eigenen Kinder bis zu deren Ablösung. Leicht können sich in den mittleren Jahren Gefühle der Monotonie einstellen, dass das Leben einerseits immer schneller, andererseits immer einförmiger verläuft. Solche Empfindungen laufen um so eher in eine pathologische Stagnation hinein, je mehr der Erwachsene sich auf sich selbst und auf die Befriedigung seiner Bedürfnisse zurückzieht.

In der letzten Entwicklungsphase schließlich kommt es für Erikson darauf an, dass der alternde Mensch – gleichsam als Frucht der vorausgegangenen Stadien – seine Integrität findet, ein Gefühl von Abgeklärtheit und Zufriedenheit. Obwohl man jetzt seiner beruflichen Position enthoben ist, obwohl man krankheitsanfälliger, gebrechlicher wird, nahe stehende Menschen sterben und man selber auch dem eigenen Ende entgegensieht, hat man seinen Lebenssinn gefunden, kann sein So-geworden-Sein bejahen, trotz mancher Irrtümer, Fehler und Enttäuschungen. Das Integritätsgefühl kann hier die Form eines gereiften religiösen Glaubens annehmen. Aber auch wer nicht von einer transzendenten Hoffnung erfüllt ist, kann hier von einem Stück Zufriedenheit erfüllt werden, im großen Lebensstrom einen kleinen Beitrag geleistet zu haben. Mangelt es an solch einer integrierten Lebenserfahrung, nehmen leicht Gefühle von Verzweiflung und Resignation überhand, wie sie hinter vielfältigen somatischen Symptomen, Kontaktproblemen oder depressiven Verstimmungen älterer Menschen stecken können.

Die psychoanalytische Selbstpsychologie in der Theorie des Alterns

In der klassischen Auffassung der psychoanalytischen Theorie des Alterns ist die freudianische Theorie über die Zeitlosigkeit des Unbewussten leitend. In einer triebtheoretischen Perspektive sind die Spannungen zwischen den Wünschen des Es und der Wunscherfüllung im Alter größer, weil die realen Chancen der Erfüllung von Wünschen und Befriedigung von Bedürfnissen geringer werden. Die Bildung einer Partnerschaft und Lebensgemeinschaft ist schwieriger, weil hierfür weniger geeignete Objekte zur Verfügung stehen. Partnerschaften sind anfälliger für Verluste, die dann unwiederbringlich sind. Die modernen Lebensformen münden wie der Gerontologe Naegele (1993) sagt, in eine Vereinzelung (Singularisierung) des Alters. Altsein heißt vor allem für Frauen allein leben. Wunscherfüllung bedeutet in der Regel größere Strapazen oder ist riskanter. Gleichzeitig bleibt die Wunschproduktion und die Struktur der Bedürfnisse, die nach Befriedigung drängen, erhalten. Im „Es", schreibt Freud, findet sich nichts, was der Zeitvorstellung entspricht, keine Veränderung des seelischen Vorganges durch den Zeitablauf (GW 1932, 15, S. 80f). Die Wünsche, aber auch die Konflikte bleiben also lebendig oder besser, sie bleiben unsterblich. Soweit die klassische triebtheoretische Auffassung.

Buchstabiert man das Alter aus der Perspektive der Selbstpsychologie, so treten die Verluste besonders hervor und das Altern wird zum potenziellen Trauma. In seinen Arbeiten zur Entwicklungspsychologie des Alters und zur Psychodynamik alter Menschen hebt der Psychoanalytiker Hartmut Radebold dieses Phänomen der Verluste besonders hervor. Es seien insbesondere Verluste und Trennungen – und zwar sowohl auf der Ebene der Objekte, als auch auf der Ebene der Selbstobjekte – die das Verhältnis des alten Menschen zu sich selbst und zu seiner Umwelt kennzeichneten. Aus Verlusten und Trennungen ergäben sich für das Ich die Notwendigkeit zu Anpassungsleistungen bei gleichzeitig geminderten Chancen zur Bedürfnisbefriedigung, die durchaus zur Überforderung führen könnten. Altern ist also deshalb so belastend, weil der betroffene Mensch immer wieder wichtige und wertvolle Objekte verliert, und dies unwiederbringlich.

Auch der Psychosomatiker Dieter Beck (vgl. Gröning 1998) spricht davon, dass sich die psychischen Probleme ab der Lebensmitte um die Themen des Verlustes und der narzisstischen Kränkung, d.h. der Kränkung des Selbstwertgefühls zentrieren. Beck weist zudem darauf hin, dass die Trennungen und Verluste, die ab der Lebensmitte spürbar werden, eben weil sie zum ersten Mal weniger korrigierbar sind und sie häufig die sog. Selbstobjekte beträfen. Dies bedeutet: Altern zeichnet sich durch Verluste gerade der Objekte aus, die zum Ich dazugehörig empfunden werden: der Ehepartner, die Eltern, die Kinder, aber auch die Schönheit, der Beruf, die Wohnung. Der Unterschied zu früheren Lebensphasen sei außerdem der, dass die Verluste nicht mehr zu ersetzen seien. Die Objekte gehen also unwiederbringlich verloren, was bedeutet, dass die Trauerarbeit längere Zeit in Anspruch nimmt. Teilt man die Verluste in verschiedene Kategorien, so lassen sich Gruppen ausmachen:

- Verluste, die unmittelbar körperlich sind bzw. vom Körper ausgehen,
- Verluste von Bezugspersonen bzw. geliebten Menschen,
- Verluste von Rollen, Funktionen und Status bzw. Prestige.

Wenn Jean Amery in seinem Buch über das Altern sagt, es sei ein sich „selbst fremd werden" und ein „aus der Welt gehen", was ja bedeutet, sich nicht mehr fühlen zu können, dann deutet dies auf das traumatische Potenzial hin, welches die Selbstobjektverluste bedeuten. Diese Selbstobjektverluste münden in Selbstentfremdung. Das, was vertraut und zum Selbst dazugehörig empfunden wird, existiert zunehmend weniger. Selbstentfremdung beschreibt nun zunächst einmal eine Störung des Identitätsgefühls, einen Vorgang, der ein schmerzliches Gefühl überdeckt. Edith Jacobson schreibt bereits 1959, dass das Zentrum des Entfremdungsgefühls ein narzisstischer Konflikt ist, das heißt, hier entsteht Scham (vgl. Gröning 1998).

Affekt und Mündigkeit – die Neubewertung des Schamgefühls in der Psychoanalyse

In den 1990er Jahren sind die Sozialisationstheorien im Zusammenhang mit narzisstischen Störungen vor allem um die Neuformulierung und Wiederentdeckung des Schamgefühls theoretisch erweitert und bereichert worden. Scham beschreibt den affektiven Kern der Kränkung, das, was jemand erlebt, wenn er oder sie gekränkt wird. Da Schamgefühle, Gefühle der Unterlegenheit für Beratungsprozesse und für pädagogische Situationen hoch bedeutend sind, gehört Wissen um die Bedeutung der Scham zum Hintergrundwissen jedes/r pädagogischen Beraters/in.

Das Wort Scham stammt von einer alten germanischen Wurzel und bedeutet soviel wie „zudecken, verbergen". Konstitutiv dabei ist, wie der Psychoanalytiker Leon Wurmser (1993) betont, der Wunsch, sich zu verbergen, der durch die indogermanische Silbe „s^kam" ausgedrückt wird. Scham, sagt der Soziologe Sighard Neckel (1991), sei eine Empfindung von großer Profanität. Sich schämen sei eine existenzielle Grunderfahrung: wir wollen in den Boden versinken oder wir erröten vor Scham, wir suchen wie die Maus das Loch und schlagen die Augen nieder. Wer sich schämt, der verachtet sich und ist sich selbst fremd geworden.

Scham ist nach Lynd (1961, S. 49, zit.: Wurmser, S. 79) eine Erfahrung, die das ganze Selbst erfasst und mit dem ganzen Selbst erfasst wird. Schamerfahrungen werfen so ein helles Licht auf uns, auf das, was und wer wir sind und in welcher Welt wir leben. Damit ist Scham etwas Objektives. Sie entsteht nicht in Konflikten mit Einzelnen, sondern mit dem Teil eines Einzelnen, der das Gesellschaftliche repräsentiert.

Scham entsteht nach übereinstimmender Meinung der Philosophen, Psychoanalytiker und Soziologen in dem Teil des Ich, der das Gesellschaftliche des Individuums repräsentiert. Wir schämen uns, wenn unser aktuelles Selbst von unserem Selbstbild abweicht und das Über-Ich diese Diskrepanz signalisiert. Scham tritt regelmäßig dann auf, wenn ein machtvolles Ich-Ideal nicht erreicht wird, d. h. wenn Ich-Ideal und Selbstwahrnehmung in Spannung zueinander geraten. Wird der Schamaffekt differenziert, so teilt er sich zunächst in die Angst vor Bloßstellung und vor dem Erniedrigtwerden, die in ein depressives Gefühl übergeht, welches das Bewusstsein über die Bloßstellung begleitet. Dieses depressive Gefühl, das eigentlich Unerträgliche der Scham entsteht in der Angst vor der Verachtung durch andere oder auch in der Wahrnehmung der Verachtung der anderen, die gleichzeitig Selbstverachtung ist. Damit steht Scham in sehr enger Verbindung zu der menschlichen Urangst des Verlassenwerdens, der Angst vor dem sozialen Ausschluss aus der Gruppe. Sie steht aber auch in Verbindung mit der von Freud beschriebenen Psychodynamik der Todesangst. In „Das Ich und das Es" sagt er, dass Leben für das Ich gleichbedeutend ist mit Geliebt-werden-Wollen. Das Ich will vom Über-Ich, dem Erben der elterlichen Instanzen, geliebt werden. Der Verlust der Liebe des Über-Ich führt dazu, dass das Ich sich von allen schützenden Mächten verlassen fühlt. Die Verbindung des Sozialgefühls der Scham mit diesen Ängsten machen die Scham so bedrohlich und gleichzeitig verbindlich.

In jeder Kultur gelten bestimmte Charakterzüge und soziale Tatsachen als unehrenhaft und als beschämend. Insbesondere gehört alles, was mit mangelnder Umweltkontrolle und mangelnder Körperkontrolle einhergeht, dazu. Scham ist so verbunden mit Schwäche und mangelnder Autonomie, was nach sich zieht, dass sowohl Probleme bei der Kontrolle des Körpers als auch Probleme bei der Kontrolle der Umwelt als beschämend empfunden werden.

Das Eigenleben des Körpers, die mangelnde Kontrolle über ihn zeigt sich insbesondere im sexuellen Akt, weshalb Sexualität in besonderer Weise mit Scham assoziiert wird. Nach Wurmser hat jede Kultur ihre besonderen Arten der Scham und der schamauslösenden Situationen und Momente, die sich alle auf Kontrolle beziehen: Kontrolle der Affekte wie Angst, Wut, sexuelle Erregung, Kontrolle über Körperlichkeit und Bewegung im Allgemeinen und über Ausdrucksbewegung und Gestik im Besonderen und schließlich über Triebimpulse.

Mit Max Scheler lässt sich noch einmal sagen, dass Scham überall dort entsteht, wo Menschen sich ihrer Naturhaftigkeit bewusst bzw. mit ihrer Naturhaftigkeit konfrontiert werden. Diese Konfrontation im Menschen, das Tierische und das Tier zu entdecken, gefährdet seinen gesellschaftlichen Status und als Unterpfand dieses Status seine Selbstachtung.

Nachdem die vorwiegend soziologischen Analysen zur Scham und zur Bedeutung der Scham vorgestellt wurden, soll noch auf einen aus der Psychoanalyse stammenden Ansatz aufmerksam gemacht werden, der von Leon Wurmser stammt (vgl. Wurmser 1993). Wurmser geht von einer Doppelstruktur der Inhalte und der Wertestruktur des Gewissens aus. Das Gewissen vertritt seiner Ansicht nach zwei Skalen der Bewertung und damit des Rechts. Man soll zugleich stark und schwach sein, sich zugleich als Mitglied einer Gemeinschaft verstehen und unterordnen und sein Selbst zurückstellen. Man soll aber auch autonom, durchsetzungsfähig, selbstbewusst und verantwortlich sein. Beide Skalen des Gewissens, stark und schwach, sich bindend und autonom etc. finden sich aber in unterschiedlicher Ausprägung in jedem Gewissen. In der ersten Skala des Rechts, der Skala der Gerechtigkeit, vermeidet man es, gegen die Rechte und gegen die Integrität anderer, auch Schwächerer, zu handeln und damit zum Gesetzlosen zu werden. Die Skala der Gerechtigkeit ist Gewaltverzicht, Verzicht auf Eitelkeit, Selbstdarstellung und ggf. auch Selbstverzicht zugunsten anderer. Man erringt dafür das Lob des Gutseins. Die Belohnung ist im Kern die Liebe. In der zweiten Skala des Gewissens, der Ehre, erringt man Respekt und Achtung durch Selbstbehauptung und Selbstverwirklichung, durch Autonomie und Willenskraft, insbesondere durch die Erringung von Leistung und Macht. In der Skala der Ehre gilt Schwäche und Abhängigkeit als Merkmal des Versagens – diese Skala ist besonders mit der Scham verknüpft. Man fürchtet den Verlust an Achtung, den Mangel an Respekt und schließlich Unehre und Schmach. Die Strafe bei Verletzung der ersteren Regel ist die Beraubung der Freiheit und die Verletzung körperlicher Integrität. Die Strafe bei Verletzung der zweiten Skala ist die Schande. Historisch haben sich die Sphären der Gerechtigkeit von den Sphären der Ehre getrennt. Die Gerechtigkeit ist der Sphäre der Ehre überstellt.

Psychoanalyse und Bindungstheorie

In den letzten Jahren haben die Theorien des Bindungstheoretikers, Kinderarztes und Psychoanalytikers Donald Winnicott zur frühen Kindheit einen enormen Aufmerksamkeitszuwachs erfahren. Grund ist die zunehmende Rezeption der Bindungstheorie in den Sozialwissenschaften und ebenfalls in der Pädagogik, so wie sie von John Bowlby, Mary Ainsworth und anderen entwickelt wurde (vgl. Stemmer-Lück 2004). John Bowlby hat schon früh, in den 1930er Jahren, einen engen Zusammenhang zwischen der menschlichen Bindungsbereitschaft, den konkreten Bindungserfahrungen und dem späteren Lebenslauf hergestellt. Bekanntermaßen nennt er die Bindungsbereitschaft des Menschen angeboren und die Suche nach der guten Bindung der Triebbefriedigung vorangestellt. Dies hat zu einem Zerwürfnis mit der freudianischen aber auch der kleinianischen Psychoanalyse beigetragen. In seiner Arbeit zu den 34 jugendlichen Dieben (vgl. Holmes 2006) hat Bowlby bereits die bahnbrechende Entdeckung gemacht, dass zwischen Kriminalität bzw. Delinquenz und zurückgewiesenen Bindungsbedürfnissen ein direkter Zusammenhang besteht. Alle 34 jugendlichen Diebe, die Bowlby untersucht hat, wurden in ihren existenziellen Bindungsbedürfnissen zurückgewiesen, verlassen und frustriert. Mary Ainsworth hat die Entdeckungen Bowlbys in empirischen klinischen Studien bestätigt und vor allem Bindungsstile beschrieben, sowie das Konzept der elterlichen Feinfühligkeit für das Aufwachsen und die Entwicklung von Kindern unterstrichen. Bedeutend sind ebenfalls Erkenntnisse über die prägende Kraft der Bindung in der frühen Kindheit. Bowlby beschreibt Bindung als emotionales Band, welches sich in der frühen Kindheit entwickelt und dann ein ganzes Leben lang erhalten bleibt. In Bezug auf die gesunde Persönlichkeit stellt er die Fähigkeit, gute Bindungen aufzubauen, an eine zentrale Stelle. Für die pädagogische Beratung ist vor allem der bindungstheoretische Grundsatz in den Arbeiten von Carl Rogers lebendig geworden. Wie kaum ein anderer lebte Rogers seine Beziehungen allerdings in der Therapie und psychologischen Beratung als Kultur der guten Bindungen, in der ein feinfühliger psychologischer Berater oder Therapeut, den ratsuchenden Menschen hilft, sich selbst zu verstehen.

Wie Bowlby hat sich auch der Kinderarzt Donald Winnicott mit Bindungen als den emotionalen Voraussetzungen der Erziehung befasst und sich die Frage gestellt, wie eigentlich die Atmosphäre und das Klima beschaffen sein muss, in dem es gelingt, Kinder zu erziehen oder auch zu verändern. Er hat diesen Aspekt der Entwicklung und des Wachsens den „potenziellen Raum" (potential space) genannt und innerhalb dieses Raumes den jeweiligen Beziehungen eine ganz bestimmte Logik und Ordnung zugesprochen. Es geht um frühere Anerkennungsformen, wenn Winnicott davon spricht, was eine fördernde Umwelt bedeuten kann. Das Existenzielle der Beziehung verortet Winnicott als Bindungstheoretiker zunächst in der Mutter-Kind-Beziehung. Es geht ihm darum, ein ganz bestimmtes Klima der Gegenseitigkeit, Spiegelung und des Zu-zweit-Einsseins zu beschreiben, welches für Winnicott der Schlüssel für die menschliche Entwicklung ist, denn Lernen hat bei ihm damit zu tun, dass zuerst etwas Gutes, eine gute existenzielle Beziehung verinnerlicht werden muss. Gegebenenfalls ist dieser Vorgang der Verinnerlichung einer guten Bindung das, was Erikson mit dem Urvertrauen bezeichnet hat. Allerdings ist diese Verinnerlichung der guten

Bindung nicht so sehr an die Befriedigung körperlicher Bedürfnisse gebunden, wie dies die frühere Psychoanalyse noch angenommen hat, sondern eben an ein ganz bestimmtes ethisches Beziehungsangebot, wodurch etwas Drittes, zwischen Kind und Welt, Innen und Außen Liegendes und Neues entsteht: bei Winnicott der so genannte potenzielle Raum. Der potenzielle Raum entsteht quasi durch das sichere Band, von dem Bowlby gesprochen hat und ist eng verwandt mit dem, was die Bindungstheoretikerin Mary Ainsworth die „sichere Basis genannt hat. Erst wenn dieses Band im Kind verinnerlicht ist, wird es sich auf den Weg in die Welt, weg von der Mutter machen können. Die triebtheoretische und kleinianische Psychoanalyse würde hier weniger vom potenziellen Raum oder vom sicheren Band, sondern von der verinnerlichten Mutterbrust (ich kann nicht verhungern, selbst wenn ich mich trenne), dem verinnerlichten mütterlichen Schoß (ich bin geborgen, auch wenn ich allein bin) und dem zustimmenden Blick (ich bin anerkannt und muss mich nicht schämen) der Mutter sprechen. Innerhalb dieses von Winnicott beschriebenen potenziellen Raumes entstehen Beziehungen, die nach Winnicott durch einen Übergang und seine Phänomene geprägt sind und dem Kind den Weg in die Welt erleichtern. In diesem Übergangsraum werden Beziehungen durch Übergangsobjekte strukturiert. Begriffe wie Übergangsobjekt, Übergangsphänomen sind heute in den Sprachschatz einer breiten sozialwissenschaftlichen Öffentlichkeit eingegangen, gemeint ist damit der Teddy, das Schmusekissen, ohne den/das das Kind nicht aus dem Haus gehen und einschlafen mag. Es macht aber Sinn, sich die psychische Bedeutung der Übergangsobjekte und des Übergangsraumes zu vergegenwärtigen, denn in der pädagogischen Beratung wird der Berater immer wieder zum Übergangsobjekt oder Übergangsphänomen. Die Übergangsobjekte symbolisieren jenes sichere Band und jene sichere Basis, die einst der Rockzipfel, die Hand, der Schoß der Mutter waren. Nur in der Verbindung mit der verinnerlichten Beziehungserfahrung und guten Bindung ist die Puppe, der Hase oder das Schmusetuch ein Übergangsobjekt und wird als solches magisch belebt und vom Kind anerkannt. Ohne Zweifel ist es den Pionieren der humanistischen Beratung wie Rogers gelungen, genau die guten Bindungen für die Reflexion mit ihren Klienten zu aktivieren, wodurch das Verstehen nicht bloß eine Technik, sondern eine lebendige Beziehung geworden ist. Auch in der Pädagogik haben wir es immer wieder mit Personen zu tun, die durch ihre Feinfühligkeit und ihre Fähigkeit, die Bindungsbedürfnisse der zu Erziehenden anzusprechen, Kontakte auch zu schwierigen Kindern herstellen, stabilisieren und so Bildung und Entwicklung ermöglichen können. Menschen, die sich im akuten Zustand der Ratbedürftigkeit, der Hilfebedürftigkeit oder Pflegebedürftigkeit befinden, sind für Feinfühligkeit und gute Bindungsangebote besonders ansprechbar, weshalb es zur guten Konzeption in den meisten Beratungssettings immer noch gehört, zu Beginn von Beratungen genau jene Atmosphäre herzustellen, die an den potenziellen Raum der Kindheit erinnert – eine freundliche Atmosphäre, ein störungsfreies Gespräch, eine Tasse Tee. Jeder Berater/jede Beraterin gestaltet einen Raum für und mit ihren Klienten, wenn sie sich professionell autonom und nicht nur als institutionelle Funktion verstehen kann.

Für die Pädagogik und die pädagogische Beratung bedeutend ist weiterhin, dass die Bindungstheorie und hier speziell Winnicott die Bedeutung der Phänomene des Spiegeln oder die Spiegelreaktion hervorhebt. Beides, sowohl der potenzielle Raum wie auch das Spiegeln, entsteht entwicklungspsychologisch betrachtet im ersten Lebensjahr im Rahmen der Mutter/Bezugspersonen-Kind-Interaktion und ist abhängig von einer Mutter/Bezugsperson, die „gut genug", „good enough" ist, wie Winnicott die geistig-seelische Haltung der Mutter zu ihrem Kind nennt. Nicht die Störung, so Winnicott, sei das Normale, sondern das Normale sei eine Mutter, die gut genug ist. Die „good enough mother" schafft über Formen der anerkennenden Liebe und Kommunikation zwischen dem Kind und ihr selbst eine Gegenseitigkeit, in dem sie das Kind spiegelt. Dazu sagt Winnicott: In der individuellen emotionalen Entwicklung ist das Gesicht der Mutter der Vorläufer des Spiegels und hängt damit eng zusammen mit der Scham. In klassischen psychoanalytischen Arbeiten, insbesondere bei Lacan spielt der Spiegel bereits eine wichtige Rolle für die Entwicklung des Individuums, allerdings erkennt auch Lacan nicht den Zusammenhang zwischen dem Spiegel und dem Gesicht der Mutter – so Winnicott. Winnicott, sagt Caroline Neubaur (1987, S. 63), unterstelle vom ersten Tage an, dass ein anderer mich verfehlen kann, dass ich mich als einen feststellen kann, der verfehlt wird. Wenn die mich spiegeln sollende Mutter mich nicht spiegelt, sondern starr und abweisend aussieht, kann ich dem natürlichen Gefälle meiner Äußerungen, meiner Bewegung nicht folgen. Das Gesicht einer drohenden, abgewandten und starren Mutter würde Vernichtung bedeuten. Dass Kind will sehen und dafür benötigt es die Haltung der Mutter, gesehen zu werden. Ein nicht gespiegeltes Kind – wir können uns hier auch noch einmal an Kohuts Satz vom Glanz im Auge der Mutter erinnern – ein nicht gespiegeltes Kind kann sich nicht manifestieren, fühlt sich unwirklich und teilweise wie abgestorben.

Was bedeutet dies nun für die Beratung? Begriffe wie Spiegeln spielen auch bei Carl Rogers eine bedeutende Rolle, wie er ganz offensichtlich die Erfahrung gemacht, hat, dass die Beratungstechnik des Spiegelns eine enorme Wirkung im Klienten hat. Spiegelungskompetenz des Beraters befördert beim Klienten die Fähigkeit zu fühlen und die Bereitschaft über die Gefühle zu sprechen. Die für die Beratung wichtigen Prozesse, Fähigkeit zu fühlen und Bereitschaft darüber zu sprechen, hängt mit der psychodynamischen Bedeutung des Spiegelns zusammen, der in der Theorie von Winnicott eine besondere Bedeutung einnimmt.

Winnicott spricht zwischen Mutter und Kind von einer Spiegelphase, wobei der Spiegel nur eine Metapher ist, es ist die Mutter, die das Kind spiegelt. Dabei ist die Mutter mehr als eine Fläche, sie spiegelt mich mir zu, wie Neubaur sagt (vgl. 1987, S. 63). In dem Moment, wo dies geschieht, wo ein anderer mich mir zu spiegelt, ist die Welt gut genug. Insofern hinterlässt die Erfahrung gespiegelt zu werden einen Abdruck, der sich dann zum Urvertrauen fügt.

Als zweite Dimension der Beratung im Kontext der Bindungstheorie ist das Konzept des potenziellen Raumes hervorzuheben. In den psychoanalytischen Arbeiten zur Beratung spielt diese Theorie eine besondere Rolle, um die Beziehung zwischen Berater und Klienten zu skizzieren und die Logik der Kontaktaufnahme, der Beziehungsdynamik und der hierin aufgehobenen Übertragungen zu verstehen. Berater werden gebraucht, geklammert, verschlungen, attackiert, in Frage gestellt, gekränkt, ohne dass man zu ihnen eine wirkliche Beziehung eingeht. Es ist typisch für die Beziehung, dass der Klient, der vom Berater so dringend gesehen werden will, diesen selbst nicht sieht. Das Gefühl, für den Klienten nur ein „Übergangsobjekt" zu sein, löst zumeist bei jüngere Beratern und Beraterinnen Unsicherheit und Krisen aus. Mit Winnicotts Theorie des Spiegelns und des potenziellen Raumes sind für die menschliche Entwicklung wesentliche Dimensionen benannt, die sich so in den wichtigsten allgemeinen Theorien und Ansätzen zur Beratung finden. Insbesondere Carl Rogers, von dem später noch die Rede sein wird, hat mit seiner Theorie des helfenden Gespräches Haltungen, Ethiken und eine beraterische Performanz beschrieben, die mit den Theorien Winnicotts übereinstimmen. Menschliche Entwicklung wird auch bei Rogers durch einen anderen ermöglicht, der nicht – wie es Foucault benennt – „die Wahrheit sagt", sondern zunächst einen Spiegel anbietet und einen Raum schafft, der angstfrei ist. Spiegeln und „Raum geben" gehört zur Beratungskunst, zur Fähigkeit des Beraters in Beziehung zu treten, sich zuzuwenden und so die Voraussetzung für Reflexion und Problemlösung zu schaffen.

Habitus und Unbewusstes: zur Begründung psychoanalytischer Beratung im nicht-klinischen Bereich

Der Soziologe Pierre Bourdieu hat mit seiner Theorie des Habitus als Bindeglied von Individuum und Gesellschaft, als System von Stilen und Vorlieben und als zum größten Teil unbewusst gewordene Tabus und Inkorporationen nicht nur für die Sozialisationsforschung und pädagogische Theoriebildung wichtige Impulse gegeben. In der Theorie des Habitus stecken ebenfalls wichtige konzeptionelle Impulse für eine soziologische Begründung tiefenpsychologischer Diagnose- und Beratungskonzepte. Die Soziologie des Habitus verweist grundsätzlich auf einen Konflikt zwischen dem Einzelnen und der Kultur im Sinne eines Widerspruchs im Subjekt, so wie der Ethnopsychoanalytiker Paul Parin es in seiner Arbeit über das „Ich und die Anpassungsmechanismen" formuliert hat (Parin 1978). Unter dem Einfluss der Verlassenheitsangst werde das Kind zur Anpassung an seine Rolle gebracht. Es entwickle konformes Verhalten. Hinter Anpassung und Konformität stehe der Druck des Ausschlusses aus der Gemeinschaft. Diese Anpassungsmechanismen, die Parin den Abwehrmechanismen gegenüberstellt, würden später als Widerspruch im Subjekt erlebbar. Man tut etwas, was man bei näherer Betrachtung nicht will. Der Konflikt mit sich selbst ist schlechthin der Anlass, Beratung in Anspruch zu nehmen. Das Ich, sagt Leon Wurmser (1993), möchte sich als Einheit fühlen, es versucht zu synthetisieren.

Mit dem Begriff des Habitus beschreibt Bourdieu das Phänomen eines sozialisierten Menschen. Der Habitus sei etwas in den Körper Eingeschriebenes, er sei ein System von Grenzen und Horizonten. Der Habitus sei das, was für den Einzelnen nicht mehr denkbar, vorstellbar ist. In der Regel werden diese Grenzen über Ekel, Scham und Befremden markiert, das heißt über die so genannten Sozialgefühle, die das Unterpfand jeder sozialen Gruppe, jedes Milieus und jeder sozialen Gemeinschaft ausmachen. Insbesondere der Körper ist nach Bourdieu der Träger einer sozialen Position. Die Kultur, aber auch die soziale Schicht, das spezielle soziale Milieu würden in den Körper über den Prozess der Sozialisation eingeschrieben. Über Lebensstile, über den guten Geschmack, über Vorlieben reproduzieren sich soziale Ungleichheiten feiner, aber nachhaltiger als über Bildungsabschlüsse. Nun ist diese soziologische Perspektive vor allem im Coaching und in der Supervision bedeutsam. Insbesondere solche Führungskräfte, die soziale Aufsteiger sind, müssen sich mit den sozialen Codierungen ihres alten und neuen Milieus auseinandersetzen und Kompromisse und Balancen zwischen ihrer neuen, meist sozial höheren Umgebung und ihren alten Bindungen, Prägungen und Loyalitäten finden. Dieser Konflikt zwischen den alten, meist unbewusst gewordenen Bindungen und den sozialen Kämpfen um ein geglücktes und erfolgreiches Leben wurde von Bourdieu und seinen Mitarbeitern in einer neuen großen Arbeit beschrieben (vgl. Bourdieu 1997). Insbesondere die Unbewusstheit der Bindungen und Prägungen begründet eine tiefenpsychologische Sichtweise.

In Anlehnung an Marx benutzte Bourdieu 1997 in einem Interview zur Beschreibung der Genese des Habitus ein besonderes Bild: Der Tote packt den Lebenden! Nach Bourdieu ist es vor allem die psychologische Bedeutung des Erbes und der Abstammungslinie, die zur Entstehung eines bestimmten Habitus beiträgt. Noch bevor der Erbe sein Erbe antreten könne, ergreife das Erbe vom Erben Besitz. Nun ist das Erbe nicht nur im materiellen Sinne zu verstehen. Vielmehr handelt es sich um ein Bündel von Botschaften, um einen Kontext von Normen, Konditionierungen und Verhaltensvorschriften. Dem Kind sind diese während der Kindheit nicht einsichtig, sie sind lediglich als Grenzen, Tabus und Normen in der Familie erlebbar. Sie stehen aber in unmittelbarem Zusammenhang mit dem familialen oder, wie Bourdieu es konkretisiert, „väterlichen Projekt".

An einer anderen Stelle gibt Bourdieu über das Thema des Erbes und über das Unbewusste der sozialen Reproduktion genauer Auskunft. In „Das Elend der Welt" beschreibt er die modernen Konfliktlagen, die dazu führen, dass Menschen in den Industriegesellschaften verelenden, an den Rand gedrängt werden und im alltäglichen Leid ersticken. Neben den politischen Faktoren, die Bourdieu hierfür ausmacht, wie die Dominanz neoliberaler Wirtschaftspolitik und den Rückzug des Staates aus immer mehr Politikfeldern, benennt er die besondere Bedeutung der Generationenbeziehung. Konflikte, insbesondere die modernen Konflikte, entstünden über die besonderen Erwartungen, die Eltern an ihre Kinder haben und der Notwendigkeit für die Kinder, mit diesen Erwartungen umgehen zu müssen, allerdings ohne sie und die damit zusammenhängenden Interaktionen meist wirklich zu begreifen. Dies sei eine Konsequenz der Unbewusstheit im Generationenverhältnis.

Im Mittelpunkt dieses Verhältnisses und damit dieses Konfliktes stünde, so Bourdieu, der Vater als Träger einer Idee der Generation. Damit ist nicht die emotionale und expressive Bindung von Kindern an ihre Eltern gemeint, sondern die unbewusste Verpflichtung, die über die Abstammungslinie von Generation zu Generation weitergegeben wird. Gleichgültig, wie Kinder sich zu diesem Erbe verhalten, sie müssen sich mit ihm auseinandersetzen. Die Idee der Generation kreist um das, was man hat, um das, was die Familie im materiellen wie im symbolischen Sinne ausmacht, und die Vorstellung, dass sich über eben dieses Eigentum die eigene Existenz rechtfertigt, über den eigenen biologischen Tod hinaus verlängern lässt und eine magische Beziehung schafft. Das von den Vätern Ererbte und Empfangene gilt als heilig. Es zu zerstören, zerstört den Vater und damit jenen Teil der Identität, der sich auf die Abstammung bezieht.

Die Person des Vaters repräsentiert, wie Pierre Bourdieu es ausdrückt, die Abstammungslinie. Ihn einerseits fortleben zu lassen, sein Fortdauern zu sichern, seine gesellschaftliche Position als Familientradition zu festigen, das alles ist im Begriff des Erbes zusammengefasst. In vielen Fällen, sagt Pierre Bourdieu (1997), muss man sich hierfür vom Vater unterscheiden, ihn übertreffen und ihn gleichzeitig negieren, ein Prozess, der nicht ohne Probleme vonstatten geht. Sich einfach mit dem Vater, seinem Leben und dem Erbe zu identifizieren ist vor allem in der modernen Gesellschaft zu wenig. Dem Ererbten muss etwas Eigenes zugefügt werden. Das Erbe muss verändert und transzendiert werden. Bourdieu nennt die Übernahme des Erbes einen mörderischen Prozess. Etwas, das der Vater gleichzeitig wünscht und fürchtet, das ihn einerseits entwertet (kastriert), gleichzeitig aber konserviert und in der nächsten Generation weiterleben lässt. Nicht zuletzt wird auch der Sohn von dieser Dynamik des Erbes, den Vater, also die Tradition zu konservieren und zu überwinden, zerrissen.

Die Unbewusstheit im Generationenverhältnis entsteht nach Bourdieu maßgeblich durch dieses *double bind,* die Beziehungsfalle, in der der Erbe, also in erster Linie der Sohn, manchmal auch die Tochter, sich befindet. Elterliche Liebe ist verknüpft mit der Einverleibung durch das, was die Familie symbolisiert, und nach und nach sind die Kinder intellektuell und prinzipiell in der Lage aus dem Druck der erzieherischen Anforderungen die Bedeutung des Erbes herauszulesen, also zu verstehen, warum ihre Eltern dieses und jenes tun oder tun müssen oder glauben, es tun zu müssen. Sie können sich positionieren. Dies ist die Dynamik der Jugendphase und die Aufgabe der Adoleszenz. Zunächst ist dieser erzieherische Druck, den das Erbe ausübt, jedoch traumatisch und wird introjektiv, wird also unter dem Einfluss von Traumatisierungen weitergegeben. Dies ist der psychologische Charakter der Inkorporation, der Einschreibung des „familialen Projektes" in den Körper. Die Pädagogik hat unter anderem über diesen unbewusst verlaufenden Prozess geschrieben, dass er über Bildungs- und Beratungsprozesse bewusstgemacht werden, also aufgeklärt werden könne.

Der Psychoanalytiker Horst Eberhard Richter hat bereits in den 1960er Jahren eine familiendynamische Theorie entwickelt, die die psychologischen Konflikte des familialen Projektes aufnimmt (vgl. Richter 1963). Er unterscheidet zwischen der Abbildfunktion des Kindes, der Ideal-Funktion und der Negativfunktion. Nach Bourdieu sind für die moderne Gesellschaft vor allem die beiden letztgenannten Typen, die Erfolgreichen und die Missratenen wesentlich. Eine gelungene Erbschaft, sagt Bourdieu, sei ein auf Befehl des Vaters hin ausgeführter Vatermord (1997, S. 652) Der Erbe übertrifft den Vater, um auf diese Weise das Projekt weiterzuführen, welches selbst Teil der Ordnung, Teil der Erbfolge ist. Der Vater, dessen gesellschaftlicher Aufstieg unterbrochen wurde, kann die Erfüllung seines zerbrochenes Projektes genießen, wenn der Sohn sozial aufsteigt. Trotzdem bleibt die Beziehung widersprüchlich. Dieser Widerspruch, der sich ausdrückt in: „Mach es so wie ich und sei anders, sei erfolgreich und überhole mich, dann wirst du aber schuldig an mir", sei das eine, das leichtere *double bind* und begründe Fremdheit und unterschwellige Scham und Unterlegenheit der Älteren gegenüber den Jüngeren. Noch härter trifft es aber die anderen, die Missratenen, denen es nicht gelingt, den Vater zu übertreffen. Hier lautet die Botschaft: „Verschulde dich nicht an mir. Dann muss ich mich aber schämen, dass du es zu mehr nicht gebracht hast und meine Wünsche nicht erfüllst".

Psychoanalytische Supervision und Organisationsberatung

Die Idee, dass Institutionen ähnliche Strukturen aufweisen wie die Person, dass Institutionen ein Unbewusstes haben, findet sich bereits in Freuds Arbeit über Massenpsychologie und Ich-Analyse. In der Sozialpsychologie Sigmund Freuds kann seine Theorie über die Unbewusstmachung von Aspekten den Soziallebens und die psychischen Prozesse, die Menschen dazu veranlassen, vor allem aggressive Aspekte unbewusst zu machen, als Grundidee psychoanalytischer Institutionstheorie gelten. In der Kulturtheorie Freuds nehmen zwei Aspekte einen zentralen Platz ein: Angst und Herrschaft bzw. Angst und Macht. Voraussetzung für den Prozess der Unbewusstmachung ist die Regression. Illusionen, Phantasien und Bilder bestimmen das Verhältnis der Menschen sowohl in den Institutionen als auch außen. Für das psychoanalytische Verständnis wesentlich ist zudem das Gefühlsverhältnis, welches sich zwischen den Mitgliedern der Institution und in Bezug auf die Institution entwickelt. Dieses Gefühlsverhältnis nennt die Psychoanalyse die institutionelle Übertragung. Die institutionelle Übertragung kann in Anlehnung an die Freudschen Vorstellungen als eine starke affektive Bindung zwischen den Mitgliedern einer Institution und der Institution als Ganzes beschrieben werden. Stabilisiert wird die institutionelle Übertragung – wie Freud es nennt – durch Rivalität und zwar die Rivalität zum Außen, zur Umwelt; zum Zweiten durch gemeinsame Erfahrungen (Geschichte, Tradition) aus denen ein moralisches Verhältnis entsteht; und schließlich durch die Kontinuität der Strukturen und der Rolle. In erster Linie ist es aber das Gefühlsverhältnis, um das es auch in der psychoanalytischen Theorie geht.

Es sei kurz angemerkt, dass Freuds Vorstellungen sich an dieser Stelle theoretisch mit der Soziologie Durkheims treffen, der sagt, dass Gefühle das Unterpfand jeder sozialen Gemeinschaft seien und der den affektiven Einstellungen für das Gesellschaftliche also große Bedeutung beimisst (vgl. Neckel 1993). Ohne das Band gemeinsamer Gefühle in einer Gesellschaft, so Durkheim, gebe es keinen Bestand. Bei Durkheim wird also der Zusammenhang von innerer und äußerer Realität der Mitglieder einer Gesellschaft oder Institution betont. Durkheim und auch der Soziologe Georg Simmel sprechen unter anderem davon, dass ganze Kategorien von Gefühlen wie zum Beispiel Scham und Schuld als Sozialgefühle verstanden werden können.

Zur Methode psychoanalytischer Institutionsberatung

In einer ethnologischen Perspektive können auch Organisationen als Kulturen – das heißt Bedeutungssysteme (Klatetzki) – verstanden werden, die formal institutionalisiert sind. Andere Forscher beschreiben Organisationskulturen als

Sinnsysteme, als Basisannahmen. Diese Basisannahmen oder Sinnsysteme oder Bedeutungsstrukturen haben, wie Norbert Elias es ausdrücken würde, eine Gestalt, sie konfigurieren sich. Sie sind Figurationen, entstanden durch den Prozess der Zivilisation, sie sind also geschichtliche Produkte mit einem Raum- und Zeit-Bezug. Methodisch bedeutet dies, dass eine Methodik der Psychoanalyse der Institution eine Reihe von Anleihen aus der Ethnopsychoanalyse übernehmen kann. Das methodisch Besondere an der Ethnopsychoanalyse ist, dass sie ihren Gegenstand nicht aus der Beobachterposition beschreiben, sondern aus der Innenperspektive der Handelnden interpretieren will. Diese Innenperspektive ist zugleich ein ethischer Rahmen für das Handeln der Forscher.

In der psychoanalytisch orientierten Institutionsberatung sind neben dieser Festlegung auf die Innenperspektive der Handelnden bisher zwei recht unterschiedliche Methoden und Vorgehensweisen zur Analyse von Institutionen bekannt bzw. institutionalisiert. Eine Methode geht auf Georges Lappassade zurück und sein Konzept der Analysatoren von Institutionen, eine andere Methode ist die von Maja Nadig entwickelte Form der libidinösen Gespräche. Dabei ist Lappassades Verfahren der Institutionsanalyse eher aktional bzw. der Aktionsforschung zuzurechnen. Die von ihm entwickelte Methode bezieht sich auf die Theorie, dass in jeder Institution Phänomene vorhanden sind, die ihre verborgene Wahrheit hervortreten lassen. Die verborgene Wahrheit, das Unbewusste der Institution steht für ihn in einem engen Zusammenhang mit dem Problem der Legitimation von Macht. Entsprechend heißt sein Buch auch „Der Landvermesser", in Anlehnung an die Erzählung von Franz Kafka. Der Supervisor, so Lappassade, ist ganz häufig in einer vergleichbaren Situation wie der Landvermesser, er misst und misst und weiß eigentlich gar nicht, was, für wen, gegen wen er tut.

Die alte Arbeit von Lappassade ist sehr anschlussfähig an die systemischen Arbeiten von Selvini Palazzoli zum Spiel der Organisationen wie auch an die Arbeiten von Thomas Klatetzki (1993) zur Kommunikation in Organisationen. Ähnlich wie Lappassade hat Selvini Palazzoli in den Organisationen einen konspirativen Teil ausgemacht. Beratung ist in der Organisation zuerst eine Bühne, auf der etwas inszeniert wird, etwas die Organisation verwendet. Das heißt, grundsätzlich geht Selvini Palazzoli von paradoxen Effekten der Institutionsberatung aus. Das häufigste Spiel in der Organisation sei die Suche nach dem Klienten, die Personifizierung von Problemen, die Definition eines Corpus delicti, den man bestrafen kann.

Thomas Klatetzki, der Organisationen als über Kommunikation verbundene Bedeutungssysteme versteht, widmet sich vor allem der Frage, wie die unterschiedlichen Orte in Organisationen kommunikativ verbunden sind. Dabei versteht er die Organisation kommunikativ als in konzentrische Ringe aufgeteilt. Im

Mittelpunkt der Organisation steht das Management, an der Peripherie befindet sich die Schnittstelle von System und Lebenswelt. Qualität und Professionalität entstehen für ihn dadurch, dass die getrennten Teile sich verbinden.

Nimmt man die Theorien von Lappassade, von Selvini Palazzoli und Klatetzki zusammen, so beschreiben alle die Spaltung in Organisationen als ihr zentrales Problem. Diese Spaltung induziert Konflikte, die mit den in der Organisation üblichen Methoden, in der Regel Management, bearbeitet werden. Als Psychoanalytiker hat Lappassade zu den Konflikten in Organisationen ein grundlegend anderes Verhältnis als ein Manager. Für ihn sind Konflikte Analysatoren, wesentliche Hinweise auf das Unbewusste der Institution. Lappassade unterscheidet zwischen natürlichen und konstruierten Analysatoren. Konstruierte Analysatoren sind z. B. das psychoanalytische Setting als Träger von Übertragungsprozessen, aber auch Supervisionssitzungen, Versammlungen, Weiterbildungen – kurz alle Institutionen, die geschaffen werden, um kommunikative Räume jenseits der Hierarchie zu gestalten. Diese kommunikativen Räume ermöglichen es den Mitgliedern der Organisation zu formulieren, was sie erleben, wodurch ein verborgener Teil der Wahrheit hervortritt.

Lappassade beschreibt indessen auch natürliche Analysatoren in Institutionen. Dies sind für ihn spontane soziale Bewegungen und Interaktionen, die die Probleme der Institution benennen und dadurch Erkenntnismöglichkeiten liefern. Im Mittelpunkt der von ihm entwickelten Institutionsanalyse steht die Institutionsbilanz. In ihren Arbeiten zur Institution als Tagesveranstaltung und zum Aphasiephänomen (Rudnitzki/Voll) erläutern die Gruppenanalytiker Renate Voll und Gerhard Rudnitzki zum einen das Phänomen des Sprachverlustes und zum anderen über die Methode der Vollversammlung (der therapeutischen Gemeinschaft) in der Psychiatrie die Versuche, in der Organisation vorhandene Spaltungsprozesse zu überwinden. Die Institution der therapeutischen Gemeinschaft kommt aus meiner Sicht der von Lappassade entwickelten Idee der Institutionsbilanz besonders nahe. Die Institutionsbilanz wird meiner Erfahrung nach allerdings in der Supervision wie in der Organisationsberatung kaum angewendet.

Die Methode des libidinösen Gespräches findet sich bei Maya Nadig als Bestandteil ihres Konzeptes der ethnopsychoanalytischen Beziehung. Menschen, die verschiedenen Kulturen, auch Institutionskulturen, angehören, reagieren als Fremde kulturspezifisch aufeinander. Die in der Beziehung ausgelösten, emotionalen und libidinösen Bewegungen würden in einer Weise strukturiert, die für die Institutionskultur, der jede Teilnehmerin angehöre, typisch sei. Das Aufeinanderstoßen der institutionellen Kommunikationsmuster löse beim Supervisor/ bei der Supervisorin Irritationen aus, die in den oszillierenden Prozess empathisch-identifikatorischer Annäherung und reflexiv abgrenzender Reflexion hineinführten. Dieser Prozess ermögliche die Wahrnehmung des Institutionellen. Anders als Erdheim, der in seinen Arbeiten zur gesellschaftlichen Produktion von Unbewusstheit vor allem die Familisierung von Institutionen zum Problem gemacht hat, sagt Maja Nadig, dass die Übertragungsprozesse in Institutionen nicht familiär laufen – also Vater, Mutter und Geschwisterbeziehungen wiederholt würden – sondern dass es die institutionellen Erfahrungen seien, die wiederholt würden. In Supervisionen reproduzierten sich vor allem institutionelle Szenen, die es zu entschlüsseln gelte.

Exkurs

Zwischen Psychoanalyse und Hermeneutik – über die Kunst des Verstehens in der Beratung

In einer alten Geschichte zum Verstehen in der Supervision (vgl. Leuschner 1990), die als Metapher erzählt wird, geht es um eine alte Fahrradklingel, die verrostet für den Mechaniker vor allem das Problem darstellt, dass er sie nicht öffnen kann und auch Kraftanwendung und Gewalt nicht nutzen. In der Erzählung hat die Fahrradklingel eine Seele und eine Geschichte hinter sich, in der sie vergessen, verwahrlost, zum Objekt gemacht wurde und nun verrostet und unzugänglich geworden ist. Sie kann weder klingeln noch sich öffnen und ist deshalb unbrauchbar. In dieser Erzählung des Supervisors Gerd Leuschner gelingt es auch dem erfahrenden Mechaniker nicht, die Klingel zu reparieren. Er kann sie nur ölen, pflegen und warten – eine im übertragenen Sinne bindungstheoretische Intervention der basalen Pflege und des frühen Holding (Haltens) anbieten. Leuschner wählt diese Metapher von der Klingel, um das Thema von Verstehen in der Supervision und Beratung und die Gefahr der Gewaltanwendung bei der Konfrontation und Auseinandersetzung mit Widerstand und Fremdheit zu reflektieren. In der Gegenübertragung „reizt" jeder verweigernd, trotzig oder aggressiv vorgetragene Widerstand, die Verweigerung der Klientenrolle, die Verweigerung der Koproduktion den (unerfahrenen) Berater, den Widerstand des Klienten zu brechen oder den Klienten aufzugeben (die Klingel wegzuschmeißen). Was ist, wenn der Ratsuchende dem Berater seinen Widerstand entgegensetzt, den der Berater nicht versteht? Führt das Nichtverstehen des Widerstandes zur Gewalt, zum Versuch, etwas, das verschlossen ist, gewaltsam zu öffnen oder muss ein Berater das Nichtverstehen aushalten und statt zu agieren auf die beschriebenen Formen des Holding und des Care zurück greifen also halten, pflegen, warten? Und was heißt angesichts der Metapher einer alten Fahrradklingel, die verrostet ist und unbrauchbar, sich nicht öffnen noch bedienen lässt, Verstehen in der Beratung? Wie die meisten Berater geht auch Leuschner vom Nicht-Verstehen als universelle Tatsache aus und plädiert in seinem Essay für eine ganz bestimmte Haltung, die sowohl in der Psychoanalyse als auch bei Rogers in der klientenzentrierten Psychotherapie beschrieben ist. Um aber beraterisches Handeln im Sinne einer psychoanalytischen oder klientenzentrierten/personenzentrierten Beratungskunst zu rekonstruieren, soll die Theorie des Verstehens hinzugezogen werden.

Die Wissenschaft vom Verstehen reicht bis in die Antike zurück. Hier entstehen erste Ansätze einer wissenschaftlichen Verstehenslehre, die als Hermeneutik, als Deutungskunst und Sinnverstehen bezeichnet wird (vgl. Bongaerts 2010, S. 20). Dazu wird zwischen wörtlichem Sinn und literatem Sinn beim Verstehen von Texten unterschieden. Diese Unterscheidung von Vordergrund (wörtlichem Sinn) und Hintergrund (literalem Sinn) bezieht sich lange Zeit auf die Deutung vor allem von religiösen Texten. Seit dem 17. Jahrhundert setzt sich vor allem durch die Entwicklung der modernen Wissenschaft ein Gegensatzpaar von Verstehen und Erklären durch, wobei das Verstehen den Geisteswissenschaften, das Erklären den Naturwissenschaften zugeordnet wird. Eine weitere wichtige Epoche in der Hermeneutik ist die Entwicklung der Phänomenologie als Wissenschaft. Die Hermeneutik löst sich von der Schrift und wird zur Wissenschaft für die Praxis (Bongaerts 2010) eine Entwicklung, die nach Bongaerts vor allem mit dem Namen von Martin Heidegger verbunden ist (vgl. Bongaerts 2010). Hermeneutik fokussiere den menschlichen Weltbezug, das menschliche In-der-Welt-Sein als einen verstehenden Zugang zur Welt (Bongaerts 2010, S. 24). Verstehen, so Bongaerts sei dem menschlichem Verhalten insgesamt zu eigen, weil in der Praxis des Verhaltens auf Welt selektiv und sinnbezogen Bezug genommen wird. In seinem Werk „Wahrheit und Methode" konturiere Hans-Georg Gadamer die Haltung einer modernen praktischen Philosophie. Ähnlich Max Weber, der für die Soziologie ebenfalls das Verstehen reklamiert. Verstehen und Erklären werden nicht mehr als Gegensatz, sondern als Einheit betrachtet. In einer sinnhaft gedeuteten sozialen Welt muss Wissenschaft vor allem verstehen. Mit dieser Positionierung (ausführlich bei Bongaerts 2010, S. 24f)) holt Max Weber das Verstehen quasi aus dem Vorwurf der Beliebigkeit und des Vorwissenschaftlichen heraus. Indem er die Welt als sinnhafte und sozial gedeutete Wirklichkeit auffasst, wird das Verstehen zur wichtigen sozialwissenschaftlichen Methode.

Nun ist der Ort der Sozialwissenschaft die Rekonstruktion sowohl von subjektivem wie von objektivem Sinn. Diese Unterscheidung erklärt Bongaerts wie folgt: An der Unterscheidung von *subjektivem und objektivem Sinn* trennten sich die Paradigmen sozialwissenschaftlicher Theoriebildung und damit verbundene methodische Ausrichtungen des Verstehens und Erklärens. In der handlungstheoretischen Tradition von Weber und Schütz werde der Schwerpunkt auf die subjektiven Handlungsorientierungen gelegt und Handeln durch den subjektiven Sinn der Handelnden verständlich gemacht und damit erklärt. Daneben habe sich eine strukturtheoretische Position etabliert, die von den subjektiven Sinnsetzungen der Handelnden nahezu komplett abstrahiert und Handeln durch die Konstruktion der objektiven Sinnzusammenhänge versteht und erklärt, in die es eingebettet sei (vgl. Bongaerts 2010, S. 26). Dies ist zum Beispiel bei Bourdieu der Fall. Die objektiven Sinnzusammenhänge werden dabei als soziale Strukturen oder soziale Regeln begriffen, die sich den bewussten Sinnsetzungen und Sinndeutungen der Handelnden entziehen und dennoch deren Handeln bestimmen. Für eine solche strukturtheoretisch angelegte Theorie des Handelns reicht es dann aus, die objektiven Strukturen zu bestimmen, die hinter dem Rücken der Akteure fungieren (Bongaerts 2010, S. 26f).

Der Phänomenologe Gregor Bongaerts (2010) differenziert in seiner grundlegenden phänomenologischen Systematik schließlich verschiedene Ebenen des Verstehens, das Verstehen werde auf unterschiedliche Phänomene bezogen – ein schriftlicher Text, mündliche Rede, Handlungen, andere Menschen, Bilder, Musik, Baupläne, Automotoren nennt er, die verstanden oder auch nicht verstanden werden. Was als Verstehen bezeichnet wird, je nachdem, welches Phänomen bzw. welcher Gegenstand verstanden werden soll, sei sehr unterschiedlich. Soll ein anderer Mensch verstanden werden, so frage man gewöhnlich nach Gründen und Motiven, nach Intentionen und Absichten. Wolle man die Probleme eines Motors verstehen, so müsse man einen Zusammenhang erfassen. Beim Erfassen von technischen, aber auch sozialen Zusammenhängen gehe es um Intentionen und Verhalten, Sprache und Zeichensystemen mitsamt sozialen Konventionen oder auch den Elementen einer Maschine in ihrem Zusammenwirken. Was dann verstanden wird, sei zumeist in einer Beschreibung niedergelegt. Wenn man hingegen einen Menschen versteht, versteht man sich immer auch mit ihm und dieses Sich-miteinander-Verstehen bedeute beiderseitige Ähnlichkeit.

Menschen schaffen sich, so Bongaerts in Anlehnung an Cassirer (1977), eine soziale Wirklichkeit, indem sie die gesamte Welt, in der sie leben, vermittels von symbolischen Formen in Sinnzusammenhänge stellen. Etwas wird *als* etwas aufgefasst und ist deshalb auf Sinn bezogen. Sinn könne dabei subjektiv oder auch objektiv sein. Subjektiver Sinn ist der Sinn, den einzelne Akteure mit ihrem Handeln zum Ausdruck bringen. Es geht also darum, was ein Handelnder subjektiv meint, wenn er etwas tut oder sagt. Objektiver Sinn ist der Sinn, der in Form von Zeichen (Sprache) oder auch in Form von hergestellten Dingen für jedermann verfügbar ist. Er sei Produkt kommunikativen Geschehens und damit intersubjektiv in einer Sprach- und Kulturgemeinschaft verfügbar. Kulturen zeichnet aus, dass das Verstehen fraglos geht, weil die Menschen die gleichen oder zumindest ähnliche objektive Sinnstrukturen verinnerlicht haben. Darum geht es aber beim Beraten weniger, weil es hier eben nur teilweise um objektive, sondern immer auch um subjektive Sinnstrukturen geht, während umgekehrt in der Erziehung es um das Erlernen, das Verinnerlichen von und die Identifizierung mit objektiven Sinnstrukturen geht. Insofern sind Beraten und Erziehen eigentlich gegenläufige Prozesse. Will der Berater/die Beraterin vor allem die subjektiven und objektiven Sinndimensionen des ratbedürftigen Menschen nachvollziehen, so interessiert dies den Erzieher/die Erzieherin nur teilweise. Sie erwartet, dass der zu Erziehende seine subjektiven Sinnstrukturen den objektiven Sinnstrukturen der Kultur, in der er lebt, unterwirft. Diesen Prozess nennen wir dann Lebenstüchtigkeit im Alltag.

Übertragen auf das Beratungsgespräch fallen in diesem deshalb die Exploration der objektiven wie der subjektiven Sinnstrukturen zusammen. Der größte Teil der (humanistischen) Therapien widmet sich dabei den subjektiven Konstruktionen von Sinn und Lebensweise – dies ist auch bei dem gleich folgenden Ansatz von Rogers der Fall. Im Zusammenhang besonders von pädagogischer Beratung und hier noch einmal bezogen auf ihre emanzipatorischen Ansätze wie die feministische Beratung oder auch Teile der Psychoanalyse werden eher die objektiven Sinnstrukturen freigelegt, die der Ratsuchende im Laufe der Sozialisation verinnerlicht hat. Gesellschaftliche Strukturen schlagen sich, so die paradigmatische Grundüberzeugung in der emanzipatorischen Beratung, in einer besonderen Art der Bindungen und Beziehungen in der Kindheit nieder, die auf das bindungs- und anerkennungsbedürftige Kind einwirken. Die Entwicklungsaufgaben des Lebenslaufes verbinden sich mit der Sozialisation. Besonders eindrucksvoll findet sich dieser Ansatz bei Pierre Bourdieu in seinem Interviewband, welcher passenderweise den Titel „Der Tote packt den Lebenden" trägt. Hier spricht Bourdieu von den frühen Konditionierungen und verinnerlichten Objekten (psychoanalytisch Introjektionen), die die Identität des Einzelnen über die Abstammungslinie definieren. Mit dem Kapital der Abstammungslinie betritt das Kind spätestens mit vier Jahren den sozialen Raum des Kindergartens, wo seine Abstammung in die Kapitalformen von kulturellem, sozialem und ökonomischem Kapital übersetzt wird. Gleichzeitig wirken die objektiven Sinnstrukturen latent als Unbewusstes oder Hintergrund. Das Kind bekommt im Kindergarten den sozialen Konflikt als Sympathiekonflikt zu spüren. Soziometrisch wird ggf. nicht gewählt, wenn es um Spiele, Feiern oder andere Formen der Anerkennung geht. Es erfährt Beschämung und Nicht-Anerkennung, die personal und subjektiv begründet zu sein scheinen. Es macht die Erfahrung nicht wirklich dazu zugehören. Diese im sozialen Raum pädagogischer Institutionen erworbene Verortung wirkt wiederum auf seine Entwicklungsaufgaben – seinen Werksinn, seine Initiative und später seine Identität ein.

Das Verhalten des Kindes, Jugendlichen und späteren Erwachsenen ist von diesem Kampf um die verschiedenen Kapitalformen im sozialen Raum mitgeprägt, wobei seine Wünsche sich mehr auf die Symbole des Kapitals als auf dessen Substanz konzentrieren, wie z. B. bestimmte Markenkleidung. Auch Dimensionen der Sozialisation, wie sie sich in der Beschämung des Soseins manifestieren, sind nur vordergründig subjektiv, weil auch der Körper Träger des Habitus ist. Was schön ist und was hässlich, ist nicht nur abhängig von subjektiven Konstruktionen, sondern den verinnerlichten Strukturen des sozialen Raums.

In Bezug auf die subjektiven Sinnstrukturen mag sich in der Beratung nun die Aufmerksamkeit um die Persönlichkeit des Ratsuchenden drehen, seine Gefühlsverarbeitung, seine schnelle Bereitschaft zur Regression, die starken Affekte, sein störendes, aggressives und antisoziales Verhalten zum Beispiel. In der Fähigkeit subjektive Sinnstrukturen freizulegen, ist bis heute der personenzentrierte Ansatz von Rogers unübertroffen, weshalb Rogers' Ansatz für jedwede Form des Beratens eigentlich eine zentrale Grundlage darstellt.

Freiheit und Verstehen: Beratung bei Carl Rogers

„Dass der Klient derjenige ist, der weiß, wo ihn der Schuh drückt, welche Richtung einzuschlagen, welche Probleme entscheidend, welche Erfahrungen tief begraben gewesen sind. Langsam merkte ich, daß, wenn ich es nicht nötig hätte, meine Cleverness und Gelehrsamkeit zu demonstrieren, ich besser daran täte, mich auf den Klienten zu verlassen, was die Richtung des Prozessablaufes anging." (Carl Rogers 1973, S. 27/28)

Carl Rogers, einer der größten Psychologen des letzten Jahrhunderts, hat die Psychotherapie, aber auch die pädagogische Beratung wie kein anderer geprägt. Seine Theorie wie auch seine Methode entstand – wie viele Ansätze der Humanistischen Psychologie – in Abgrenzung zur Psychoanalyse und zwar, wie das oben genannte Zitat zeigt, in Abgrenzung einer Psychoanalyse, die vorwiegend dem medizinischen Modell verpflichtet ist. Rogers' entscheidende Erfahrung in seinen Therapien war, dass er sich der Führung des Klienten anvertrauen musste, um therapeutische Erfolge zu erzielen. Diese Einsicht ist geradezu paradigmatisch zu nennen, denn wenn man Foucaults berühmten Satz über den ärztlichen Blick zu Hilfe nimmt – der Arzt sieht die Krankheit durch den Patienten – dann ist Rogers' klinische Erfahrung für die Psychotherapie genau die, dass der Arzt, der sich um psychisch Kranke kümmert, eben genau nicht ärztlich im Sinne des naturwissenschaftlichen Modells handeln darf, wenn er seinem Klienten seelisch helfen will. Rogers forderte denn auch, dass der Klient spricht und der Therapeut zuhört, dass den Klienten Diagnosen erspart werden und auf Deutungen oder Interpretationen weitgehend verzichtet wird. Stattdessen solle der Therapeut für den Klienten ein Spiegel sein.

Bereits Otto Rank hatte sich von der freudianisch psychoanalytischen Annahme abgewandt, dass das Es und Über-Ich die tragenden Elemente der Person seien und das Ich in Zentrum seiner Überlegungen gestellt. Der Wille, das Schöpferische und damit die Potenziale der Veränderung lägen vielmehr im Ich. In der Therapie solle der eigene Wille des Klienten von den negativen Einflüssen befreit werden, um der Person Entfaltung zu ermöglichen. Rank fasste insbesondere die Beziehung zwischen Therapeut und Klient als heilend auf, die Beziehung und das Gefühlsband zwischen Therapeut und Klient seien von außerordentlicher Bedeutung. Insofern richte sich diese Schule der Therapie gegen die „Selbstherrlichkeit" konservativer Analytiker. Bei Rogers liegt die Beziehung zwischen Therapeut und Klient vor aller gesprächstechnischen Kunst. Eines seiner wesentlichsten Elemente ist die Buchstabierung der therapeutischen Haltung. Jedes Gängeln, Dominieren, Drohen, Expertokratisieren und Lenken lehnte Rogers ab. Der Verlauf einer geglückten Therapie sei davon abhängig, inwieweit es gelinge, die Selbstachtung des Klienten zu fördern. Dieser Prozess werde entscheidend davon geprägt, inwieweit es dem Berater gelinge, Achtung, Wertschätzung und emotionale Wärme in die Therapie einzubringen. Durch die zugewandte Haltung sei es dem Klienten möglich, Angst- und Verteidigungshaltungen aufzugeben, sich zu öffnen und auch seine negativen Gefühle zuzugeben. Rogers' klinische Erfahrung zeigte ihm, dass die Qualität der menschlichen Beziehung das beste Mittel zum Erfolg ist.

In seiner Arbeit über die klientenzentrierte Gesprächspsychotherapie befasst Rogers sich auch mit den gesellschaftlichen Kontexten, die die Entwicklung des Beratungs- und Therapiekonzeptes beeinflusst haben. Er lokalisiert den zunehmenden Beratungsbedarf in den gesellschaftlichen Modernisierungsprozessen selbst. Der Einzelne könne sich nicht mehr einfach auf Traditionen verlassen und müsse heute Verantwortung für jene Fragen übernehmen, für die früher die Gesellschaft die Verantwortung übernahm. Die Psychotherapie verspreche einige dieser Konflikte zu lösen und sei deshalb zum Gegenstand des öffentlichen Interesses geworden. Ähnliches gelte auch für die Beratung. Insofern seien Beratung und Therapie selbstverständlich Kinder ihrer Zeit und ihres jeweiligen Kulturkreises.

Rogers selbst hat sich als von der europäischen Existenzialphilosophie und Phänomenologie geprägt beschrieben. Von Kierkegaard übernimmt er die existenzialphilosophische Idee des in sich fußenden und in sich ruhenden Menschen, dessen Glaube durch die Angst erschüttert wird. Von Buber übernimmt er die Idee des dialogischen Prinzips. Seinem Ansatz liegt ein Menschenbild zugrunde, dass die menschliche Natur als grundsätzlich positiv und konstruktiv ansieht. „Wenn wir den Menschen von seinen Abwehrmechanismen befreien können, so dass er dem breiten Spektrum seiner Bedürfnisse gegenüber genauso aufgeschlossen ist, wie den vielfältigen Anforderungen seiner Umwelt und seiner sozialen Belange, kann man darauf vertrauen, dass seine Handlungsweise positiv, zukunftsorientiert und konstruktiv sein wird." (1974, S. 280) Wenn er vollkommen er selbst ist, kann er seine aggressiven Impulse kontrollieren, da er den Wunsch hat, von anderen geliebt zu werden und zu lieben. Das Verhalten dieser Menschen ist ausgeglichen und sachlich und dient der Selbsterhaltung und Selbstentfaltung. Ein Mensch, der sich verstanden und akzeptiert fühlt, braucht sich nicht hinter einer Maske zu verstecken und kann sich in Richtung auf Selbstaktualisierung, Entfaltung zur Reife, Entfaltung auf Sozialisation hin entwickeln. Jede Neurose hat entsprechend dieser Ansicht ihren Ursprung in der Gesellschaft. Bei ungünstigen Bedingungen und negativen Erfahrungen mit nahe stehenden Menschen entstünden Fehlentwicklungen, die sich in Aggression oder quälenden Gefühlen wie Neid, Rivalität etc. äußerten. Unsoziales und destruktives Verhalten, Elend und das Entstehen von Kriegen sei Ausdruck von Neurosen, die entstünden, wenn der Mensch sich seinen Bedürfnissen und seinem Organismus entfremdet oder er aus seiner Tradition heraus oder mittels seines Verstandes nach etwas strebt, was seinem Organismus missfällt. Er schneidet dann den Kontakt zu sich selbst ab. Er dissoziiert. Dies sei die Grundlage der Psychopathologie. Die Natur des Menschen sei durch Freiheit begründet. Rogers' Vertrauen in die menschliche Natur, sein therapeutischer Optimismus ist eines der hervorstechendsten Merkmale seines Menschenbildes.

Die nondirektive Methode

Rogers entwickelte den nicht-direktiven Ansatz im Zeitraum von 1940-1945. 1942 veröffentlichte er das Buch „Counseling und Psychotherapy". In diesem Konzept geht er von der grundsätzlichen Autonomie und Kompetenz eines jeden Individuums aus. Beratung und Therapie sollte unter Ausschluss von Hierarchie und Bewertung stattfinden. In einer warmen Atmosphäre und bedingungsloser Akzeptanz sei es möglich, vergangene, emotional belastende Erfahrungen zu korrigieren. Die Aufgabe des Therapeuten sei es deshalb, eine therapeutische Beziehung zu schaffen, in der der Klient zu einem Verständnis seiner selbst gelangen könnte, welches ihm positive Veränderung ermögliche. Es sei ausdrücklich nicht die Aufgabe des Therapeuten, den Klienten zu pädagogisieren. Deshalb sei auf Ratschläge und Verhaltensanweisungen zu verzichten. Im Prozess der Beratung komme es zur zunehmenden Selbsteinsicht und Selbsterkenntnis.

In seinem Buch „Client-centered Therapy" (in Amerika 1951 erschienen) befasste sich Rogers mit dem menschlichen Selbst. Die Theorie des Selbst kann als ein entscheidendes Element seiner Theorien angesehen werden. Klientenzentriert bedeutet, dass die innere phänomenale Welt des Klienten im Blickpunkt steht. Der klientenzentrierte Ansatz stellt die wichtigsten therapeutischen Kriterien auf: Einfühlung in die Person, Selbstexploration, Selbstentwicklung. In diesem Buch formuliert Rogers auch die Theorie der therapeutischen Beziehung: Das akzeptierende Verhalten des Therapeuten schafft ein Klima, das sich durch das Fehlen jeglicher Bedrohung für das Selbst des Klienten auszeichnet. Akzeptierendes Verhalten des Therapeuten wird zum Modell, die eigenen als bedrohlich empfundenen Einstellungen und Gefühle zu ergründen und zu verstehen. Ziel der Therapie sei es nicht, Probleme zu lösen, sondern das Selbstbild des Klienten so zu verändern, dass Gefühle und Erfahrung als zu ihm dazugehörig wahrgenommen würden und zu mehr Flexibilität im Verhalten führten. In der warmherzigen Beziehung sei dem Klienten Selbstexploration und Einsicht möglich.

Rogers' Therapiemethode hängt eng mit seiner Forschungsmethode zusammen, denn er führte es ein, von Therapien Protokolle anfertigen zu lassen, die im Nachhinein abgehört und interpretiert werden konnten. Aus der Forschungsperspektive wird ein Dreierschritt formuliert. Rogers fordert, dass der Therapeut die Situation als persönlich Beteiligter erlebt. Die aufgezeichnete Therapiestunde wird abgehört und auf emotionale und kognitive Zusammenhänge hin interpretiert. Transkription und theoretische Analyse folgen. Rogers versteht sich, obwohl er Phänomenologe ist, als Empiriker. Eine Theorie dient dazu, Beobachtungen eine vorläufige Ordnung zu geben und Hypothesen zu formulieren, die dann durch neue Untersuchungen und Erfahrungen entweder bestätigt oder falsifiziert werden. Auf diese Weise entsteht ein Prozess des Fortschritts im Denken. In Bezug auf sein Modell der Persönlichkeit gehört Rogers zu den Selbstpsychologen. Anders jedoch als Freud legt er nicht Instanzen wie Es, Ich und Über-Ich zugrunde, die mit unterschiedlichen Kräften auf die Person einwirken, sondern er geht eher von einer Gestaltförmigkeit des Erlebens und der Wahrnehmung aus. Im Selbst sieht er eine veränderliche und fließende Gestalt. Das Selbst konstituiert sich als Synthese zwischen „Ich" und „Mich". Die Struktur des Selbst erwächst aus eigenen Erfahrungen und verzerrter Symbolisierung, die durch die Introjektion von Werten und Konzepten entstanden ist. Für Rogers' Menschenbild ist weiterhin die Aktualisierungstendenz ein zentraler Bezugspunkt. Sie wird als der treibende Mechanismus schlechthin verstanden. Rogers hat die Überzeugung, dass es in jedem Menschen eine treibende und motivierende Kraft gibt, sich zu verwirklichen und nannte diese die Aktualisierungstendenz. Die Selbstaktualisierungstendenz kann blockiert und verzerrt, aber nicht zerstört werden, ohne den Menschen bzw. seine Seele zu zerstören. Verfehlte Aktualisierung sind z. B. neurotische Aktionen. Aufgabe jeder helfenden Beziehung ist es, die schöpferischen Aktualisierungstendenzen freizusetzen. Vor allem mit dieser Anthropologie fokussiert Rogers für Beratung und Therapie die Freisetzung der subjektiven Sinnkonstrukte. Neurosen entstehen, indem die Gesellschaft die Selbstaktualisierungstendenz eines Menschen unterdrückt. So entstehen Trennungs- und Verlassenheitsängste, Ersatzbefriedigungen und andere Abwehrmechanismen.

In Bezug auf die Frage, wie ein Berater sein sollte, hat Rogers den Beraterhabitus quasi revolutioniert und aus dem ärztlichen Habitusmodell herausgeholt. Der Berater ist nicht mehr Experte mit dem Handwerkszeug von Diagnose und Intervention. Er darf bei Rogers keine Maske tragen, funktional auf der Basis einer Positionsrolle interagieren und sich als Mensch verstecken. Der Berater soll kongruent sein – mit sich selbst übereinstimmen. Nur die Kongruenz gibt ihm die moralische Überzeugungskraft, die benötigt wird, damit der Klient an seine Selbstaktualisierung glaubt. Kongruenz wird als Übereinstimmung mit sich selbst gesehen. Wichtiges Ziel des therapeutischen wie auch beraterischen Prozesses ist die Hilfe zu mehr Kongruenz. Dem Klienten also zu helfen, das zu sagen, was er denkt und fühlt, hängt vom Habitus des Beraters und der darin enthaltenen Kongruenz ab. Ist er glaubwürdig, sagt er die Wahrheit, ist er feige, flüchtet er sich in Chiffren und Sprüche, gibt er das Verstehen nur vor? Voraussetzung für eine gute Beratung und Therapie ist, dass die Beziehung zwischen Klient und Therapeut als kongruent erlebt wird. Umgekehrt entsteht Inkongruenz, wenn das Selbst und die aktuellen Erfahrungen nicht zusammenpassen. Bei starker Inkongruenz kommt es zu Verwirrung und zu seelischen Verspannungen. Ohne Inkongruenz entstehen keine Neurosen. Als Folge zu starker Inkongruenz kann die Persönlichkeit gespalten oder fremd wirken.

Als wesentliche Bedingung jeder therapeutischen Beziehung nennt Rogers schließlich die Empathie, das meint: das einfühlende, spiegelnde Verstehen, sich in die innere Welt eines anderen hineinversetzen. Der Berater oder Therapeut soll sich dabei die Situation nicht nur vorstellen, sondern sie so nacherleben, als ob es seine eigene wäre. Empathie richtet sich auf die innere Welt des Klienten, sein Selbstbild, Weltbild, Menschenbild, wie es sich ihm darstellt und bestimmend ist für sein Fühlen, Wahrnehmen und Erleben. Dazu gehört die Bereitschaft des Therapeuten, die Welt des Klienten nicht nur zu erspüren, sondern auch zu antworten. Was er verstanden hat, spiegelt er zurück. Dies ist der Kern des therapeutischen Dialogs. Zu Empathie gehören das aktive Zuhören, das Reflektieren von Gefühlen, das Spiegeln.

Beratung als ethische Verpflichtung

Dem personenzentrierten Ansatz von Rogers liegt ein Verständnis von Therapie, Hilfe und Beratung zugrunde, welches die ethische Verpflichtung des Beraters an den Klienten vorschreibt. Rogers' Menschenbild ist vielfach kritisiert worden, ihm wurde politische Naivität, seinem Ansatz Entpolitisierung vorgeworfen. Insbesondere in der Pädagogik und der Sozialen Arbeit ist Rogers umstritten, denn sein Modell gilt vielen als zu liberal und zu wenig gesellschaftskritisch. Richtig ist wohl die Kritik, dass Rogers' Menschenbild individuumszentriert ist, dass er sich unter Menschen also einen einzelnen Menschen, kein soziales Netzwerk, keine Gesellschaft oder Gemeinschaft vorstellt. Gleichzeitig sind Rogers anthropologische Grundannahmen idealistisch, denn Rogers glaubt, dass Menschen, wenn sie vollkommen sie selbst sind, ihre aggressiven Impulse kontrollieren können, da Menschen vor allem den Wunsch hätten zu lieben und geliebt zu werden. Der Mensch, der sich verstanden fühle, brauche sich nicht hinter einer Maske zu verstecken und könne „sein Selbst steigern" (Rogers 1973, S. 49). Rogers glaubt also an die „Kraft des Guten" und stellt sich Menschen als konstruktiv und vertrauenswürdig vor. Aus seinem Menschenbild ergibt sich dann auch sein Ansatz, den er explizit auf viele professionellen Formen menschlicher Kommunikation ausdehnt und der in der Pädagogik der Bundesrepublik eine sehr große Wirkung entfaltet hat. Rogers' Haltung gegenüber seinen Klienten ist deutlich von Achtung geprägt. In seinem Ansatz werden die Selbstheilungskräfte und Selbstveränderungskräfte in den Mittelpunkt der Arbeit gestellt. Diese respektierende Grundhaltung bringt ihn schnell in kontroverse Auseinandersetzungen mit Positionen, die in der Sozialisation von Klienten ihren Auftrag sehen und mit wissenschaftlichen „Schulen" wie etwa dem Behaviorismus. Mit Skinner streitet er sich öffentlich und lehnt dessen Ansatz, Menschen durch Konditionieren zu beeinflussen, ab. Gleichzeitig verdeutlicht Rogers, dass er seinen Ansatz nicht nur für richtig für die Therapeut-Klient-Beziehung hält, sondern ebenfalls für die Beziehung im Bereich der Pädagogik – etwa zwischen Lehrern und Kindern oder Eltern und Kindern.

Theoretisch ist es sinnvoll, Rogers' Theorie und seine Forschungen in klinische bzw. therapeutische Arbeiten auf der einen Seite und sozialpsychologische und pädagogische Arbeiten auf der anderen Seite zu differenzieren. So arbeitete Rogers in der Erziehungsberatung und später ab 1957 lehrte er als Professor für Psychologie und Psychiatrie an der Universität von Wisconsin. In dieser Phase entwickelte er stärker klinische Überlegungen wie die Experimentaltherapie, die auf Entwicklung und Veränderung des emotionalen Erlebens abzielt. Dieser Ansatz ist deshalb interessant, weil er auf einer phänomenologischen Theorie der Persönlichkeit aufbaut. Die Psyche des Menschen wird nicht mehr als tropisches oder Strukturmodell wahrgenommen, sondern psychische Inhalte werden als geronnene Erlebensstrukturen verstanden.

Beratung und Anerkennung

In den 1980er Jahren gerät Rogers' Ansatz, wie in diesem Buch beschrieben, in den Sog der Therapiekritik. Ihm wird Naivität und eine mangelnde gesellschaftlich Fundierung vorgeworfen (vgl. Gaertner 1995). Die Verwendung von Rogers in der Politik und der Glaube von Psychologen, dass zum Beispiel mit Rogers auch Terroristen von einer Flugzeugentführung abgehalten werden könnten, bringt den Ansatz in Misskredit. Gleichzeitig bleibt die Frage nach einer soziologischen und gesellschaftstheoretischen Fundierung der Theorie von Rogers offen. Erst in den 1990er Jahren wird diese Lücke gefüllt. Der Philosoph Axel Honneth legt mit seiner Habilitationsschrift ein Werk vor, das sich dadurch auszeichnet zwischen Gesellschaftstheorie und Psychologie eine Brücke zu schlagen. Für die Pädagogik und die pädagogische Beratung bedeutet seine Theorie eine Weiterentwicklung und Fundierung dessen, was Müller und Mollenhauer in den 1960er Jahren zur Pädagogik und Beratung formuliert haben. Pädagogik und Beratung können genauso wie Therapie zur Mündigkeit und innerlichen Freiheit verhelfen und verwirklichen damit die wichtigen Ideale moderner Gesellschaften.

Die Kompatibilität mit Rogers' Begriff der Wertschätzung und seiner Vorstellung von Therapie und Beratung findet sich an verschiedenen Stellen in Honneths „Kampf um Anerkennung". Er zeigt auf, dass es sich beim Anerkennungshandeln nicht nur um eine vordergründige Wertschätzung, Akzeptanz oder um eine peudoempathische Zwangsidentifizierung handelt, vielmehr liefert Honneths Arbeit wichtige Impulse und Ideen für professionelle Grundhaltungen beim Beraten, vor allem dann, wenn ein Berater, eine Beraterin sich nicht als von der Institution bestimmt, sondern seiner Profession und seinen Ratsuchenden verpflichtet verstehen will.

Axel Honneths zu Beginn der 1990er Jahre verfasste Habilitation über den Kampf um Anerkennung hat den bis dahin meist expressiv gebrauchten Begriff der Anerkennung in einen theoretischen Kontext gestellt, der es auch erlaubt, Anerkennung als pädagogische Kategorie deutlicher zu fassen und die Ebenen der Anerkennung für die pädagogische Diagnose zu verwenden. Seine Anerkennungsphilosophie ist gleichzeitig eine Einladung für die pädagogische Beratung, sich in Bezug auf eine Gesellschaftstheorie und ein Menschenbild zu vergewissern. Daneben, und dies wiegt nicht weniger, liegt der Gewinn von Honneths Arbeit für die pädagogische Beratung in seiner ganz besonderen Sichtweise auf Konflikte. Die Konflikttheorie im „Kampf um Anerkennung" ist für die pädagogische Beratung geradezu großartig, denn Honneth sagt, Konflikte hätten immer einen moralischen Kern. Mit dieser Position werden Konflikte grundsätzlich demokratisch und das heißt kommunikativ und reflexiv bearbeitbar, wenn es denn gelingt, diesen moralischen Kern freizulegen und zum Sprechen zu bringen. Kommunikation oder noch genauer Narration wird zum Schlüssel für die Lösung von Konflikten. Zum Dritten ist „Kampf um Anerkennung" deshalb wegweisend, weil darin eine Theorie menschlicher Identität aus den gesellschaftlichen Beziehungen heraus begründet wird. Identität entsteht letztlich durch Anerkennung und Verinnerlichung derselben – auch dieser Ansatz in der Habilitationsschrift Honneths hat für die pädagogische Beratung Bedeutung.

Honneth setzt in seiner Habilitationsschrift die Rechtsphilosophie Hegels, den amerikanischen Pragmatismus nach G. H. Mead, mit der psychoanalytischen Objektbeziehungstheorie, mit bindungstheoretischen Erkenntnissen und Forschungsergebnissen in Beziehung – um nur die wichtigsten zu nennen – und ergänzt diese um Muster von Anerkennung und Nichtanerkennung. Von Hegel übernimmt er die Überzeugung, dass menschliche Identität sich im Kern durch Anerkennung konstituiert und Anerkennungskämpfe sowohl Konflikte als auch ihre Lösung durch gewaltfreie Kommunikation ausmachen. Dabei teilt Honneth die Annahme Hegels, dass Gesellschaften und insbesondere moderne, demokratisch verfasste Gesellschaften einen sittlichen Zusammenhang darstellen. Im Mittelpunkt seiner Sozialtheorie kommt der Intersubjektivität des öffentlichen Lebens eine zentrale Bedeutung zu. Subjekte bewegen sich, so Honneth, im Rahmen sittlicher Verbindungen. Diese sittlichen Verbindungen seien als Grundelement im Menschen angelegt und entfalten sich unter demokratischen Bedingungen.

Ebenfalls hegelianisch argumentiert Axel Honneth, wenn er darauf hinweist, dass es bei der Konstitution einer demokratischen Gesellschaft um mehr geht als um formales Recht. Demokratie müsse sich in den Alltagskulturen niederschlagen und die demokratische Alltagskultur entsteht nach Honneths Überzeugung aus „Bewegungen von intersubjektiver Anerkennung". „In dem Maße, in dem ein Mensch sich in bestimmten Fähigkeiten und Eigenarten durch einen anderen Menschen anerkannt weiß und darin mit ihm versöhnt ist, lernt er auch zugleich Teile seine unverwechselbaren Identität kennen und ist somit dem anderen wieder als etwas Besonderes entgegengesetzt. In der wechselseitigen Anerkennung erfahren die Individuen ihre Identität" (vgl. Honneth 1992, S. 31). Gleichzeitig sei in der Logik der Anerkennungsbeziehung eine innere Dynamik angelegt: Weil die Menschen in der Anerkennung durch den anderen stets auch etwas über sich erfahren, was eine neue Dimension ihres Selbst ist, müssen sie die Beziehung wieder verlassen. Somit besteht die Bewegung der Anerkennung aus dem Prozess der Versöhnung und des Konfliktes zugleich (vgl. Honneth 1992, Kap. 2, S. 20-53).

Auch für den Sozialpsychologen und Anerkennungstheoretiker George Herbert Mead vollzieht sich das gesellschaftliche Leben unter den Bedingungen der wechselseitigen rechtlichen und symbolischen Anerkennung. Im Mittelpunkt seines Anerkennungsbegriffs steht die Idee der sozialen Kompetenz als ein Prozess, sich aus der Perspektive anderer begreifen zu lernen, weil die Menschen praktisch nur zu einem mündigen und reflektierenden Verhältnis auf sich selbst gelangen können, wenn sie sich aus der Sicht anderer verstehen lernen. Insofern seien, so wiederum Honneth, auch soziale Kämpfe moralisch motiviert. Sie stellen einen gemeinsamen Versuch dar, eine wechselseitige Anerkennung kulturell und institutionell durchzusetzen.

Axel Honneth beschreibt drei Anerkennungsmuster und ihr Gegenteil: die emotionale Zuwendung, die rechtliche Anerkennung und die soziale Zustimmung. Lokalisiert werden diese unterschiedlichen Anerkennungsweisen in unterschiedlichen Sphären der Gesellschaft. Hegel unterscheidet zwischen Familie, bürgerlicher Gesellschaft und Staat. George Herbert Mead unterscheidet zwischen Primärbeziehungen konkreter Anderer, den Rechtsverhältnissen und den Arbeitsformen als Orte des Generalisierten Anderen. Für Hegel ist die Liebe deshalb die erste Form der reziproken Anerkennung, weil sich hier die Liebenden wechselseitig in ihrer konkreten Bedürfnisnatur bestätigen. Anerkennung ist hier affektive Zustimmung und Ermutigung. Hegel begreift Liebe als Selbstsein in einem Fremden (Honneth 1992, S. 154). Obwohl es vielleicht fremd anmuten mag und Axel Honneth selbst einmal gesagt hat, dass diese erste Anerkennungsform der Liebe der Familie vorbehalten sein sollte, ist die Beratung (und auch die Therapie) ohne affektive Zustimmung und Ermutigung kaum zu denken. Hier hat Rogers recht. Berater sind wohl signifikante Andere, jedenfalls in den psychosozialen Feldern und unter dem Dach der reflexiven Beratungsformen.

Ein zweites wichtiges Medium in der Beratung, die Erweiterung der eigenen Wahrnehmung um die Perspektive anderer wird theoretisch am besten im Kompetenzmodell von Mead beschrieben. In Bezug auf die Identitätsforschung gilt Mead, wie Honneth es ausdrückt, als ein Materialist, als jemand, der Identität aus den Sphären des Spekulativen und des Philosophischen herausgeholt und sozialwissenschaftlich begründet hat. Mead wird in der Regel in Zusammenhang mit dem Paradigma, also dem Theoriebündel und den theoretischen Auffassungen des Symbolischen Interaktionismus genannt. Er nennt den Kern der persönlichen Identität die Möglichkeit, Selbsterfahrung aus der Sicht anderer zu machen. In der Sprache wird der Einzelne sich selbst gegenüber Objekt und kann sich damit zum Gegenstand von Reflexionen machen. Diese Reflexionen werden dadurch in Gang gesetzt, dass das Kind unweigerlich die Erfahrung des

Psychischen macht, die Erfahrung, dass es Dinge wahrnimmt, erfährt und erlebt, die andere so nicht erfahren, erleben und wahrnehmen. Diese Trennung von den anderen ist zum einen kränkend und verwirrend, manchmal traumatisch, gleichzeitig aber ein Motor zur Reflexion.

An den Arbeiten George Herbert Meads hebt Honneth besonders hervor, dass Anerkennung hier empirisch begreifbar und operationalisierbar wird. Mead habe mit idealistischen Vorstellungen zur Anerkennung gebrochen und verstehe diese handlungstheoretisch. Besonders herausragend ist dabei die Bedeutung des bürgerlichen Rechts bzw. der allgemeinen Menschenrechte für die Anerkennung.

In vormodernen Gesellschaften sei, so Honneth, die Anerkennung als Rechtsperson mit der sozialen Hierarchie und entsprechend mit der sozialen Wertschätzung verschmolzen gewesen. Nur diejenigen seien als Träger von Rechten anerkannt gewesen, die entsprechende gesellschaftlich anerkannte Leistungen erbracht, zumeist also über ein Vermögen verfügt hätten. Die Moral dieser Gesellschaften sei in jeder Hinsicht konventionell. Die rechtliche Anerkennung sei abgestuft und entspreche der sozialen Wertschätzung einer Person bzw. der Statusgruppe, der diese Person zugehöre. In modernen Rechtsverhältnissen spaltet sich nach Honneth die rechtliche Anerkennung von der sozialen Wertschätzung ab. Die öffentliche Moral wird postkonventionell. Die Idee des Respekts und der Achtung für die andere Person entspringt der Einsicht, dass jeder Mensch Zweck an sich ist. Daneben baut sich nun die Sphäre der sozialen Wertschätzung und der sozialen Zustimmung auf. Hier bemisst sich die soziale Achtung einer Person an ihrem Erfolg bzw. dem Erfolg seiner Leistungen. Die Achtung und die Wertschätzung stellen für die jeweilige Person die Quelle zu einer positiven Selbstbeziehung dar.

Mit diesen beschriebenen drei Orten und drei Formen der Anerkennung sind die Spannungsfelder in der pädagogischen Beratung ebenfalls skizziert und es lassen sich bestimmte Theoriestreitigkeiten deutlicher konkretisieren. Beratung findet zumeist in der zweiten Sphäre der Anerkennung statt, in der es darum geht, Erfahrungen aus der Perspektive der anderen zu machen, seine Interessen im Rahmen bestimmter, demokratischer Regeln zu vertreten und dabei zu Selbstachtung und einer positiven Selbstbeziehung zu kommen. Am deutlichsten hat dies bisher Kohlberg in seiner Konzeption der „just community" beschrieben. Beratung ist hier Verhandlung um die Gültigkeit moralischer Reziprozität und moralischer Regeln. Mit der Lokalisierung in der zweiten Anerkennungssphäre wird somit nicht Wertschätzung und Empathie, sondern Respekt zur tragenden Säule der Beratungsbeziehung. Der Berater schuldet dem Klienten Respekt, die sich daraus ergibt, dass dieser ein Träger von Rechten ist, die zu berücksichtigen sind. Dies ist insbesondere dann wichtig, wenn Beratung im Schnittfeld konkurrierender Interessen stattfindet. Der Respekt des Beraters gegenüber seinem Klienten ist kontraktuell und prinzipiell nicht auflösbar, auch wenn der Berater zum Beispiel nicht vom Klienten bezahlt wird und ein Interesse an der Sozialisation des Klienten besteht.

Gleichzeitig bewirkt die Übertragungsbeziehung in Beratungsprozessen, dass Regressionen das Beratungsgeschehen verändern und anstelle von Reflexion frühere Anerkennungsformen für den Klienten bedeutend werden: Zuneigung des Beraters, Ermutigung, Trost und ggf. auch Schutz. In der Psychotherapie gehören diese Eintrübungen zur Regel, in der Beratungsbeziehung treten sie eher selten auf. Sie sind allerdings Merkmale von Krisenberatungen und von Beratungen von Kindern und Jugendlichen. Inwieweit Anerkennungsformen der ersten Sphäre in die Beratung gehören, ist strittig, da die Grenzen zur Macht hier fließend sind. Auf einer Tagung 2001 in Haus Neuland, die im Zusammenhang mit der Beratung von Angehörigen alter Menschen in Heimen stattgefunden hat, hat sich Honneth eindeutig dahingehend positioniert, dass die primären Anerkennungsformen der Zuneigung der Familie und der Freundschaft vorbehalten bleiben sollten. Andererseits ist gerade bei Kindern und Jugendlichen pädagogische Arbeit ohne Zuneigung seelenblind und daher abzulehnen. Dass Ermutigung, Zuneigung und Freude an der Beziehung zum Klienten auch in der Beratung von Erwachsenen zum Beratungsprozess gehören, wird von Humanistischen Psychologen wie Carl Rogers oder auch von Pädagogen wie Bruno Bettelheim großzügiger gesehen und in einer milden Form auch von der Psychoanalyse (Stimulierung einer positiven Übertragung) befürwortet.

Systemische Beratungsformen

Systemische Beratungsformen haben für die Pädagogik vor allem im Bereich der Erziehungsberatung ihre große Bedeutung und ihren institutionellen Ort. Daneben findet sich systemische Diagnostik und Beratung vor allem in den Feldern der Teamsupervision und der supervisorischen Beratung von Organisationen. Sowohl mit der Methode der systemischen Beratung wie auch in Bezug auf die Beratungsform markiert die systemische Beratung von und in Organisationen aber den Grenzbereich pädagogischer Beratung und gehört eigentlich nicht im engeren Sinn zum pädagogischen Methodenkanon. Gleichwohl stellen die kommunikationstheoretischen Grundlagen von Paul Watzlawick wie auch die familiendynamischen Betrachtungsweisen sozialer Systeme wichtige Ergänzungen zur pädagogischen Diagnose dar, weshalb sie im Folgenden vorgestellt werden. Um die Problematik zwischen einer, wie Watzlawick es sagte, nur auf Beobachtung basierender Methode, die er bekanntlich in die Nähe der Naturwissenschaft rückte, und einem vor allem auf hermeneutischen Verstehensprozessen beruhenden Erkenntnis- und Handlungstypus, wie es das pädagogische Handeln darstellt, deutlich zu machen, wird im Anschluss an die Vorstellung der systemischen Beratung eine entsprechende hermeneutische Kritik angefügt.

Kommunikationstheoretische und systemische Grundlagen

1967 hat eine Forschergruppe um Paul Watzlawick, Janet Beavin und Don Jackson eine Theorie menschlicher Kommunikation veröffentlicht, welche die Psychotherapie und Beratungsforschung revolutioniert hat und bis heute nachhaltig das Verständnis psychologischer und psychosozialer Beratung prägt. Auch in der Pädagogik hat Watzlawicks, Beavins und Jacksons Ansatz zur „menschlichen Kommunikation" breite und tiefe Spuren hinterlassen, die aber, verfolgt man den pädagogischen Beratungsdiskurs in den 1980er Jahren, als durchaus widersprüchlich eingeschätzt werden. Der hohe psychotherapeutische und klinische Nutzen der Forschungen von Watzlawick und anderen liegt unzweifelhaft in dem nachhaltigen Plädoyer für eine psychotherapeutische Behandlung der so genannten Geisteskrankheiten, insbesondere der Schizophrenie. Mit hoher Kompetenz und großer Einfühlungsgabe sowie therapeutischer Kreativität ist es den Forschern um Paul Watzlawick gelungen, die Dilemmata und Fallen, in denen sich besonders die manisch-depressiven und schizophren erkrankten Menschen befinden, zu beschreiben und zu verstehen. Allein dafür gebührt den Forschern und Forscherinnen um Paul Watzlawick Respekt und Anerkennung. Neben diesem bedeutenden Anliegen liegt das beachtliche Werk zweifellos in der Analyse menschlicher Kommunikation. Zusammen mit der Kenntnis der Theorie von Carl Rogers und der Kenntnis der ethnopsychoanalytischen Theorie von Devereux bildet die Theorie von Watzlawick das Grundgerüst jedweder Beratungskompetenz und kommunikativen Kompetenz für Angehörige sozialer Dienstleistungsberufe.

Paul Watzlawick und seine Kollegen/Kolleginnen beginnen die Erklärung ihrer Theorie menschlicher Kommunikation mit drei einfachen Geschichten:
1. die Geschichte über die Füchse in Nordkanada
2. die Geschichte über die englischen Mädchen und die amerikanischen Soldaten und
3. die Geschichte über ein Experiment zum Einfluss von Gruppen und Gesellschaft auf die eigene Wahrnehmung.

Die erste Geschichte befasst sich mit dem zyklischen Erstarken und Verschwinden von Füchsen in Nordkanada, deren Anzahl sich komplementär zum Erstarken und Verschwinden der Kaninchen in dieser Region verhält. Die zweite Geschichte beschreibt den Kuss im interkulturellen Sexualspiel. Der Kuss bedeutet in Amerika sehr wenig, dagegen ist er in England die Vorbereitung auf den Geschlechtsverkehr und schließlich waren in einem Experiment, welches Ash durchführte, die Versuchspersonen bereit, ihre eigene Wahrnehmung zu verleugnen, weil andere, instruierte Teilnehmer des Versuchs zuvor eine falsche Wahrnehmung mit größter Selbstverständlichkeit öffentlich behauptet hatten. Diese Geschichten erzählt Watzlawick deshalb, um auf die Bedeutung des Kontextes hinzuweisen. Erst wenn der Kontext, das Umfeld Berücksichtigung findet, so Watzlawick, werde Unerklärliches erklärbar.

Die Phänomene, die in den Wechselbeziehungen zwischen Organismus und Umwelt auftreten, so eine seiner wichtigsten Annahmen, unterscheiden sich grundlegend und wesentlich von den Eigenschaften der beteiligten Einzelorganismen. Während diese Tatsache in der Biologie akzeptiert werde, fuße die Verhaltensforschung noch weitgehend auf monadischen Auffassungen vom Individuum, wobei wir bei Watzlawicks wichtigster Kritik an Freud und seiner Auffassung des seelischen Apparates wären. Watzlawick wendet sich aber auch gegen Forschung, die vor allem Variablen isoliert. Insbesondere bei den Untersuchungen zum psychopathologischen Verhalten nennt er dies einen der größten Fehler, da Verhaltensweisen immer im Kontext auftreten.

Werden psychopathologische Verhaltensweisen in künstlicher Isolierung gesehen, so stünde schnell die Frage nach der Natur dieser Zustände im Vordergrund. Würden aber die Grenzen der Untersuchung weit genug gesteckt, um die Wirkung eines Verhaltens auf andere zu berücksichtigen, so verschiebe sich die Wahrnehmung mehr auf die Beziehung der einzelnen Elemente. Das Studium menschlichen Verhaltens würde sich dann nicht mehr mit den unbeweisbaren Annahmen der Natur des Psychischen befassen, sondern mit den beobachtbaren Manifestationen menschlicher Beziehungen.

Watzlawicks engerer Gegenstand ist die Pragmatik: Jede Kommunikation beeinflusst das Verhalten der Teilnehmer. Pragmatik ist die Lehre von den verhaltensmäßigen Wirkungen der Kommunikation und zwar geht es Watzlawick um die beobachtbaren Wirkungen der Kommunikation. Theoretisch unterlegt er seine Forschungen mit Lehrsätzen und Annahmen, die der Mathematik entstammen, und zwar insbesondere dem mathematischen Begriff der Funktion. Funktionen sind Beziehungen zwischen Variablen, wobei Variablen keine feststehende Größe/Bedeutung haben, sondern erst in der Beziehung zueinander eine Bedeutung bekommen. Weitere wesentliche Begriffe für die Kommunikationsforschung von Watzlawick sind Information und Rückkopplung, hier nimmt er Anleihen bei der Kybernetik und Redundanz (Physik). Unter Bezug auf den Homöostat, der aus vier gleichartigen selbstregulierenden Teilsystemen besteht, die untereinander so vollkommen verbunden sind, dass jede Störung in einem von ihnen auch die anderen beeinflusst, begründet Watzlawick seine Sichtweise menschlicher Kommunikation als eine systemische. Besonders erwähnenswert ist schließlich Watzlawicks Theorie der Metakommunikation: „Wenn wir Kommunikation nicht mehr ausschließlich zur Kommunikation verwenden, sondern um über die Kommunikation selbst zu kommunizieren, verwenden wir Begriffe, die nicht mehr Teil der Kommunikation sind, sondern von ihr handeln."

Pragmatische und metakommunikative Axiome
1. Man kann nicht nicht kommunizieren.
   Denn jede Kommunikation ist Verhalten und genauso wie man sich nicht nicht verhalten kann, kann man nicht nicht kommunizieren. Die Unmöglichkeit nicht zu kommunizieren ist für Watzlawick aber nicht nur von theoretischem Interesse. Für ihn ist sie Teil des schizophrenen Dramas. Wenn schizophrenes Verhalten unabhängig von ätiologischen Überlegungen beobachtet wird, dann habe es den Anschein, als versuche der Patient, nicht zu kommunizieren. Die Kommunikation sei deshalb von Verneinung und Vermeidung geprägt. Unsinn, Schweigen, Absonderung und Regellosigkeit hätten die Funktion, die Kommunikation zu verneinen oder zu vermeiden.
2. Jede Kommunikation hat einen Inhalts- und einen Beziehungsaspekt.
   Neben der Information enthält jede Kommunikation eine Beziehungsdefinition, die darauf hinweist, wie der Inhaltsaspekt aufzufassen ist. Je spontaner und gesunder die Beziehung ist, desto stärker kann dieser Aspekt in den Hintergrund rücken, dann ist nur noch der Inhaltsaspekt interessant. Ist die Beziehung gestört, wird der Beziehungsaspekt wichtiger. Der Beziehungsaspekt ist mit der Metakommunikation identisch.
3. Kommunikation ist entweder symmetrisch oder komplementär.
   Das heißt, sie fußt entweder auf Gleichheit oder Unterschiedlichkeit. Spiegelbildliches Verhalten ist symmetrisches Verhalten, als Prototypus für symmetrische Kommunikation gilt der Streit. Dagegen ist komplementäres Verhalten auf den Gegensatz ausgerichtet.
4. Jedes Verhalten ist immer Ursache und Wirkung (Interpunktion von Ereignissen).
   Es war einmal eine Versuchsratte, die sagte: „Ich habe meinen Versuchsleiter so abgerichtet, dass er mir jedes Mal zu fressen gibt, wenn ich einen Hebel drücke". Diese Ratte ist nicht bereit die Interpunktion von Ereignisfolgen anzunehmen, die der Versuchsleiter ihr aufzuzwingen versucht.
5. Digitale und analoge Kommunikation.
   Watzlawick nennt Sprache die digitale Kommunikation und Zeichen die analoge Kommunikation. Sprache hat keine Beziehung zum Gegenstand, sie wird auf der Basis von Übereinkunft festgelegt, dagegen hat analoge Kom-

munikation eine Beziehung zum Gegenstand. Wir verständigen uns in einem fremden Land, in dem wir die Sprache nicht verstehen, mittels analoger Kommunikation.

Gestörte Kommunikation
Axiom 1: Man kann nicht nicht kommunizieren.
In Bezug auf dieses Axiom nennt Watzlawick zwei Varianten. Erstens, jemand macht eine Aussage und verneint dieses Aussage gleichzeitig, oder zweitens, jemand will kommunizieren, gleichzeitig aber die Verantwortung für das. was er sagt, nicht übernehmen. Watzlawick nennt dazu das Beispiel von der Patientin, die sagt: Meine Mutter musste heiraten und deshalb bin ich hier (beim Therapeuten). Zunächst filtert Watzlawick aus dem Gesagten der Patientin vier Botschaften, dass sie erstens das Resultat einer unerwünschten Schwangerschaft ist, dass sie zweitens diesen Umstand für ihre Verfassung verantwortlich macht, dass sie drittens ihrer Mutter keine Schuld geben will für die Ablehnung, die sie als Kind erfuhr und dass sie viertens mit hier sowohl auf der Erde als auch beim Therapeuten meint. Watzlawick folgert daraus, dass „schizophrenesisch", wie er es nennt, eine Sprache ist, die es dem Gesprächspartner überlässt, die Bedeutungen herauszufinden, die untereinander verschieden oder widersprüchlich sind. Aus dem Dilemma des Axiom „man kann nicht nicht kommunizieren" ergeben sich vier Alternativen:
- Abweisung
- Annahme
- Entwertung
- Symptombildung.

Gestörte Kommunikation auf der Ebene von Sachebene und Beziehungsebene
Hier schildert Watzlawick ein Beispiel aus seiner Praxis. Ein Mann und eine Frau streiten sich über eine Einladung, die zwar auf der inhaltlichen Ebene nicht strittig ist, da der Eingeladene ein sympathischer Freund des Paares ist, auf der Beziehungsebene ist jedoch eine Regel verletzt worden, die besagt, dass keine wichtigen Entscheidungen getroffen werden, ohne den anderen zu konsultieren. So sagt der Mann zur Frau, dass er gern bereit ist, den Freund wieder auszuladen, wenn sie das wünsche, wodurch der Streit neue Nahrung erhält, denn die Regel, die verletzt worden ist, ist die, dass er ohne ihre Konsultation eine Entscheidung für beide getroffen hat. Watzlawick sagt zum Charakter der privaten Beziehung:

„Familienbeziehungen gehören einer Sphäre an, in der die sonst üblichen Regeln des Urteils und des Handelns außer Kraft gesetzt sind. Sie sind ein

Labyrinth von Spannungen, Streitereien und Versöhnung, deren Logik widerspruchsvoll ist und deren Wertmaßstäbe und Kriterien oft so verborgen sind, wie der gekrümmte Raum eines in sich geschlossenen Universums. Es ist ein von Erinnerungen gesättigtes Universum – Erinnerungen, aus denen man nichts lernt, saturiert mit einer Vergangenheit, die keine Ratschläge für die Zukunft gibt. Denn in diesem Universum beginnt die Zeitrechnung nach jedem Streit und jeder Versöhnung von neuem, und die Geschichte befindet sich immer im Jahre Null. (W., M.K:, S. 80)

Watzlawick nennt drei Varianten des Verhältnisses von Sach- und Beziehungsebene:

- Der Idealfall: die Partner sind sich sowohl über den Inhalt ihrer Kommunikation, als auch über die Definition ihrer Beziehung einig.
- Der umgekehrte Fall: die Partner sind sich sowohl auf der Inhaltsebene wie auf der Beziehungsebene uneinig.
- Mischformen: zum Beispiel Uneinigkeit auf der Sachebene stört nicht die Beziehungsebene, oder die Partner sind auf der Inhaltsebene einig, auf der Beziehungsebene dagegen nicht (Pseudofestigkeit).

Insbesondere die letzte Form, die Watzlawick in Bezug auf die Sündenbockrolle des Kindes problematisiert, dass die gemeinsamen inhaltlichen Entscheidungen der Eltern eine Festigkeit auf der Beziehungsebene vortäuschen, die so gar nicht da ist. Watzlawick merkt hierzu an, dass eine Besserung des Kindes automatisch zu einer Krise in der Ehe der Eltern führt.

Weiterhin nennt Watzlawick die Variante einer Konfusion zwischen den beiden Aspekten, das heißt am Anfang wird das Beziehungsproblem auf der Inhaltsebene besprochen oder umgekehrt ein Problem auf die Beziehungsebene verschoben (Psychologisierung).

Schließlich nennt Watzlawick die Form, die eigene Wahrnehmung auf der inhaltlichen Ebene zu bezweifeln, um die Beziehung nicht zu gefährden, insbesondere die Entwertung. Entwertet werde die Selbstdefinition des anderen. Die Entwertung negiere die menschliche Wirklichkeit. Während die Verwerfung, die Watzlawick als weitere Variante einbringt, nur besagt, du hast unrecht damit, wie du dich siehst, sagt die Entwertung, dass die Gefühle von jemandem nicht gültig sind, die Handlung ihrer Motive entkleidet und die Situation ohne Bedeutung ist. Wir können diesen Zustand Seelenblindheit nennen.

Gestörte Kommunikation im Rahmen der Interpunktion von Ereignisfolgen
Watzlawick bezieht sich hier auf Beispiele, die von der Psychoanalyse als Kollusion bezeichnet werden: Ich bin so eifersüchtig, weil du so untreu bist und umgekehrt: Ich bin so untreu, weil du mich mit deiner Eifersucht verfolgst oder ich bin so dominierend, weil du so haltlos bist und ebenfalls umgekehrt, ich lasse mich gehen, weil das meine Art ist, gegen deine Dominanz zu protestieren und ich damit dominant bin, während du mächtiger Mensch hilflos wirst etc.

Mutter: Du willst nichts mit mir zu tun haben. Du glaubst, das sei sentimental.

Tochter: Wann warst du denn je zärtlich zu mir?

Mutter: Wenn ich dich zum Beispiel küssen will, dann sagst du: „Sei nicht sentimental."

Tochter: Aber wann hast du mich dich jemals küssen lassen?

Für Watzlawick ist die sich selbst erfüllende Prophezeiung ein wichtiger Punkt in der Kommunikationsstörung auf der Ebene der Interpunktion. Dazu gehört auch das Beispiel über den Mann mit dem Hammer, welches Watzlawick in seinem Buch „Anleitung zum Unglücklichsein" niedergeschrieben hat.

Störungen zwischen digitaler und analoger Kommunikation
Analoges Kommunikationsmaterial ist stark antithetisch. Es ermöglicht verschiedene nicht miteinander vereinbare Digitalisierungen. So ist ein Geschenk eine analoge Mitteilung. Ob der Beschenkte darin einen Ausdruck der Zuneigung, der Wiedergutmachung oder der Bestechung sieht, ist von der Auffassung abhängig, wie der den Geschenkegeber wahrnimmt. Mary Douglas nennt den Körper ein restringiertes Ausdrucksmedium. Ein Verhalten kann das eine, aber auch sein Gegenteil bedeuten. Man kann rot vor Wut oder rot vor Scham werden. Das Herz kann schneller schlagen aus Liebe oder aus Angst, etc. Gleichzeitig ist der Körper nicht in der Lage so zu lügen, wie es das Wort vermag. Als Übergang haben sich zwischen digitaler und analoger Kommunikation Rituale herausgebildet.

„Als ich ein Kind war, hatte ich ein schwarzes Kätzchen, mit dem ich spielen wollte, aber es hatte Angst und lief davon. Ich lockte es in mein Zimmer, aber es versteckte sich in einem Kasten. Ich zog den Kasten weg und es versteckte sich mehr, bis ich es jagte, etc." Wir kennen diese Konfusion zwischen digitaler und analoger Kommunikation aus der Geschichte des Pferdeflüsterns.

Störungen in der symmetrischen und komplementären Interaktion
Watzlawick nennt hier zuerst die symmetrische Eskalation wie den Streit. Als
zweites nennt er starre Komplementarität. Insgesamt ist die Störung zwischen
symmetrischer und komplementärer Kommunikation die, dass zwischen symmetrisch und komplementär nicht gewechselt werden kann.

Das systemische Interview
Das systemische Interview bezieht sich in erster Linie auf die Symptomatik und
das aktuelle Beziehungsgeschehen. Weiterhin wird viel Wert auf Lösungen und
Lösungsmöglichkeiten gelegt. Zwei Gedanken stehen im Mittelpunkt:
Wie ist das Symptom in seiner Einbindung in die aktuellen Beziehungen
des Klienten zu verstehen? Welchen Stellenwert hat es dort? Warum tritt es jetzt
auf? Wie ist seine Funktion?
Wo liegen die Ressourcen des Patienten? Welche Fähigkeiten führen ihn aus
der Problematik heraus?
Leitsatz: Der Klient hat den Schlüssel zu seinem Problem. Der Therapeut
muss ihm nur beim Suchen helfen:
Der Therapeut wird einmal die Struktur der Beschwerden und ihre jeweilige
Eingebundenheit in die Familie oder den Lebenszusammenhang untersuchen,
dann wird er wieder die Betonung auf die Fähigkeiten des Patienten legen und
herausarbeiten, wie der Klient Lösungen realisieren kann.

Systemische Erstgespräche arbeiten mit Humor, kleinen Anekdoten, witzigen
Formulierungen. Sie deuten das Problem der Klienten schon im Erstinterview
um.

Eine Mutter klagt: „Alle lassen ihre schlechte Laune an mir aus." Berater: „Sie
scheinen mir ja der Punchingball der Familie zu sein. Alle gehen vorbei, hauen
einmal zu und dann geht's denen wieder gut."
Ein Familienvater sagt: „Mein Sohn ist frech. Er folgt der Mutter nicht, stellt
alles Mögliche an und meine Frau ist völlig hilflos. Ich muss mir dann abends
die Missetaten anhören, während meine Frau tagsüber unserem Sohn gegenüber
eine Seele von Mensch ist."
Der Berater beschreibt den Sohn nun als kleinen Zorro und die Mutter als
geduldigen Engel. Er deutet um und übertreibt oder positiviert. Die systemische
Regel im Erstinterview ist, keine negativen Konnotationen zu sagen. Das Symptom wird in der Regel negativ geschildert. Um seine Funktion zu verstehen
muss es zunächst positiviert werden. Vor allem abwertende Begriffe sind nicht
angebracht.

Manchmal leistet ein Patient der Veränderung gegenüber Widerstand, wenn den positiven Funktionen des Symptoms nicht entsprochen wurde:

Eine Patientin klagt: „Ich benehme mich total unmöglich. Ich heule bei den unmöglichsten Gelegenheiten total ohne Grund, kein Wunder, dass die anderen denken, ich spinne."
Frage: „Seit wann sind Sie so außergewöhnlich empfindsam?"
Antwort: „Seit meine Mutter vor einem dreiviertel Jahr gestorben ist. Damals hatte ich einen totalen Nervenzusammenbruch."
Berater: „Das hat Sie offensichtlich sehr getroffen. Wie haben Sie denn aus dieser schwierigen Lage wieder herausgefunden?" –
Der Berater vermeidet also negative Konnotation und fokussiert Lösungen.

Die systemische Haltung
Eine besondere Bedeutung in der systemischen Beratung hat die positive Bewertung des Symptoms. Damit ist der Klient im Erstgespräch aber meist überfordert. Es dauert eine Zeit, bis dem Klienten die Funktion seiner Symptome selbst klar wird.

Zum Zweiten ist die systemische Haltung sehr lösungsorientiert. Es geht nicht darum, den Klienten lange zu behandeln. Vorstellungen, dass man das Übel an der Wurzel beraten muss, sind systemischen Ansätzen fremd. Die Lösungsorientierung des systemischen Ansatzes liegt darin, nach den Ausnahmen, in der Regel also problemfreien Tagen, zu fragen. Differenzierungsfragen sind hier von hoher Bedeutung. Aus einem „Ich habe immer Kopfschmerzen" wird dann „am Wochenende" oder „während der Woche", „morgens" oder „abends", etc. Eine weitere Haltung ist es, zirkulär zu denken. Zumeist wird deshalb in systemische Beratungen eine weitere hypothetische Person eingefügt, nach dem Motto „... wenn Ihre Frau jetzt hier wäre, was würde sie zu Ihren Problemen sagen?" Oder noch gemeiner: „Was würde Ihre Mutter dazu sagen?". Zirkuläres Fragen ergibt immer die Information sowohl auf der Sachebene wie auch auf der Beziehungsebene.

Verhalten kann symmetrisch oder komplementär sein: „Sie haben mir viel von Ihren Beschwerden erzählt. Sie haben ja schon wirklich viel unternommen, um davon loszukommen. Leider hat bisher nichts geholfen. Auch wir beide haben im Moment gesehen, dass es eigentlich keine Hoffnung auf Besserung gibt. Sie haben mich überzeugt, dass Sie alles schon ausprobiert haben, was es gibt, und da solche Beschwerden, wie Sie sie haben, manchmal jahrelang dauern, ist es wohl das Beste, sich darauf einzurichten, die Beschwerden noch eine Weile zu behalten."

Die Interventionen

▦ Das Umdeuten

Das Umdeuten gehört zu den sanftesten und zugleich zu den effektivsten Interventionen. Im Englischen heißt Umdeuten Reframing, d. h. jede Kommunikation findet in einem bestimmten Kontext statt (Interpunktion der Ereignisfolgen) Jedes Individuum entwirft von der Kommunikation mit anderen eine Art innere Landkarte, um Informationen schnell und sicher einordnen zu können. Alle helfenden Gespräche fußen auf Umdeutungen. Das Umdeuten ist eine andere Interpretation der Wirklichkeit, die genauso gut zutrifft wie die ursprüngliche Auffassung – und das ist das Geheimnis jeder Umdeutung: dass sie genauso gut zutrifft wie die Ursprungsdeutung. Eine Unterkategorie der Umdeutung ist das Umetikettieren. Hier wird nicht der Rahmen, sondern das Verhalten der Person selbst unter einem anderen Aspekt gesehen, aber auch hier gilt, dieser Aspekt muss genauso valide sein wie die ursprüngliche Etikettierung. Auf der Ebene der Person heißt dies, die neue Etikettierung muss wahr sein. Bei der positiven Konnotation wird das als funktional angesehen, was von den Klienten als dysfunktional wahrgenommen wird. Hier erklärt der Berater, warum die Symptome wichtig sind.

▦ Die Symptomverschreibung

Die Symptomverschreibung ist wohl die berühmteste systemische Intervention und ist vor allem in der Mailänder Schule der systemischen Therapie entwickelt worden. In allen Varianten läuft die Symptomverschreibung darauf hinaus, den Klienten das zu verschreiben, was von ihnen als nicht beeinflussbar erlebt wird. Symptomverschreibungen werden zumeist im klinischen Kontext angewendet. Die Verschreibung eines Symptoms erzeugt eine Double-bind-Lage. Das Verhalten ist in seinem natürlichen (d. h. unbewussten) Abläufen gestört und kann dann nicht mehr einfach vollzogen werden. Die Symptomverschreibung setzt an Watzlawicks erstem Axiom an. Selvini Palazzoli hat hier die Botschaft „sei spontan" zugefügt. Symptomverschreibung heißt: Ihr Verhalten wird schon irgendeinen Sinn machen, deshalb machen Sie mal mehr davon. Zur Symptomverschreibung gehört auch die Warnung vor Veränderung, die Verzögerung des Wandels oder die Übertreibung.

▦ Die Verhaltensverschreibung

Hierzu gehören Wetten, Münzenwerfen, zeit- und ortsgebundene Verschreibungen, gerade und ungerade Tage, Schreiben, Lesen, Verbrennen, Fehlerverschreibung, etc.

Zirkuläre Positionen

Aus den Forschungen Paul Watzlawicks ist ein ganzes theoretisches Therapie-
und Interventionsgebäude entstanden, welches zunehmend auch für Beratung
im psychosozialen Feld fruchtbar gemacht worden ist. Vor allem aus der systemischen Familientherapie ist ein vielfach in Beratungen verwendetes Instrumentarium von Interventionen entstanden. Beratungstheoretisch spielt neben
Watzlawick zunehmend die Soziologe Luhmanns, seine Theorie sozialer und
psychischer Systeme in der psychosozialen Beratung eine Rolle (vgl. Großmaß
1998). In der Theorie Luhmanns gelten Menschen als psychische Systeme – als
ein Prozess von Ideen, Gefühlen, Gedanken und Willensakten. Psychische Systeme sind, so Luhmann im Original „Systeme, die Bewusstsein durch Bewusstsein reproduzieren und dabei auf sich selbst gestellt sind, also weder Bewusstsein von außen erhalten, noch Bewusstsein nach außen abgeben" (Luhmann
1984, S. 355). Von den psychischen Systemen aus gesehen sind alle sozialen
Systeme Umwelt. Umgekehrt sind soziale Systeme die Umwelt der psychischen Systeme, das heißt Menschen gehören nicht zu den sozialen Systemen
und das Netzwerk von Kommunikation und Interaktion nicht zum psychischen
System Mensch. Vielfach wird behauptet, Menschen seien die Elemente, zum
Beispiel im System Familie oder im System einer Organisation, dies ist theoretisch nicht zutreffend. Das soziale System, in unserem Fall die Kommunikation
einer Familie oder einer Gruppe oder einer Organisation, muss unabhängig von
den Menschen betrachtet werden, als von ihnen entkoppelt. Dieser Blick mutet
fremd an, er beinhaltet aber die Chance bei Problemen der Kommunikation und
des Umgangs nicht in erster Linie die moralischen Dimensionen der menschlichen Beziehungen zu sehen, das heißt, die Beteiligten nicht in erster Linie zu
verurteilen und sich parteilich zu identifizieren oder die Klienten in Opfer und
Täter aufzuteilen. Dies ist der große Vorteil der systemischen Sichtweise, als
entkoppeltes System der Kommunikation und Interaktion sind sich die Beteiligten unter Umständen über die Bedeutung ihrer Interaktionen nicht im Klaren.
Umgekehrt behaupten Vertreter der systemischen Therapie und Beratung, dass
man auf das Verstehen und die Einfühlung beim Beraten verzichten kann, dass
der Erfolg eines Beratungsprozesses von den hermeneutischen und expressiv-
ethischen Fähigkeiten der Beraterin und des Beraters unabhängig ist. Mit dieser
Position wird das Paradigma der systemischen Beratung beschrieben, die sich
sehr in der Nähe von naturwissenschaftlichen Auffassungen wähnt. Die menschliche Psyche ist hier die berühmte „black box", in die man nicht hineinschauen
kann und über die man auch nichts zu wissen braucht.

Die These, dass man therapieren und beraten könne, ohne zu verstehen und
sich zu identifizieren, wurde bereits pointiert und deutlich vom Pionier der prag-

matischen Kommunikationstheorie Paul Watzlawick vertreten, der sich über jeden Versuch des Verstehens im Rahmen der Psychotherapie nur lustig gemacht und darauf bestanden hat, dass nur auf der Basis des zu beobachtenden Verhaltens eine schlüssige Diagnose und Intervention im Bereich der Beratung und Therapie möglich sei. Watzlawick behauptete, indem er die Kommunikation einer Familie beobachtet, sei er auf der Basis der beobachteten Redundanzen der Kommunikation, in der Lage, schlüssige Hypothesen über das System Familie zu formulieren. Er sei dazu in der Lage, ohne sich auf Dimensionen wie Bedeutung, Lebensgeschichte und Intentionalität zu beziehen. Watzlawicks theoretische Arbeiten und seine Formulierung der pragmatischen Kommunikationstheorie stellen heute immer noch den wissenschaftstheoretischen Kern systemischer Beratung dar. Allerdings wird dies nicht mehr als wissenschaftlicher Ansatz diskutiert, sondern ist längst in die Kultur des Systemischen geflossen. Mehrheitlich vertreten „Systemiker" die Auffassung, dass man auf die Mühe von Verstehen und Einfühlung verzichten könne und die Beratung leicht und einfach sei. Denn man müsse sich weder mit den Klienten identifizieren, noch ihn verstehen, die ganzen geisteswissenschaftlich-hermeneutischen Beratungstugenden seien verzichtbar, weil nur das beobachtbare Verhalten und die entsprechende Intervention auf der Ebene des Systems zähle.

Das theoretische Zentrum der systemischen Beratung ist deshalb nicht das Netzwerk oder die Interaktion, sondern Konzept von Beraten ohne Verstehen. Ausschließlich mit den Mitteln wissenschaftlicher Beobachtung soll die verhaltensmäßige Wirkung der Kommunikation untersucht werden, wobei im Sinne eines naturwissenschaftlichen Anspruchs die Kommunikation in einen Kanon von Grundregeln transferiert wird, dessen Aufbau der Mathematik entlehnt ist. Die von Watzlawick zugrunde gelegte wissenschaftliche Beobachtungsmethode, in deren Mittelpunkt Beobachtung und Redundanz stehen, sagt aus, dass immer wiederkehrende Konstellationen in der Kommunikation es dem Beobachter möglich machen, die Kommunikation als System zu erschließen, weil auf bestimmte Kommunikationen immer bestimmte Rückkopplungen erfolgten. Innerpsychische Prozesse, die eigentlich durch Einfühlung oder Erzählung erschlossen werden, gelten demgegenüber als formal unentscheidbar und werden deshalb aus der Analyse ausgeklammert.

In einer Reflexion der systemischen Therapien spricht Manfred Clemenz (1986) von einem szientistischen Selbstmissverständnis. Auf der Ebene eines strikten beobachtungswissenschaftlichen Erkenntnisideals lassen sich die Hypothesen der systemischen Therapie und Beratung weder formulieren noch praktisch anwenden. Clemenz (1986) zeigt auf, dass die Axiome der pragmatischen Kommunikationstheorie oder die therapeutischen Hypothesen über Indexpatienten und Symptomträger nicht im Rahmen eines naturwissenschaftlichen

Beobachtungsrahmens, sondern nur im Rahmen eines verstehend-hermeneutischen Zugangs sinnvoll formuliert und angewendet werden können. Clemenz weist Watzlawick einen widersprüchlichen Umgang mit Begriffen wie Bedeutung und eine einseitige Auflösung des Begriffes der Beobachtung nach. Aus der Beobachtung einer therapeutischen Sitzung zu schließen, man habe objektive Fakten beobachtet, sei ein erkenntnistheoretischer Kurzschluss. Aus diesem Kurzschluss entstünde der nächste, wenn zum Beispiel Beobachtungen im Hier und Jetzt gleichzeitig die Lebensgeschichte ausschließen wollten. Andersherum formuliere die systemische Beratung auf der Ebene ihrer Metapsychologie eine Reihe von Schlüsselbegriffen wie Homöostase, Balance etc. die nur dann sinnvoll sind, wenn man die Geschichte des Klienten oder auch des „Systems" mit einbezieht. Clemenz empfiehlt in seinem Forschungsband die Übersetzung der Systemtheorie in eine Interaktionstheorie auf der Basis von Sinnverstehen (Clemenz 1986).

In Bezug auf die soziologische Systemtheorie und ihr Verhältnis zur sozialen Arbeit kommt Albert Scherr (2002, S. 258ff) zu einem ähnlichen Ergebnis in Bezug auf die Grenzen der Verwendbarkeit der Systemtheorie für die Soziale Arbeit. Ausgangspunkt für die Überlegungen von Scherr, der eigentlich der Systemtheorie sehr positiv gegenübersteht, ist die bereits erwähnte Unterscheidung von sozialen und psychischem Systemen. Luhmann unterscheide, so Scherr, Interaktionen, Organisationen und weitere Funktionssysteme und breche mit der gängigen Annahme, dass Individuen miteinander kommunizierten, weil nur „die Kommunikation kommunizieren kann" (Scherr 2002, S. 259, Luhmann 1997, S. 19). Das Soziale sei ein Netzwerk von Kommunikation, welches zwar die Individuen voraussetze, es gebe allerdings eine Differenz dessen, was Individuen denken und empfinden und was davon in Kommunikationen mitgeteilt und verstanden werden könne. Mit dieser kommunikationstheoretischen Fundierung grenze sich Luhmann von den Sozialphilosophien ab, die Sozialität immer auch als Ausdruck der Interdependenzen, der Aneignung von Natur und als Notwendigkeit der sozialen Regulierung des Sexuellen angesehen hätten – Marx, Hegel und in Weiterführung Habermas, Mead etc. Bei diesen Theoretikern hat Kommunikation soziale Bedingungen wie Sexualbeziehungen, Kampf um die Existenz, Gruppenbildung, wodurch gleichzeitig das Primat der Sozialität gegenüber dem Individuellen unterstrichen wird. Diese theoretischen Entwürfe fänden sich auch bei Habermas, der in Anlehnung an Marx Dichotomie von Basis und Überbau versuche, mit Begriffen wie Arbeit und Interaktion, strategisches und kommunikatives Handeln, System und Lebenswelt gleichrangige Bezugspunkte soziologischer Theoriebildung zu entwickeln. Indem Luhmann die Soziologie nun zu einer Wissenschaft über soziale Systeme definiere und die Menschen, ihre materiellen Bindungen und ihre Körper in einen anderen Zuständigkeitsbereich exportiert, wird seine Soziologie für eine fundierte Theorie sozialer Arbeit recht dünn. Luhmann selbst hatte nie den Anspruch, für die Pädagogik, die soziale Arbeit oder die Beratung einen theoretischen Referenzrahmen abgeben zu wollen. Auch Albert Scherr formuliert, dass eine kommunikationstheoretisch gewendete Theorie sozialer Systeme nicht davon absehen könne, dass Kommunikation Bewusstsein und Bewusstsein wiederum körperlich existierende Individuen voraussetze, die ja grundsätzlich zur Einfühlung und zur Moral fähig sind. Scherr kommt zu dem Schluss, dass die von Luhmann vorgelegte Theorie sozialer Systeme aufgrund ihrer Selbsteinschränkung auf ein kommunikationstheoretisches Verständnis des Sozialen eine notwendige, aber keine hinreichende Grundlage für eine Theorie sozialer Arbeit darstellen könne (Scherr 2002, S. 267). Scherrs sorgfältig begründete Argumentation steht nun im Gegensatz zu den vielen programmatischen und teilweise auch locker dahingesagten Positionen um eine systemische und konstruktivistische Fundierung der Beratung. Die hören sich dann so an: „Das Individuum in der Moderne kann sich nicht mehr wie in älteren Gesellschaftsformen an Sicherheiten, an Erwartbarkeiten klammern. Es ist genötigt, sich in der Sicherheit der Unsicherheit zu wiegen und daraus Gewinne zu schöpfen." Dieser Umstand scheint sich mehr und mehr zu verschärfen. Auch das Verhältnis von Bewusstsein und Kommunikation scheint prekärer zu werden. Geht man mit Fuchs davon aus, dass das Individuum „Effekt" einer Beobachtung von Selbstbeobachtung ist, dann ist es grundsätzlich nichts weiter als ein Beobachter, der sich selbst beobachtet. Es ist jemand, der sich selbst bezeichnet und dabei von anderen unterscheidet (Krebs/Uecker 2004, S. 374). Grundsätzlich gilt bei solchen Äußerungen, dass das Benützen systemtheoretischer Semantik noch keine Theorie begründet. Formulierungen wie diese geben aber einen Hinweis auf die Kultur und das Erkenntnisinteresse der jeweiligen Verfasser. Eine Person als Konstrukt ihrer Selbstbeobachtungen zu definieren, heißt verschiedene wichtige Voraussetzungen eben dieser Person zu unterschlagen. Dies sind alle Voraussetzungen der Identität, die im Körper wurzeln, d.h. solche signifikanten Sozialisationsprozesse, die sich sozial in den Körper eingeschrieben haben und Erfahrungen primärer Sorge und Pflege, die intersubjektiv dem Ich ontogenetisch vorangestellt sind. Die sinnlichen Erfahrungen sind unmittelbare Voraussetzung der organisierten Selbstbeobachtung. Fehlen sie, entstehen entweder sehr eingeschränkte Fähigkeiten zur Beobachtung oder die Fähigkeit ist schwer gestört und erschüttert. Hier hat die Anerkennungstheorie und die Rezeption durch Honneth eine wichtigen Beitrag geleistet. Allerdings wird hier das Soziale völlig anders gefasst als bei Luhmann. Zweitens sind jene Dimensionen zu berücksichtigen, die als Grundrechte dem Individuum Würde zuschreiben. Erst in diesem Kontext der Zuschreibung von Würde und von Grundrechten sind Selbstbeobachtungen der eigenen Person möglich und ergeben einen Sinn.

VI   Beratung und gesellschaftliche Modernisierung

In der Beratungslandschaft sind neben den systemischen Beratungsformen weitere Gruppen oder auch Typen von Beratung zur Kenntnis zu nehmen, die sich vom Verstehen als paradigmatischen Bezugspunkt entfernt haben – Beratungsformen, die als suggestiv oder als ökonomisch-strategisch verstanden werden können. Ihre besondere theoretische Begründung haben diese Ansätze durch die Theorie der reflexiven Moderne und der Systemtheorie erhalten, in deren Mittelpunkt die Annahme einer umfassenden Individualisierung oder eine Autopoiesis steht. Im Bereich der berufsbezogenen Beratungsformen wird in diesem Zusammenhang das Bild des Arbeitskraftunternehmers als neuer Habitus beschrieben. Auf der Individualisierung scheint weiterhin ein gewisses habituelles Ideal der Unternehmerpersönlichkeit aufzubauen – des aktiv handelnden, sich den Herausforderungen stellenden, Ressourcen nutzenden Menschen. Und dieser scheint in höchstem Maße beratungsbedürftig.

So sagt der Soziologe Hans Pongratz (2004, S. 27ff) über die von ihm entwickelte Figur des Arbeitskraftunternehmers, dass einerseits zwar Beratung für diese neuen Arbeitskraftunternehmer dringend erforderlich sei, viele klassische und etablierte Beratungsangebote aber ins Leere liefen. Es sei zu bezweifeln, ob herkömmliche Angebote der Beratung oder Weiterbildung wie Trainings zur Kommunikationsfähigkeit und zur Persönlichkeitsentwicklung den Bedarf der neuen Arbeitskraftunternehmer wirklich decken könnten. Die gestiegene Komplexität von Arbeitsaufgaben und Erwerbskontexten, die Veränderung des Erwerbslebens verlangt aber nach Klärungsangeboten und Deutungsprozessen. Hans Pongratz und Günther Voß haben die Figur des Arbeitskraftunternehmers auf der Basis einer alten Konzeption der bayerisch-sächsischen Zukunftskommission zu Beginn der 1990er Jahre (vgl. Bröckling 2005) komponiert und gehen von der Überwindung von Arbeitnehmermentalitäten für die Zukunft der Beschäftigung aus. Der Arbeitnehmer von morgen müssen vor allem über unternehmerische Tugenden und Arbeitnehmertugenden verfügen. Er müsse bereit sein, seine Arbeitskraft ständig anzubieten und wie ein Unternehmer in Bezug auf sich selbst zu denken. In der Herstellung von Attraktivität (Warum sollte ich Sie einstellen? Warum sind Sie für unseren Betrieb attraktiv? Etc.) für die

Unternehmen liegt seine Erfolgschance. Um diesen Habitus herzustellen und weiterzuentwickeln bedarf es der Beratung – aber welcher?

In Bezug auf den öffentlichen Raum wird in diesem Zusammenhang auch vom Zwang zur Selbststilisierung und Selbstcharismatisierung gesprochen. Die Gesellschaft der Individuen gilt jedenfalls als Herausforderung für die pädagogische Beratung.

In dem Zusammenhang hat Dietmar Chur (1997) ein Modell von Beratung und Kontext entwickelt, welches er handlungsleitend nennt und welches eine neue Kritik der hermeneutischen pädagogischen Beratung begründet. Beratung als Ressourcenförderung und Kompetenzerschließung sind für ihn Antworten auf eine Entwicklung grundlegender gesellschaftlicher Transformationsprozesse, berufspolitischer Verteilungskämpfe und eine Antwort auf den Außendruck sozialpolitischer Spar- und Kürzungsbestrebungen. Chur argumentiert auf zwei Ebenen: zum einen auf der Ebene des Beratungskonzeptes. Hier lautet die Frage: Welche Beratungen brauchen die modernen Menschen der Gegenwart? Zum anderen nimmt Chur Bezug auf den institutionellen Kontext von Beratung. Der Verfasser fordert dazu auf, dies als Chance zu begreifen. Handlungsleitende Modelle für eine effektive und zeitgemäße Beratung seien zu entwickeln, in denen die kontextuellen Bezüge von Beratung zu einem zentralen Ausgangs- und Bezugspunkt professionellen Handelns würden.

„Während zu den Zeiten eines Ausbaus von Beratungsdiensten in den 1970er und in den 1980er Jahren das Beratungsteam als relativ abgegrenztes System die Effizienz seiner Tätigkeit weitgehend nach eigenen beraterischen Kriterien bewerten konnte, wird nun der übergeordnete institutionelle Kontext von Beratung in seiner Regelungsmacht deutlich erfahrbar." (Chur 1997, S. 39). Chur bezieht sich damit auf die Qualitätsdebatte und das Sozialmanagement, welche(s) in die Beratungsstellen Einzug erhalten habe und auf die Kosten-Nutzen-Rechnung einer linear administrativen Regelungslogik. Die Beratung werde ökonomisiert und stärker manageriell gesteuert. Gefährdung oder Chance, fragt Chur und fordert, eine „effektive und zeitgemäße Beratung zu entwickeln" (vgl. Chur, 1997, S. 39).

Dazu verwendet er verschiedene Ansatzpunkte: Gesellschaftstheoretisch bezieht er sich zunächst auf Ulrich Beck und seinen Entwurf zur Risikogesellschaft. Dabei wird die Spaltung der Gesellschaft in Gewinner und Verlierer zum Ausgangspunkt des Beratungsbedarfes erhoben. Chur hebt ab auf Individualisierung und Freisetzungsprozesse im Rahmen gesellschaftlicher Modernisierung und betont in diesem Zusammenhang den Bedarf an individuellem Halt in der nun offenen Lebenswelt. Ein solcher Halt sei nicht mehr durch die Rückbesinnung auf traditionelle Strukturen und Handlungsmuster zu erreichen, sondern durch aktive Orientierung, Entscheidung und bewusstes Handeln der auf sich selbst zurück verwiesenen Person. In einer individualisierten Gesellschaft müsse jeder bei Strafe seine permanente Benachteiligung lernen, sich selbst als Handlungszentrum und Planungsbüro in Bezug auf sein Leben, seine Beziehungen und seine Kompetenzen zu begreifen. Das aktive Handlungszentrum des Alltags, welches das Ich zum Zentrum habe, erlaube ausschließlich die der Modernisierung innewohnenden Gestaltungsmöglichkeiten in Bezug auf die eigene Biografie sinnvoll „klein zu arbeiten" (vgl. Beck 1986, S. 217 in Chur 1997, S. 40). Chur plädiert also für ein utilitaristisches Verständnis von Beratung.

Konzeptionell verknüpft Chur mehrere Ansätze sozialpädagogischer und eher psychologischer Beratung: Zum Ersten übernimmt er von Nestmann den Ansatz der Ressourcenförderung und Ressourcenerschließung, zum Zweiten bemüht er Netzwerksansätze und zum Dritten systemische Beratungsformen. Im Mittelpunkt des Ansatzes steht dabei die Idee der Ressource, wie dies schon Nestmann formuliert hat: „Beratung zielt dann auf Zugang zu diesen Ressourcen sowie auf deren Nutzung und Erweiterung. Sie kann ihre Hilfen zur Alltagsbewältigung optimieren, wenn die Transaktion zwischen Personen und Umweltsystem zu ihrem Ausgangspunkt wird" (Nestmann 1996, s. bei Chur 1997, S. 44). Der Ressourcenerschließung vorangestellt ist eine strategische Diagnose sozialer Netzwerke. Allerdings bleiben die Beschreibungen eines netzwerkorientierten Beratungskonzeptes als Element moderner Beratung unscharf und am Ende stehen mehr Fragen als Antworten, etwa zur sozialen Kontrolle in Netzwerken etc. (S. 45). Sodann wird als nächste Ebene die systemische Beratung eingeführt, ihre Karriere wird dargestellt, ihre theoretischen Grundlagen erläutert. Eine besondere Bedeutung im Rahmen des systemischen Modells (das eigentlich mehr als ein interaktionistisches Modell entworfen wird) erhält die Idee einer umfassenden Neutralität des Beraters, der quasi „über den Dingen steht". Am Beispiel eines Falls eines 16-jährigen Auszubildenden, der dramatische Konflikte mit seinem Vorgesetzten hat, erläutert Chur, was er unter Neutralität versteht. Sich nicht inhaltlich auf eine Seite zu schlagen, sondern der jeweiligen Konfliktseite die Perspektive (tatsächlich oder vermutlich) der andren Konfliktseite näher zu bringen. Dies ist nun allerdings nichts anderes, als was Mead „taking the role of each other" genannt hat. Allerdings sind Interventionen auf der Basis des „taking the role of each other" noch lange kein Beratungsprozess und nur Teil eines Beratungskonzeptes, sondern sicherlich gut, weil auf der Basis praktischer Gerechtigkeit angelegte Intervention. Da trotz intensivem Suchen theoretisch nichts Neues im Ansatz von Chur zu finden ist, bleibt insbesondere der Kontext seines Beratungsmodells zu würdigen und dieser ist nun eindeutiger und klarer als das praktische Modell. Der Bezug auf Beck, auf Individualisierung, die strategische Reformulierung von Netzwerken und Ressourcenansätzen in der Beratung und die Definition der Biografie als individuellem Kampf sprechen eine deutliche Sprache.

Was ist eigentlich gewonnen, wenn die systemische Beratung einerseits als Zukunftsmodell von Beratung überhaupt propagiert wird, ihre Inhalte aber moralisch reformuliert werden? Auch Chur erweitert die systemische Haltung um das Konzept der Zugewandtheit (S. 50) und sein praktisches Beispiel (S. 60-61) der Vermittlung von gegensätzlichen Perspektiven in einem Konfliktfall ist eine beraterische Praxis, die letztlich nicht systemisch, sondern deutlich gerechtigkeitsorientiert ist und beim Klienten jene selbstreflexiven Kompetenzen fördern will, die von Krappmann bereits 1974 beschrieben worden sind: Rollendistanz, Ambiguitätstoleranz, kommunikative Kompetenz, etc.

Eine noch deutlichere Steigerung des modernen Themas in der Beratung kommt von Astrid Schreyögg – Gestaltsupervisorin und Coach. 2004 publiziert sie in Bezug auf Supervision und Moderne ein Konzept des Coaching als strategische Beratung für Führungskräfte Dabei unterscheidet sie in Bezug auf das Coaching zwischen Personenentwicklung und Personalentwicklung als bedeutende Kategorien. Das Coaching ordnet sie der Personalentwicklung zu und versteht Personal dabei als Produktionsmittel vergleichbar mit den Maschinen eines Unternehmens. Allerdings seien Menschen ein sperriges Produktionsmittel mit Eigensinn und Eigenwert. Dagegen wird Personenentwicklung in den Kontext der Psychotherapie gestellt. Sodann entwickelt die Verfasserin den Zwang zur sozialen Formung der Arbeitskraft aus der Dynamik der Entwicklung von Unternehmen. Schreyöggs Aufmerksamkeit gilt dem Coaching, welches sie als Ausdruck von Changeprozessen in Unternehmen beschreibt. Diese wiederum entwickelt Schreyögg aus der Logik des Fortschritts von der patriarchalischen Struktur zur bürokratischen Struktur, zum Changing als Dauerzustand: Re-Engineering, Flexibilisierung, Dezentralisierung, New Public Management, neue Formen der Personalarbeit in der öffentlichen Verwaltung, Qualitätsmanagement werden aufgezählt. Das Coaching der Führungskräfte sieht die Verfasserin denn auch vor allem bei Changeprozessen als notwendig an, um mit dem Veränderungswiderstand der Organisationsmitglieder umzugehen. Bei der Personenentwicklung der Führungskräfte, also Supervision und Beratung, werden Selbstrepräsentation und Selbstmarketing, Work-Life-Balance, Krisen, ethische Fragestellungen, sowie biografisch relevante Themen aufgezählt.

Alles in allem ist Coaching hier ein geschlossenes Konzept funktionaler Beratung im Dienste eines Unternehmens mit einer deutlichen Funktion der Integration von tendenziell desintegrierten Mitarbeiterinnen und Mitarbeitern, sei es im Sinne der Sozialisation oder sei es im Sinn des Auffangens der Verlierer, mit denen man dann Sinngespräche führen kann. Insofern wäre das Coaching neben die Supervision zu stellen, die Schreyögg der Personenentwicklung zuordnet.

Das sieht zunächst nach einem sinnvollen Kompromiss aus. Auch Adrian Gaertner (2004) definiert, allerdings mit deutlich kritischerem Unterton, im gleichen Band den Unterschied zwischen Supervision und Coaching auf diese Weise und spricht von einem paradigmatischen Unterschied. Coaching sei instrumentelle Beratung, Klienten würden nur hinsichtlich strategischer Perspektiven berücksichtigt, während Supervision selbstreflexiv ist. Ich möchte Gaertners Kritik an einem entscheidenden Punkt radikalisieren, der, wie ich meine, in dem Aufsatz von Schreyögg sehr gut deutlich wird. Schreyögg spricht von Personen als Produktionsmittel mit Eigenwert und Eigensinn. Ganz selbstverständlich lässt sie die menschliche Würde weg und betreibt auf diese Weise etwas, was dem utilitaristischen Denken eigen ist: die institutionelle Umwandlung von Menschen in Sachen, eine wesentliche Voraussetzung für ein dinglich-sachliches Gewaltverhältnis. Wer Menschen lediglich wie Sachen einen Wert zuschreibt (vgl. Schreyögg, 102), definiert das Arbeitsleben als moral- und damit auch rechtsfreien Raum, es gibt dann dort keine Sphäre der Gerechtigkeit mehr. Das, was Coaching im Kern ausmacht, und von Frau Schreyögg locker unter dem Stichwort als Änderungswiderstand beschrieben wird, ist mehr als funktionale Beratung unter strategischen Gesichtspunkten. Coaching, so wie es hier verstanden wird, ist der Abbau moralischer Skrupel bei Führungskräften oder die Hilfe dazu. Coaching ist insofern keine Beratung, sondern eine Machtform im Sinne der Theorie der Mikrophysik der Macht von Foucault. Es gilt das Prinzip des Gehorsams gegenüber dem Coach und dem, was er repräsentiert. Die Beziehung zwischen Coach und Klienten ist taktlos, von direktiver Einmischung geprägt, das Coaching macht vor dem Körper der Klienten nicht halt, insbesondere der Habitus der Klienten wird umgeformt. Coaching ist keine Beratung, sondern Machttechnik. Nun ist darauf nicht nur berufspolitisch zu antworten, es geht hier auch um Berufsethik in dem Sinne, wie es Brumlik formuliert hat: Tu dem dir Anvertrauten nichts Schlechtes, als Kern jeder Professionsethik. Wer in zu beratenden Menschen, ganz gleich in welchem Kontext, Produktionsmittel sieht, der hat die einfachsten Regeln der Beratung nicht verstanden, denn er tut dem ihm Anvertrauten Schlechtes.

Schließlich gehört auch und vor allem das Neurolinguistische Programmieren (NLP) zu den neuen Beratungsformen, die sich als moderne Beratungen mit neuen Botschaften identifizieren lassen und die Beratungswissenschaft herausfordern.

Neurolinguistisches Programmieren (NLP) ist ein psychotechnisches Verfahren mit Verbindungen zur Hypnose nach Milton Erikson und zur Verhaltensbeeinflussung. In der pädagogischen Beratung spielt NLP vor allem mit der Konjunktur systemischer, lösungsorientierter und kurzzeitbezogener bzw. fokaler Beratungen eine zunehmend wichtige Rolle. Vor allem unerfahrene Berater und Studierende bevorzugen das NLP, weil es schnell, billig und ohne große Vorkenntnisse Qualifikationen verspricht, die sich gut anhören z. B. Master- und Trainerzertifikate. Das NLP wurde in den 1970er Jahren in Santa Cruz von dem Linguisten Grinder und dem Psychologen Bandler entwickelt. Im Kern ist es ein Gemisch aus verschiedenen Psychotechniken, die ausprobiert werden, bis sich Gestik, Mimik und Körperhaltung des Klienten ändern. Bei der Beschreibung des NLP greifen Vertreter gerne auf Begriffe von Erfolg, Ganzheitlichkeit und Effizienz zurück. NLP sei ein systemisches Modell für Kommunikation und Lernen mit einem ganzheitlichen Blick auf den Menschen. Es sei die Kunst erfolgreicher Kommunikation in Beruf und im privaten Leben, persönlicher Weiterentwicklung und der eigenen Bestleistungen. Es ermögliche die Erweiterung der inneren Erlebniswelt des Menschen und stelle wichtige Ressourcen für Ausdruck, Kommunikation und Kooperation zur Verfügung. Es sei grundsätzlich ressourcen- und zielorientiert und gehe davon aus, dass jeder Mensch alle Fähigkeiten in sich trägt, um seine Ziele gut zu erreichen und seine Probleme zu lösen – so die NLP- Lehrtherapeutin Voss auf ihrer Homepage (www.meavoss-nlp.de).

Die Begründer Bandler und Grinder haben sich nach eigenen Angaben mit dem Erfolg einiger Therapeuten befasst, die auf sie „magisch" wirkten. Deren Techniken oder Vorgehen haben sie analysiert (Virginia Satir, Milton Erickson, Fritz Perls). Dabei hätten sie festgestellt, dass ein erheblicher Teil des Erfolges dieser Therapeuten auf Zeichen des Sich-Ähnlich-Machens beruhe. Bandler und Grinder hätten nun ein Modell erfolgreichen kommunikativen und therapeutischen Handelns entwickelt, dass sie NLP nannten. NLP gehört in der Bundesrepublik seit den 1990er Jahren zu den am schnellsten expandierenden Richtungen auf dem Psychomarkt und hat heute reflexive Verfahren weitgehend verdrängt. Es verspricht die Heilung psychischer Störungen; Persönlichkeitserweiterung, Erfolg, Problemlösung, eine neue Art zu denken und zu leben, eine neue Kreativität und seelisches Wachstum. Auch in den berufsbezogenen Beratungen, in Supervision, besonders aber im Coaching und in der Bildungsberatung erfreut sich NLP wachsender Beliebtheit.

NLP umfasst Einzel- und Gruppenprozesse. Nach einer Phase von positiver Zieldefinition wird vor allem mit manipulativen Techniken versucht, die Ziele zu erreichen. Dazu bedient sich die Therapeutin einer Typenlehre und stellt fest, welche Wahrnehmungsform bei einem Menschen überwiegt. Unterschieden wird zwischen einem visuellen, einem kinästhetischen und einem auditiven Typen. Sodann passt der Therapeut sich dem Wahrnehmungsstil des Klienten an. Die mimetische Art erleichtert die Beeinflussung und den scheinbaren Kontakt, denn nicht Mitgefühl, Identifizierung und Empathie bestimmen die Beziehung, sondern Diagnose und Kontrolle. Im NLP werden verschiedene Kommunikationstechniken und aus anderen Therapieverfahren entnommene Methoden angewendet, bis eine der Techniken funktioniert. Diese Flexibilität entspricht dem Denken im NLP. Menschen haben nach den Vertretern des NLP Probleme, weil sie zu wenig flexibel sind und falsch denken. Grundsätze des NLP sind, dass z. B. jedes Verhalten eine positive Absicht und einen Nutzen für die betreffende Person/Gruppe hat, dass jede gesunde Person bereits alle für die Bewältigung ihres Lebens notwendigen Fähigkeiten besitzt und dass Schwierigkeiten als Herausforderungen betrachtet werden sollen. Als zentrale Techniken für das NLP gelten: das Pacing (sich ähnlich machen, die Gestik, Körperhaltung und Mimik des Klienten übernehmen), das Ankern, damit ist das Herstellen von neuen Reiz-Reaktionsketten gemeint und das Reframing, einer Erfahrung ein neue Bedeutung geben.

Vor allem das Ankern gilt als wichtige Technik. Der Therapeut versucht durch Wachrufen von unangenehmen Erfahrungen (innere Bilder) Erfahrungen zu aktualisieren und sie dann mit positiven Reizen zu verknüpfen wie zum Beispiel Erinnern bzw. Einsetzen von bewussten positiven Bildern, um alte Erfahrungen zu verändern. Zumeist berührt er dabei den Körper des Klienten oder er fordert dazu auf, sich selbst zu berühren. Die Berührung ist der Anker, der den Klienten aus der problematischen Erfahrung herausführt. So sollten neue Neuroverbindungen entstehen. Klienten sollen die Fähigkeit erlernen, sich dann selbst zu ankern.

Paradigmatisch widerspricht NLP der Erziehungswissenschaft bzw. der Pädagogik, weil eine Befreiung und Überwindung von persönlichen Problemen hier mit dem Erwerben von Handlungsfähigkeit einhergeht. Verbunden mit Bildungsprozessen und Reflexion entsteht durch Erziehung Mündigkeit. Zumindest haben sich Erzieher um diese zu bemühen. In einem erziehungswissenschaftlichen Verständnis ist die Reduzierung auf Reiz-Reaktionsketten redundant und schon deshalb abzulehnen, weil sie Mündigkeit als Bezugspunkt jedweden Erziehens vernachlässigt. In Bezug auf die pädagogische Beratung kann wiederum an das Modell von Mollenhauer erinnert werden. Beratung in der Pädagogik hat immer auch den Horizont der Mündigkeit und Aufklärung. Sie verbindet so grundsätzlich Methoden der Gesprächsführung mit Bildungsprozessen, lehrt und erteilt auf dieser Basis guten Rat.

VII Ausblick: Beraten in modernen Zeiten

In einem Aufsatz zur modernen Supervision erzählt Adrian Gaertner den Beratungsprozess von Frau Berger:

„Frau Berger, Diplom-Betriebswirtin, 36 Jahre alt, arbeitet bei einer Bank im Bereich Controlling. Sie strebt eine Leitungsposition an, am liebsten als Leiterin der Abteilung, in der sie gegenwärtig tätig ist. Gleichzeitig hat sie Zweifel, ob sie ihren Chef, der demnächst andere Aufgaben wahrnehmen wird, beerben kann, oder ob ihr vielleicht ein anderer Kollege aus der Abteilung oder vielleicht jemand von außen vorgezogen wird. In dieser Situation sucht sie sich einen Coach, der ihr bei der Umsetzung des ehrgeizigen Ziels helfen soll. Ihr wird eine erfolgreiche Kollegin empfohlen, die viele Jahre in der Unternehmensberatung gearbeitet hat und sich vor einigen Jahren als Coach niedergelassen hat. Die Kollegin hat ein klares Konzept: Coaching ist Training zur Durchsetzung der eigenen Interessen, Entwicklung von Selbstbehauptungsstrategien, Vermittlung von Winner-Motivation und Vorwärtsverarbeitung von Niederlagen. In diesem Sinn arbeitet sie mit Frau Berger. Auf der Grundlage einer Analyse von Stärken und Schwächen werden Strategien entwickelt, wie Frau Berger sich beim Vorstand besser in Szene setzen kann. Die Überlegungen gehen soweit, dass neben der Frage, wie sie ihre Arbeitsergebnisse ins rechte Licht rücken und Präsentationen platzieren kann, auch Kleidungsvorschläge für bestimmte Anlässe und Fahrstuhltricks besprochen werden. Ich möchte es kurz machen: Nach einem knappen Jahr war Frau Berger Leiterin der Controlling Abteilung" (Gaertner 2004, S. 82). Adrian Gaertner erzählt weiter, dass Frau Berger nach fünf Jahren wieder auf ihre Beraterin zukommt. Sie fühlt sich unwohl in ihrer Stelle und erlebt Mitarbeiter als Belastung. Sie leidet unter nervösen Magenbeschwerden und Migräne. Die Beraterin schickt sie in die Supervision, weil Frau Berger keine Therapie machen möchte. Frau Berger entwickelt Vertrauen zu ihrem Supervisor, so dass ein reflexiver Beratungsprozess in Gang kommt:

„Kurz vor ihrem 42. Geburtstag kommt es zu einer dramatischen Stunde. Sie setzt sich statt auf den Sessel auf die Couch, schwankt, sagt, sie habe Kreislaufstörungen, es ginge ihr schlecht. Sie habe die ganze Nacht durchgeheult, obwohl es eigentlich keinen Grund gibt. Ihr Freund, mit dem sie seit vielen Jahren eine feste Beziehung hat, hätte ihr nicht helfen können. Er hätte versucht, sie zu beruhigen und gesagt, dass doch alles o.k. sei, dass er stolz auf ihre Karriere und ihre Leistungen sei, ihre Eltern und ihre Freundin, mit denen sie telefoniert hat, hätten sie auch in diese Richtung unterstützt. Sie frage sich, ob sie undankbar sei. Ich sage an dieser Stelle, zweifellos sei sie sehr erfolgreich, zuverlässig und enorm fleißig, es könne aber gut sein, dass der Job ihr auch etwas vorenthalten oder genommen habe, was sie sich einmal erträumt habe. Auf diese Intervention folgt ein Geständnis, das sie noch nicht einmal ihren Eltern gemacht hat. Sie habe das BWL-Studium gehasst, es nur den Eltern zu Liebe gemacht, eigentlich wollte sie nach dem Abitur Kriminalpolizistin werden. Sie hasse auch ihren Job, das Controlling, nur die Leitungsposition habe sie gereizt, aber der Reiz sei jetzt weg. Einige Wochen später schimpft sie auf die Unzuverlässigkeit einer Kollegin. Sie sei schwanger und würde sich jetzt alles erlauben. Zwischendrin zum Arzt gehen, die Männer fragen, ob sie ihr ein Paket mit 500 Blatt Papier tragen könnten. Die würden sich noch für sie umbringen. Ich sage darauf: Kann es sein, dass das auch so was ist, was sie die Karriere gekostet hat, einfach schwanger werden, Unterstützung bekommen. Sie wird aktuell sehr wütend. Ich solle sie und nicht die fette Wachtel unterstützen. In der nächsten Sitzung entschuldigt sie sich, spricht noch einmal über ihre Beziehung, es wird deutlich, dass es sich um eine Distanzbeziehung handelt. Sie klagt über die frustrierenden Treffen an den Wochenenden und schließlich darüber, dass sie mit 36 den Kinderwunsch „abgehakt" hätte, jetzt habe sie das Gefühl, dass sie alles Wichtige im Leben falsch entschieden habe ... (Gaertner 2004, S. 83).

Fälle wie den von Frau Berger gibt es in der Beratung reichlich. Sie passen nicht in das Planungsbüro Bürokratie, das aktive Handlungsmodell Alltag mit dem Zentrum Ich. Sie passen dafür mehr in Beratungskonzeptionen, in denen die Gewissheit vorhanden ist, dass Menschen berührbar, verletzbar und leidenschaftlich sind, wie Brumlik sagt (vgl. Brumlik 2002, S. 65). Das Problem von Frau Berger ist ihre Unempfindsamkeit sich selbst gegenüber, die um so größer wird, je erfolgreicher sie nach außen ist. Pädagogik, sagt Brumlik, versucht andere als die schon bestehenden institutionellen Strukturen hervorzubringen (S. 103). Das gilt auch für die pädagogische Beratung. In Bezug auf das persönliche Leben rezipiert Brumlik die Theorie der Gerechtigkeit von John Rawls, in welcher die autonome Person eine besondere Bedeutung hat: „Eine solche – von den modernen westlichen Verfassungen vorausgesetzte – moralisch autonome Person verfügt über zwei grundsätzliche Kompetenzen: erstens das Vermögen, selbst rationale Lebenspläne zu hegen, d.h. Ideen des Guten auszubilden und ihnen angemessen zu folgen, sowie zweitens das vernünftige Vermögen, ein allseitiges

System fairer sozialer Kooperationen als wünschenswerten legitimen Rahmen für das Verfolgen der eigenen Ideen eines guten Lebens zu sehen" (vgl. Brumlik 2002, S. 112). Das gesellschaftslose, utilitaristisch handelnde Ich der Modernisierungstheorie ist nicht nur strukturell unfair gegenüber den andren, sondern zunehmend, wie der Fall von Frau Berger zeigt, auch gegenüber sich selbst. Der ethisch neutrale Berater, so wie zum Beispiel Chur ihn in seiner systemischen Vorstellung entwirft, löst hier keinen Konflikt auf neutrale Weise, sondern versteht gar nichts und macht sich darüber noch Illusionen. Das ist zuwenig.

Literatur

Abels, H. (2007): Interaktion, Identität, Präsentation, Wiesbaden: VS Verlag

Amery, J. (1986): Über das Altern, Stuttgart: Klett Verlag

Attali, J. (1981): Die kannibalische Ordnung. Von der Magie zur Computermedizin. Frankfurt/M.: Campus Verlag

Aurin, K. (1980): Beratung. In Schiefele, etc. Handbuch der pädagogischen Psychologie, München: Ehrenwirth-Verlag, S. 42-47.

Bartels, H.P. (Hrsg.) (1995): Menschen in Figurationen. Ein Lesebuch zur Einführung in die Prozess- und Figurationssoziologie von Norbert Elias. Opladen: Westdeutscher Verlag

Bauer, A., Gröning, K. (1998): Organisation als Kultur: Zur soziologischen Begründung psychoanalytischer Organisationsberatung. In: Forum Supervision. Sonderheft zum 3. Deutschen Supervisionstag. Qualitätssicherung durch Supervision, Qualität in der Supervision, Tübingen: edition diskord, S. 83-91

Bauer, A., Gröning, K. (Hrsg.) (1995): Institutionsgeschichten, Institutionsanalysen. Tübingen: Edition diskord

Bauer, A., Gröning, K., Grohs-Schulz, M. (Hrsg.) (2002): Psychoanalytische Perspektiven. Ein Lesebuch. Wolfgang Schmidbauer als Festschrift zum 60. Geburtstag. Frankfurt/Main: Peter Lang Verlag

Beck, M., Brückner, W., Thiel, H.-U. (Hrsg.) (1991): Psychosoziale Beratung. Tübingen: dgvt-Verlag

Beck, U. (1986): Risikogesellschaft. Auf dem Weg in eine andere Moderne. Frankfurt/M.: Fischer Verlag

Beck. D. (1981): Krankheit als Selbstheilung. Frankfurt/M.: Suhrkamp Verlag

Becker, H. (1984): Gespräch mit Michel Foucault, in: H. Becker u. a. (Hrsg.): Michel Foucault: Freiheit und Selbstsorge, Frankfurt /M.: Suhrkamp Verlag

Benhabib, S. (1999): Kulturelle Vielfalt und demokratische Gleichheit. Frankfurt/M.: Fischer TB

Blandow, J. (1989): Fürsorgliche Bewahrung, Kontinuitäten und Diskontinuitäten in der Bewahrung Asozialer. In: Cogoy, Renate/Kluge, Irene/Meckler, Brigitte (1989): Erinnerung einer Profession. Erziehungsberatung, Jugendhilfe und Nationalsozialismus. Münster: Votum, S 125-143.

Bongaerts, G.: Über das Verstehen. Beitrag für den Studienbrief „Forschungsmethoden" für den weiterbildenden Masterstudiengang „Supervision und Beratung": In: Gröning, K./Hoffmann, C. (Hrsg.): Weiterbildender Masterstudiengang Supervision und Beratung, Studienbrief Forschungsmethoden, Bielefeld 2010, Eigendruck der Universität Bielefeld, Fakultät für Erziehungswissenschaft, AG 7, Pädagogische Beratung, 180 Seiten, S. 9-29

Boszormenyi-Nagy, I., Spark. G. (1981): Unsichtbare Bindungen. Die Dynamik familiärer Systeme. Stuttgart: Klett Cotta

Bourdieu, P. (1997): Widersprüche des Erbes. In: Pierre Bourdieu et al.: Das Elend der Welt. Konstanz: Universitätsverlag Konstanz, S. 651-658

Bourdieu, P. (1997a): Der Tote packt den Lebenden. Hamburg: VSA

Bourdieu, P. (1982): Die feinen Unterschiede. Frankfurt/M.: Suhrkamp

Bröckling, U. (2005): Das unternehmerische Selbst, Frankfurt/M.: Suhrkamp

Bruder-Bezzel, A. (1999): Geschichte der Individualpsychologie, Göttingen: Vandenhoek und Ruprecht

Brumlik, M. (1973): Der symbolische Interaktionismus und seine pädagogische Bedeutung. Frankfurt/M.: Athenäum Verlag

Brumlik, M. (1992): Advokatorische Ethik. Bielefeld: Kleine Verlag

Brumlik, M. (2000): Der Angehörige als Anwalt des pflegebedürftigen alten Menschen. Was meint advokatorische Ethik? Manuskript zur Tagung: Ethische Dimensionen der Angehörigenarbeit. Haus Neuland, Bielefeld: 15 Seiten, Eigenverlag

Brumlik, M. (2002): Bildung und Glück, Berlin und Wien: Philo Verlag

Buchholz, M. B. (1989): Dreiecksgeschichten. Göttingen: V + R Verlag

Buchholz, M. B. (2000): Was Altenpfleger über Familien wissen können. Familiendynamische Dimensionen der Angehörigenarbeit. Manuskript zur Tagung, Haus Neuland, Bielefeld, 16 Seiten.

Bude, H. (1985): Was ist pädagogisches Handeln? In: Neue Praxis, Neuwied, Heft 6, S. 527-531.

Bude, H. (1988): Beratung als trivialisierte Therapie. In Zeitschrift für Pädagogik, Weinheim, Heft 3/1988, 34. Jg., S. 369-380

Buhlert, Horst u. a. (1989): Institutionen im Dritten Reich. Wie anfällig sind wir für den Machtmissbrauch? Cogoy, Renate/Kluge, Irene/Meckler, Brigitte (1989): Erinnerung einer Profession. Erziehungsberatung, Jugendhilfe und Nationalsozialismus. Münster: Votum. S. 193-201

Castell, R. (2003): Die Geschichte der Kinder- und Jugendpsychiatrie von 1937-1961

Chur, D. (1997): Beratung und Kontext – Überlegungen zu einem handlungsleitenden Modell. In Frank Nestmann (Hrsg.): Beratung. Bausteine für eine interdisziplinäre Wissenschaft. Tübingen: dgvt-Verlag, S. 30-70

Clemenz, M. (1986): Die Soziale Codierung des Körpers, Opladen: Westdeutscher Verlag

Cogoy, R./Kluge, I./Meckler, B. (1989) (Hrsg.): Erinnerung einer Profession. Erziehungsberatung, Jugendhilfe und Nationalsozialismus. Münster: Votum

Conzen, P. (2005): Sorge um die Welt. Erik Eriksons Theorie der Entwicklungsaufgaben und ihre Bedeutung für eine Theorie des Übergangs. In: Forum Supervision 25: Übergänge. 13. Jg. Frankfurt/Main, S. 46-55

Conzen, P. (1990): Erik Erikson und die Psychoanalyse, Dissertation, Heidelberg

Conzen, P. (1996): Erik Erikson. Stuttgart: Kohlhammer Verlag

Devereux, G. (1967): Angst und Methode in den Verhaltenswissenschaften, Frankfurt/M.: Suhrkamp Verlag

Dewe, B. /Winterling, J. (2005): Pädagogische Beratung oder das Pädagogische in der Beratung. In: Pädagogische Rundschau, Frankfurt/M., Heft 59, S. 129-138

Dierks, Marianne (2005): Karriere! – Kinder?, Küche? Dissertation. Wiesbaden, VS Verlag

Douglas, Mary (1986): Ritual, Tabu und Körpersymbolik. Sozialanthropologische Studien in Industriegesellschaft und Stammeskultur. Frankfurt/M.: Suhrkamp Verlag

Drießbacher, H., Schüller, K. (1994): Gewalt in Altenheimen, Freiburg i.B.: Lambertus-Verlag

Edding, C. (1990): Verkaufte Gefühle – Balanceakt in der Trainerrolle. Gruppendynamik 19. Jg. Nr. 3, 339-349

Elias, N. (1976): Über den Prozess der Zivilisation, 2 Bde. Frankfurt/M.: Suhrkamp-Verlag

Engel, F. (1997): Dacapo – oder moderne Beratung im Themenpark der Postmoderne. In: Frank Nestmann (Hrsg.): Beratung. Bausteine für eine interdisziplinäre Wissenschaft. Tübingen: dgvt-Verlag (S. 179-216)

Engelmeyer, E. (1984): Die Putzfrau als Therapeutin. In: A. Bertrams (Hrsg.): Dichotomie, Dominanz, Differenz. Weinheim: Deutscher Studienverlag

Erdheim, M. (1984): Die gesellschaftliche Produktion von Unbewusstheit. Eine Einführung in den ethnopsychoanalytischen Prozess. Frankfurt/M.: Suhrkamp-Verlag

Erdheim, M. (1992): Fremdeln. Kursbuch 107, März, Berlin, S. 19-32

Erdheim, M. (1988): Die Psychoanalyse und das Unbewusste in der Kultur. Frankfurt/M.: Suhrkamp Verlag

Fatzer, G. (1991): Rollencoaching als Supervision. In: G. Fatzer/D. Eck (Hrsg.): Supervision und Beratung. 3. korr. Aufl. Köln: Edition Humanistische Psychologie, S. 425-442

Foucault, M. (1984): Freiheit und Selbstsorge. Vorlesung. In: H. Becker (Hrsg.): Freiheit und Selbstsorge, Frankfurt/M.: Materialis Verlag, S. 29-44

Foucault, M. (1984): Was ist Kritik. Berlin: Merve-Verlag

Foucault, M. (1982): Die Geburt der Klinik, Frankfurt/M.: Suhrkamp-Verlag

Foulkes, S.H. (1992): Gruppenanalytische Psychotherapie. München: Piper Verlag

Frankl, Viktor (2002): Was nicht in meinen Büchern steht, Weinheim: Beltz-Verlag

Freud, S. (1923/1975): Das Ich und das Es. In: Freud, S.: GW, Studienausgabe, Bd. 3 Frankfurt: Fischer Verlag

Freudenberger, S. (1928): Erziehungs- und Heilpädagogische Beratungsstellen, Leipzig: Hirzel-Verlag

Freyberg, T. v. Wolff, A. (2005): Störer und Gestörte. Konfliktgeschichten unbeschulbarer Jugendlicher, Bd. 1, Frankfurt/M.: Brandes und Apsel

Frommann, A., Schramm, D., Thiersch, H. (1976): Sozialpädagogische Beratung. Zeitschrift für Pädagogik, 22, 5, 715-741

Gaertner, A. (1999): Gruppensupervision. Tübingen: Edition diskord

Gaertner, A. (2004): Supervision in der Krise – Expansionismus, Unschärfeprofil und die Ausblendung der Selbstreflexion. In: F. Buer/Siller, G. (Hrsg.): Institutionelle Modernisierung und die flexible Supervision. Wiesbaden: VS Verlag, S. 79-100

Galliker, M., Hochstrasser, F. (1982): Professionalisierte Alltagsberatung. Psychologie und Gesellschaftskritik, Hannover, S. 51-75

Gehlen, A. (1964): Urmensch und Spätkultur. 2. Aufl. Frankfurt/M.: Suhrkamp Verlag

Geib, W.H.; Rosarius, A., Trabant, D. (1994): Auf Spurensuche. Zur Geschichte der Erziehungsberatung. In: Cremer/Hundsalz/Menne (Hrsg.): Jahrbuch für Erziehungsberatung. Band 1. Weinheim: Juventa

Geuter, U. (1984): Die Professionalisierung der Deutschen Psychologie im Nationalsozialismus, Frankfurt/M.: Suhrkamp-Verlag

Gfäller, G.R. (1994): Die Soziologie Norbert Elias und ihre Bedeutung für die Gruppenanalyse. Gruppenanalyse, Heidelberg: Heft 2/1994, S. 1-26, Mattes-Verlag

Gildemeister, R. (1983): Als Helfer überleben, Beruf und Identität in der Sozialarbeit/Sozialpädagogik. Neuwied

Goffman, E. (1973): Asyle. Frankfurt/M.: Suhrkamp Verlag

Gröning K(2009): Die Beratungsstellen der ersten deutschen Frauenbewegung vom Kaiserreich bis zur Machtergreifung. In: IFF-Onzeit. Onlinezeitschrift des Interdisziplinären Zentrums für Frauen- und Geschlechterforschung, 1. Jg, Nr. 1, S. 16-32. (www.iffonzeit.de)

Gröning, K. (1993): Beratung in kommunalen Gleichstellungsstellen. Köln: SPW Verlag

Gröning, K. (1997): Pflege in Zeiten der Konsumphilosophie. In: Dr. med. Mabuse, Jg. 23, Heft 109, Frankfurt/M., S. 29ff.

Gröning, Katharina (2000): Über Gewalt in der Pflege. Neue Praxis – Zeitschrift für Sozialarbeit, Sozialpädagogik und Sozialpolitik, 30 Jg.

Gröning, K. (2006): Pädagogische Beratung, Wiesbaden: VS Verlag

Gröning, K. (2008): Supervision und Coaching. In: Forum Supervision, Frankfurt/M. 15. Jg. (2007), S. 29-39

Großmaß, R.(1998): Psychosoziale Krisen und sozialer Raum. Berlin: Berlin-Verlag

Grotjahn, M. (1979): Analytische Psychotherapie bei älteren Patienten. H. Petzold, E. Bubholz (Hrsg.): Psychotherapie mit alten Menschen. Paderborn: Jungfermann Verlag, S. 77-88

Habermas, J. (1973): Stichworte für eine Theorie der Sozialisation. In: J. Habermas (Hrsg.): Erkenntnis und Interesse, Frankfurt/M.: Suhrkamp Verlag

Halmos, P. (1972): Beichtväter des zwanzigsten Jahrhunderts. Zürich: Theologischer Verlag

Hamelmann, G. (1992): Helene Stöcker, der „Bund für Mutterschutz" und „die Neue Generation", Frankfurt/M.: Haag und Herchen

Hänsel, D. (2008): Carl Tornow als Wegbereiter der Sonderpädagogischen Profession. Bad Heilbrunn: Klinkhardt-Verlag

Hänsel, D. (2008): Carl Tornow. In: Zeitschrift für Sozialpädagogik, Heft 1/2008 Weinheim: Juventa-Verlag, S. 51-73

Hartwig, A. (1948): Die Entwicklung der öffentlichen Berufsberatung in Deutschland. Essen: Thamm-Verlag

Heinemann, E. (1992): Frauen Männer und Magie. In: E. Heinemann, G. Krauss (Hrsg.): Beiträge zur Ethnopsychoanalyse. Nürnberg: Hansa Verlag

Hentig, H. v. (1985): Die Menschen stärken, die Sachen klären. Ein Plädoyer für die Wiederherstellung der Aufklärung, Stuttgart: Reclam

Hochschild, A. (2006): Keine Zeit. Wenn die Arbeit zum Zuhause wird und zu Hause nur die Arbeit wartet. Wiesbaden: VS Verlag

Honig, M.-S. (1976): Anmerkungen zum gegenwärtigen Beratungsboom. Neue Praxis, Neuwied, S. 342-349

Honneth, A. (1992): Kampf um Anerkennung. Frankfurt./M.: Suhrkamp Verlag

Honneth, A. (1994): Das Andere der Gerechtigkeit. Deutsche Zeitschrift für Philosophie. Berlin. Jg. 42, Heft 2, 195-220

Hornstein W. (1976): Beratung in der Erziehung. In: Zeitschrift für Pädagogik 22 (1976)5, S. 671-695

Hornstein, W. (1975): Beratung in der Erziehung. Studienbegleitbrief 1. Weinheim, S. 33-68

Hornstein, W. (1977): Interaktion und Organisation in der pädagogischen Beratung -Theoretische Ansätze und Planungen. 5. Kongress der DGFE. Zeitschrift für Pädagogik. 13. Beiheft, Weinheim, S. 133-147

Hornstein, W. (1977): Beratung in der Erziehung, Ansatzpunkte, Voraussetzungen, Möglichkeiten – eine Einführung. In: Hornstein, W./Bastine, R./Junker,H./Wulf, C. (Hrsg.) (1977): Beratung in der Erziehung 1 und 2. Frankfurt/M.: Fischer TB

Houben, A. (1975): Klinisch-psychologische Beratung. München: Piper Verlag

Junker, H. (1978): Das Beratungsgespräch, München: Kösel-Verlag

Kadauke-List, A. M. (1989): Erziehungsberatungsstellen im Nationalsozialismus. In: Cogoy, R./ Kluge, I./Meckler, B. (Hrsg.): Erinnerung einer Profession. Erziehungsberatung, Jugendhilfe und Nationalsozialismus. Münster: Votum-Verlag, S. 182-192

Kasakos, G. (1980): Familienfürsorge zwischen Beratung und Zwang. Weinheim, Juventa-Verlag.

Keupp, H. (1998): Quo vadis Erziehungsberatung? Ein Blick in das Diskursarchiv. In: Körner/Hörmann (Hrsg.): Handbuch der Erziehungsberatung. Band 1, Jg. 8, S. 6-24

Kipp, J. (1994): Imaginäre Lebenswelten dementiell erkrankter Menschen. In: Kipp, J./Jüngling, G. (Hrsg.): Verstehender Umgang mit alten Menschen, Frankfurt/M.: Fischer TB

Klatetzki, T. (1993): Wissen, was man tut. Bielefeld: Kleine-Verlag

Klug, P. (2006): 100 Jahre Erziehungsberatung. Ein Rückblick. In Bundeskonferenz Erziehungsberatung, in: www.bke.de/content/application/explorer/public/100-jahre.pdf

Koch-Straube, U. (1997): Fremde Welt Pflegeheim. Bern: Hans Huber Verlag

Kölch, M. (1996): Die Psychopathenfürsorgestellen der Weimarer Republik. Berlin Dissertation

Krapp, A. (1980): Diagnostik. In Schiefele, H./Krapp, A. (Hrsg.): Handlexikon zur Pädagogischen Psychologie. München: Ehrenwirth-Verlag, S. 77-82

Krappmann, L. (1974): Soziologische Dimensionen der Identität. Stuttgart: Klett Verlag

Lappassade, G. (1981): Der Landvermesser oder die Reform der Universität findet nicht statt, Stuttgart: Klett Verlag

Lehr; U. (1978): Kontinuität und Diskontinuität im Lebenslauf. Ludwig Rosenmayr, (Hrsg.): Die menschlichen Lebensalter. Kontinuität und Krisen. München: Piper Verlag, S. 129-142

Leuschner, G. (1988): Das Team in der Erziehungsberatungsstelle. Unveröff. Manuskript. Münster, Fortbildungsinstitut für Supervision

Leuschner, G. (1990): Die alte Fahrradklingel oder Anmerkung zum Thema Verstehen in der Supervision. In: Supervision, Weinheim, Jg. 8, 3/1990, S. 106ff

Lockot, R. (1985): Erinnern und Durcharbeiten, Frankfurt/M.: Fischer Verlag

Luhmann, N. (1997): Was ist Kommunikation. In: Simon, F. (Hrsg.): Lebende Systeme, Frankfurt/M. S. 19-31

Mader, W. (1975): Alltagswissen, Diagnose, Deutung: Zur Wirksamkeit von Wissensbeständen in Beratungssituationen. Zeitschrift für Pädagogik. Weinheim, Jg. 22, H. 5

Mentzos, S. (1986): Interpersonale und institutionalisierte Abwehr. Frankfurt/M.: Suhrkamp Verlag

Miller, A. (1988): Am Anfang war Erziehung. Frankfurt/M.: Fischer Verlag

Miller, A. (1994): Das Drama des begabten Kindes. 1. Aufl., Frankfurt/M.: Fischer Verlag

Mollenhauer, K., Müller, C.W. (1965): Das pädagogische Phänomen Beratung. In: K. Mollenhauer, C.W. Müller (Hrsg.): Führung und Beratung in pädagogischer Sicht. Heidelberg: Quelle und Meyer, S. 25-41

Müller, B. (1995): Innensicht – Außensicht. Freiburg im Breisgau, Lambertus-Verlag

Müller, C. W., Mollenhauer, K. (1965): Das unpädagogische Phänomen Beratung. In: Führung und Beratung in pädagogischer Sicht, Heidelberg, S. 25-41

Muth, J. (1967): Pädagogischer Takt, Heidelberg: Quelle und Meyer

Nadig, M. (1997): Die verborgene Kultur der Frau. Frankfurt/M.: Fischer Verlag

Nagel, H., Seifert, M. (1979): Inflation der Therapieformen. Reinbek bei Hamburg: Rowohlt Verlag

Neckel. S. (1991): Status und Scham. Frankfurt/M.: Campus Verlag

Nestmann, F. (1991): Beratung, soziale Netzwerke und soziale Unterstützung. In: Beck, M., Brückner, G. und Thiel, H.-U. (1991), Psychosoziale Beratung, Tübingen: dgvt-Verlag, S. 47-69

Nestmann, F. (1997): Beratung als Ressourcenförderung. In: Nestmann, F. (Hrsg.): Beratung. Bausteine für eine interdisziplinäre Wissenschaft. Tübingen: dgvt-Verlag, S. 15-38

Nestmann, F., Schmerl, C. (Hrsg.) (1991): Frauen – das hilfreiche Geschlecht. Reinbek bei Hamburg: Rowohlt Verlag

Nestmann, F., Engel, F., Sickendiek, U. (1999): Beratung. Eine Einführung in sozialpädagogische und psychosoziale Beratungsansätze, Weinheim: Juventa Verlag

Nestmann, F., Engel, F., Sickendiek, U. (1999): Beratung. Eine Einführung in sozialpädagogische und psychosoziale Beratungsansätze, Weinheim: Juventa Verlag

Nestmann, F., Tappe, U. (1979): Thesen zu einem besseren Verständnis von Beratung. In: Psychologie und Gesellschaftskritik,. Hannover Heft 9/10, S. 153-170

Neubaur, C. (1987): Übergänge, Spiel und Realität in der Psychoanalyse Donald Winnicotts. Frankfurt/M.: Athenäum-Verlag

North, M. (1975): Mythos und Wirklichkeit der Psychotherapie. München: Piper Verlag

Oevermann, U. (1993): Die objektive Hermeneutik als unverzichtbare methodologische Grundlage für die Analyse von Subjektivität. In: Jung, Thomas/Müller-Dohm, Stefan: Wirklichkeit im Deutungsprozess, Frankfurt/M.: Suhrkamp, S. 106-189

Olk, T. (1986): Abschied vom Experten. Sozialarbeit auf dem Weg zu einer alternativen Profession. Weinheim: Juventa

Olk, T. (1994): Jugendhilfe als Dienstleistung. Vom öffentlichen Gewährleistungsauftrag zur Marktorientierung. Widersprüche. Offenbach, Jg. 14, Heft 4, 11-33

Petzold, H. (Hrsg.): Lebenswelten alter Menschen. Hannover: Vincentz-Verlag, S. 218-225

Parin, P. (1978): Das Ich und die Anpassungsmechanismen. In: P. Parin/Manthey-Parin, G. (Hrsg.): Der Widerspruch im Subjekt. Ethnopsychoanalytische Studien. Frankfurt/M.: Syndikat Verlag, S. 78-111

Presting, G. (Hrsg.) (1991): Erziehungs- und Familienberatung. Weinheim: München: Juventa.

Pühl, H. (1993): Angst in Gruppen und Institutionen, Frankfurt/M.: Fischer Verlag

Radebold, H. (1986): Psychodynamik und Psychotherapie Älterer. Heidelberg, New York: Springer Verlag

Richter, H.-E. (1963): Eltern, Kind, Neurose. Reinbek bei Hamburg: Rowohlt Verlag

Rogers, C. (1972): Die nicht-direktive Beratung. Frankfurt/M.: Fischer Verlag

Rogers, C. (1974): Die klientenzentrierte Gesprächspsychotherapie. Frankfurt/M.: Fischer Verlag

Rohde-Dachser, C. (1991): Reise in den dunklen Kontinent. Weiblichkeit im Diskurs der Psychoanalyse. Frankfurt /M.: Campus Verlag

Rosa, H. (2005): Beschleunigungen. Frankfurt/M.: Suhrkamp

Rudnitzki, G. (1992): Angst und Institution. Unveröffentlichtes Manuskript: Heidelberg

Rudnitzki, G. (1995): Im Zirkelschluss von Macht und Scham. In: A. Bauer, K. Gröning (Hrsg.): Institutionsgeschichten, Institutionsanalysen. Tübingen: Edition diskord (S. 118-133)

Rudnitzki, G., Voll, R. (1991): Institution als Tagesveranstaltung. Erfahrungen im Spannungsfeld zwischen aktuellem Auftrag und der Aphasie der Institution. Gruppenpsychotherapie und Gruppendynamik, Heft 27, 141-152

Schaarschuch, A., Schnurr, S. (2004): Konflikte um Qualität. In Beckmann, C./Otto, H-U./Richter, M./Schrödter, M. (Hrsg.): Qualität in der Sozialen Arbeit, Wiesbaden: VS Verlag, S. 309-324

Scherr, A. (2002): Soziologische Systemtheorie als Grundlage einer Theorie Sozialer Arbeit. In Neue Praxis, Heft 3/2002, Neuwied: Luchterhand-Verlag, S. 258-268

Schmid, W. (2004): Mit sich selbst befreundet sein. Von der Lebenskunst im Umgang mit sich selbst, Frankfurt/M.: Suhrkamp

Schmitz, E. (1983): Zur Struktur therapeutischen, beratenden und erwachsenenpädagogischen Handelns. In: Schlutz, E.: Erwachsenenbildung zwischen Schule und sozialer Arbeit, Bad Heilbrunn: Klinkhardt-Verlag, S. 60-78

Schmitz, E./Bude, H. Otto, K. (1989): Beratung als Praxisform angewandter Aufklärung. In: Beck, U. /Bonß, W. (Hg): Weder Sozialtechnologie noch Aufklärung. Analysen zur Verwendung sozialwissenschaftlichen Wissens im politisch administrativen System, Frankfurt/M.: Suhrkamp-Verlag, S. 122-148

Schreyögg, A. (2004): Coaching. In: G. Siller, F. Buer (Hrsg.): Die flexible Supervision, Wiesbaden: VS Verlag

Schröder I. (2001): Arbeiten für eine bessere Welt. Frauenbewegung und Sozialreform 1890-1914. Frankfurt/New York: Campus Verlag

Schülein, J.A. (1998): Zur Entwicklung selbstreflexiver Kompetenz. In: Forum Supervision, 6. Jg., Nr. 12, Tübingen: Edition diskord, 7-20

Selvini Pallazoli, M. (1984): Hinter den Kulissen der Organisationen. Stuttgart: Klett Cotta

Steinkamp, H. (1992): Das Andere der Institution. Wege zum Menschen. Jg. 44/1992, S. 179-187

Stemmer-Lück, M. (2004): Beziehungsräume in der Sozialarbeit. Theorien und ihre Anwendung in der Praxis. Stuttgart: Kohlhammer Verlag

Straub, U., Steinert, E. (1986): Interaktionsort Frauenhaus: Heidelberg

Stritt, M. (1901): Rechtsschutz für Frauen. In: Lange, Helene und Bäumer, Gertrud (Hrsg.): Handbuch der Frauenbewegung, Teil 2, Berlin: Moeser Buchhandlung

Tausch, R., Tausch, A. (1978): Erziehungspsychologie. Göttingen: Hogrefe-Verlag

Temsch, J. (1994): Das wird schon wieder. Die Zeit, Nr. 48

Thiersch H. (1991): Soziale Beratung. In: Beck, M., Brückner, G. Thiel, H.-U. (Hg): Psychosoziale Beratung, Tübingen: dgvt-Verlag, S. 23-34

Thiersch, H. (1978): Alltagshandeln und Sozialpädagogik. Neue Praxis, Heft 1/1978, Neuwied: Luchterhand, S. 6-25

Thiersch, H. (1979): Die gesellschaftliche Funktion der Therapeutisierung der Heimerziehung. In Birtsch, V./Blandow, J. (Hrsg.): Pädagogik, Therapie, Spezialistentum. Beiträge der IGFH-Jahrestagung 1979, Alltag der Erziehung – Therapie im Alltag, Hamburg, S. 6-23

Tippelt, R. (1995): Wandel der Jugendphase. In: Bauer, A., Gröning, K. (Hrsg.): Institutionsgeschichten, Institutionsanalysen. Tübingen: Edition diskord, S. 507-519

Vogel, C. (2005): Schulsozialarbeit, Wiesbaden: VS Verlag

Von Soden, K. (1988): Die Sexualberatungsstellen der Weimarer Republik, Berlin, Edition Hentrich

Walser, K. (1976): Frauenrolle und Soziale Berufe – am Beispiel von Sozialarbeit und Sozialpädagogik. In: Neue Praxis, Heft 1, Neuwied, S. 3-12

Watzlawick, P. (1969): Menschliche Kommunikation, Bern, Stuttgart, Wien: Huber Verlag

Watzlawick, P. (1983): Anleitung zum Unglücklichsein, Piper: München

Weidmann, R. (1990): Rituale im Krankenhaus. Wiesbaden: Urban Verlag

Weiss, T. (1989): Familientherapie ohne Familie. München: Piper Verlag

Willi, J. (1975): Die Zweierbeziehung. Reinbek bei Hamburg: Rowohlt Verlag

Winnicott, D. (1958): Über die Fähigkeit allein zu sein. Psyche, Nr. 6, 12/1958, S. 344-352

Winnicott, D. (1969): Übergangsobjekte und Übergangsphänomene. Psyche, Bd. 23, S. 666-682

Wolfstetter, D. (1984): Die Lehre Xenons und ihre Bedeutung für die Psychagogik. In: Becker, H. u. a. (Hrsg.): Michel Foucault: Freiheit und Selbstsorge, Frankfurt: Materialis Verlag (S. 69-77)

Wurmser, L. (1993): Die Maske der Scham. Heidelberg: Springer Verlag

Wurmser, L. (1993): Die Flucht vor dem Gewissen. Heidelberg: Springer Verlag

Zwiebel, R., Ritter, N. (2002): Materialien zum Konzept des „Inneren Analytikers". Vorarbeiten zu einem Vortrag auf der Tagung: Professionelle Selbstreflexion aus psychoanalytischer und pädagogischer Sicht am 25.10./26.10.2002 an der Universität Kassel, Manuskript, 42 Seiten

Lehrbücher Soziale Arbeit

Karl-Heinz Braun / Konstanze Wetzel
Sozialreportage
Einführung in eine Handlungs- und
Forschungsmethode der Sozialen Arbeit
2010. 288 S. Br. EUR 22,95
ISBN 978-3-531-16332-1

Karl August Chassé
Unterschichten in Deutschland
Materialien zu einer kritischen Debatte
2010. 210 S. Br. EUR 16,95
ISBN 978-3-531-16183-9

Christina Hölzle / Irma Jansen (Hrsg.)
**Ressourcenorientierte
Biografiearbeit**
Einführung in Theorie und Praxis
2009. 341 S. Br. EUR 19,90
ISBN 978-3-531-16377-2

Fabian Kessl / Melanie Plößer (Hrsg.)
**Differenzierung,
Normalisierung, Andersheit**
Soziale Arbeit als Arbeit mit den Anderen
2010. 267 S. Br. EUR 19,95
ISBN 978-3-531-16371-0

Michael May
**Aktuelle Theoriediskurse
Sozialer Arbeit**
Eine Einführung
3. Aufl. 2010. 321 S. Br. EUR 29,95
ISBN 978-3-531-17071-8

Harald Christa
Grundwissen Sozio-Marketing
Konzeptionelle und strategische
Grundlagen für soziale Organisationen
2010. 326 S. Br. EUR 22,95
ISBN 978-3-531-17010-7

Andrea Friedrich
**Personalarbeit in
Organisationen Sozialer Arbeit**
Theorie und Praxis
der Professionalisierung
2009. 146 S. Br. EUR 14,95
ISBN 978-3-531-16557-8

Brigitta Michel-Schwartze (Hrsg.)
Methodenbuch Soziale Arbeit
Basiswissen für die Praxis
2., überarb. u. erw. Aufl. 2009. 346 S.
Br. EUR 19,90
ISBN 978-3-531-16163-1

Wolfgang Widulle
**Handlungsorientiert Lernen
im Studium**
Arbeitsbuch für sozialpädagogische
Berufe
2009. 254 S. Br. EUR 24,90
ISBN 978-3-531-16578-3

Erhältlich im Buchhandel oder beim Verlag.
Änderungen vorbehalten. Stand: Juli 2010.

www.vs-verlag.de

VS VERLAG

Abraham-Lincoln-Straße 46
65189 Wiesbaden
Tel. 0611.7878 - 722
Fax 0611.7878 - 400